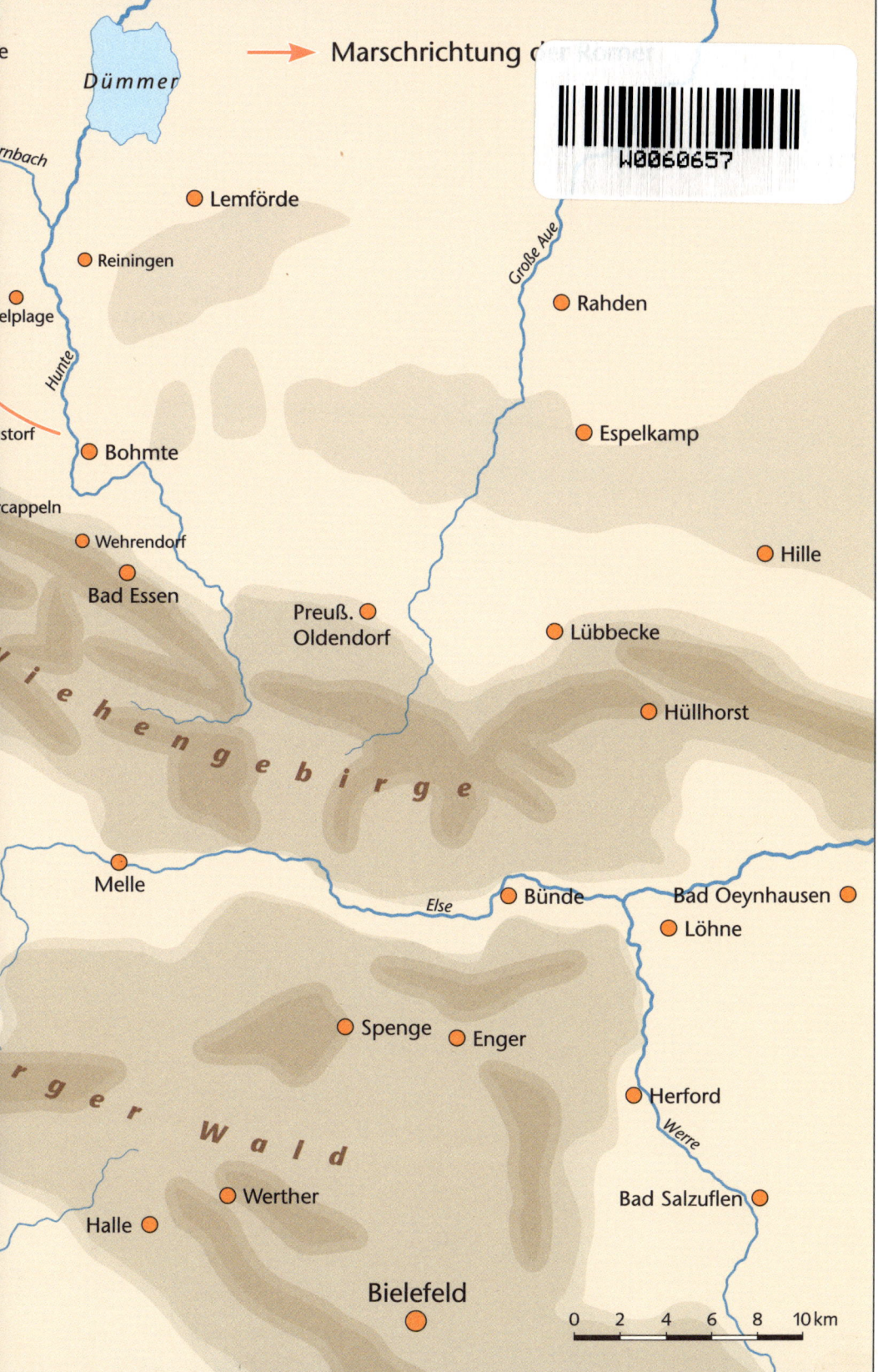

Dümmer

Marschrichtung der Römer

Große Aue

○ Lemförde

○ Reiningen

Welplage

Hunte

Bohmte

rcappeln

○ Wehrendorf

Bad Essen

Preuß.
Oldendorf

V i e h e n g e b i r g e

Melle

Else

Bünde

Rahden

Espelkamp

○ Hille

Lübbecke

Hüllhorst

Bad Oeynhausen ○

Löhne

r g e r   W a l d

Spenge

Enger

Herford

Werre

Werther

Halle

Bad Salzuflen

Bielefeld

0   2   4   6   8   10 km

Der Sturz des Römischen Adlers

Dirk Husemann, geboren 1965, ist Archäologe und Historiker. Seit vielen Jahren ist er als freier Autor und Journalist, unter anderem für *Spektrum der Wissenschaft, GEO* und *Spiegel Online*, tätig. Bei Campus erschienen bislang von ihm »Die Neandertaler« (2005) und »Spiele, Siege und Skandale« (2007). Dirk Husemann lebt in Ostbevern bei Münster.

Dirk Husemann

Der Sturz des Römischen Adlers

2 000 Jahre Varusschlacht

Campus Verlag
Frankfurt/New York

Bibliografische Information der Deutschen Nationalbibliothek:
Die Deutsche Nationalbibliothek verzeichnet diese Publikation in der
Deutschen Nationalbibliografie. Detaillierte bibliografische Daten
sind im Internet unter http://dnb.d-nb.de abrufbar.
ISBN 978-3-593-38259-3

Copyright © 2008 Campus Verlag GmbH, Frankfurt/Main
Umschlaggestaltung: Anne Strasser, Hamburg
Umschlagmotiv: AKG Images, Berlin
Karten im Vor- und Nachsatz: Peter Palm, Berlin
Satz: Fotosatz L. Huhn, Linsengericht
Druck und Bindung: Druckhaus »Thomas Müntzer«, Bad Langensalza
Gedruckt auf säurefreiem und chlorfrei gebleichtem Papier.
Printed in Germany

Besuchen Sie uns im Internet: www.campus.de

Inhalt

»Wir können keinen Schritt fortan,
In diesem feuchten Mordgrund, weiter rücken!
Er ist so zäh, wie Vogelleim geworden.
Das Heer schleppt halb Cheruska an den Beinen,
Und wird noch, wie ein bunter Specht,
Zuletzt, mit Haut und Haar, dran kleben bleiben.«

HEINRICH VON KLEIST, Die Hermannsschlacht,
5. Akt, 2. Auftritt

Vorhut

»Varus! Varus! Gib mir meine Legionen wieder!« Der römische Kaiser Augustus soll wenig Verständnis für die Niederlage seiner Truppen in Germanien gehabt haben. Immerhin starben 20 000 Legionäre in einem Hinterhalt irgendwo im wilden Norden. Der Verlust an Mensch und Material war schmerzhaft – tragischer aber war, dass die Schlacht die Römer in die Schranken wies. Nie wieder sollten sich Truppen aus Italien weiter vorwagen als bis zum Rhein. Germanien war frei.

Obwohl das Ereignis die Geschichte Europas prägte, ist bis heute unbekannt, wo die Varusschlacht geschlagen wurde. Lange galt der Teutoburger Wald als sicherer Kandidat, ein entsprechendes Denkmal wurde im 19. Jahrhundert auf germanischem Nationalpathos errichtet. Doch seit acht Jahren beansprucht das Osnabrücker Land die Varusschlacht für sich. Über dem kleinen Ort Kalkriese ragt bereits ein millionenschweres Museum in den Himmel. Doch einer der wenigen handfesten Hinweise auf das Gemetzel ist eine Erbse, die in der Nähe gefunden wurde und nachweislich aus dem antiken Italien stammt. Dem Museum auf der Erbse halten Hobbyforscher alternative Orte in der Region entgegen. Schatzsucher aus Amerika, Großbritannien und Japan reisen an und machen das Osnabrücker Land mit Metallsuchgeräten unsicher. Rund 700-mal meldeten Hoffnungsfrohe bereits die Entdeckung des angeblichen Schlachtortes, zankten Wissenschaftler und Amateure um wenige Unzen Metallschrott – die Überreste der 20 000 Legionäre aber bleiben nach wie vor vom Erdboden verschluckt.

Die Varusschlacht zählt noch immer zu den großen Mythen der Deutschen. Der bärbeißige Haufen, der sich vom imperialistischen Rom nicht unterdrücken lassen wollte, passte den Feinden Napoleons ebenso in die Ideologie wie später Nationalsozialisten und Kommunisten. Aus der Feder Heinrich von Kleists floss *Die Hermannsschlacht* als Parabel auf die herbeigesehnte Befreiung vom Besatzer Frankreich. Aus der Propagandamaschine der Nazis donnerte Heilsgeschrei im Namen des Cheruskers. Noch die DDR hätschelte Arminius als Vorzeigekämpfer gegen eine imperialistische Weltmacht – Rom war Amerika.

Wer war Varus, wer sein Widersacher Arminius, dem 50 Opern auf den Leib komponiert wurden, über den noch heute Romane geschrieben werden und der als Heldenmotiv auf US-amerikanischen Bierdosen herhalten muss? Für den römischen Historiker Tacitus war er ein Volksheld der Germanen: »Er war unstreitig der Befreier Germaniens, der das römische Volk nicht in den ersten Anfängen der Macht, wie andere Könige und Heerführer, sondern in der höchsten Blüte des Reiches herausgefordert hat, in den Schlachten von wechselndem Erfolg begleitet, im Krieg unbesiegt.« Das Heldensiegel blieb an Arminius haften. Immer, wenn die Deutschen einen Heroen brauchten, zogen sie Arminius aus der Schublade. Stets passend gekleidet, mal mit Bärenfell als grober Schlächter, mal in Gewand mit elegantem Schnitt und Flügelhelm als Figur aus einer Wagner-Fantasie. Sogar das Nibelungenlied soll auf Arminius zurückgehen, der laut antiken Quellen tatsächlich noch zu Lebzeiten im Liedgut seiner Stammesbrüder die Hauptrolle spielte. Arminius war der Superstar des Germanentums.

Der Ruf nach Heldenblut fürs Vaterland ist verhallt. Heute wirft die Varusschlacht historische Fragen auf, etwa die, wie die Geschichte Europas verlaufen wäre, wenn der Husarenstreich nicht gelungen wäre und die Römer weiter nach Norden hätten vordringen können. Stoppte die Horde im Bärenfell die Römer im Kettenpanzer so nachhaltig, dass der Kaiser danach alle Eroberungspläne in den Tiber warf? Konnte sich erst durch den Befreiungsschlag ein einheitliches Germanentum konsolidieren? War die Varusschlacht tatsächlich der »Urknall der deutschen Geschichte«, wie ihn das Deutsche Historische Museum in Berlin heraufbeschwört? Oder war alles ganz anders?

Die Varusschlacht und das Ende des römischen Vormarsches jähren sich 2009 zum zweitausendsten Mal. Im Museumsmarketing herrscht Feststimmung, drei Sammlungen lassen die musealen Muskeln spielen.

Hinter den Kulissen aber tobt der Streit um Geld und Wahrheit. Historiker von eigenen Gnaden finden die Varusschlacht mitunter in Süddeutschland, die Datierung römischer Münzen gerät zur Eulenspiegelei und die Vergabe der Gelder zur Posse im Plenarsaal. Der Kampf tobt auch nach 2 000 Jahren, Varus und Arminius steigen noch einmal in den Ring.

Der Hermannsmythos bleibt ein Dauerbrenner. Auch wenn der deutschnationale Lack längst abgeblättert ist, auch wenn Archäologie und Geschichtsforschung das Image des sympathischen Rebellen Arminius längst demontiert haben, die Schlacht und ihre Protagonisten sind noch immer legendär. Der französische Philosoph und Mythenforscher Roland Barthes fand im 20. Jahrhundert heraus: »Auch die Rezeption des Mythos und die Arbeit am Mythos ist das Wirken des Mythos.« Gemäß dieser Erkenntnis wird auch ein Buch wie das vorliegende, das sich bemüht, den Nebel um die Varusschlacht zu lichten, vom Mythos diktiert.

TEIL 1

In finsterem Forst und marmornen Städten

Zwei Helden schreiben Geschichte

Kapitel 1

Varus – ein unbekanntes Leben

Varus teilt das Schicksal berühmter Römer wie Caligula und Nero, die als Wahnsinnige und Unterdrücker verschrien sind. Heute meint die Forschung, dass manche angeblichen Despoten und Tyrannen in Wirklichkeit das Wohl des Volkes im Sinn hatten, aber der Propaganda der Nachwelt zum Opfer fielen. Pechvogel oder Unglücksrabe – wer war Varus wirklich?

Am Rheinufer war Schluss. Der Strom war im 1. Jahrhundert n. Chr. die Grenze des Römischen Reiches. Westlich davon lebten Germanen und Kelten mit den Besatzern, akzeptierten mehr oder weniger freiwillig deren Herrschaft und gaben ihre Stammeskultur allmählich auf – im Tausch gegen die Bequemlichkeit des römischen Lebens. Römer und Barbaren flanierten zusammen auf den Straßen der vielversprechenden Rheinstädtchen Oppidum Ubiorum und Castra Vetera, aus denen Köln und Xanten aufkeimen sollten.

Östlich des Rheins sah die Welt anders aus. Hier lebten die noch immer wilden Stämme der Germanen, die in dichten Wäldern und undurchdringlichen Sümpfen bislang alle römischen Eroberungszüge ins Leere hatten laufen lassen. Die Germanen nannten ihre Heimat »freies Germanien«. Die Römer nannten das »Urwald« und schrieben auf ihre Landkarten »Germania Magna«, Großgermanien. Für sie lag am anderen Rheinufer die Hölle, bewohnt von Teufeln.

Die Rheingrenze kostete ein Vermögen. Da der Fluss keine gerade Linie zog, mussten mehr Truppen und Kastelle daran aufgestellt werden, als es bei einem geraden Grenzlauf nötig gewesen wäre. Sechs Legionen standen am Ostufer des Rheins, etwa 36 000 Krieger. Rom verfügte zur Zeit des Kaisers Augustus insgesamt nur über 28 Legionen, etwa 150 000 Soldaten. Demnach wurde fast ein Viertel des römischen Militärs für den Rhein benötigt. Das Reich aber wucherte auch andernorts. Im Nordwesten war es bereits bis Großbritannien gewachsen, im Süden bis nach Ägypten. In den Provinzen Africa und Asia benötigten die Statthalter jeden Mann, um die Lage unter Kontrolle zu halten, und der Kaiser wollte mehr und mehr Eroberungen im Mittelmeerraum. Doch die dafür nötigen Soldaten steckten am Rhein fest. Etwas musste geschehen.

Ging es nach Kaiser Augustus, sollte am Rhein endlich Ruhe herrschen. Der Imperator wollte Germanien erobern und die teure Rheingrenze nach Osten verschieben, am besten bis an die Weser. Dieser Fluss lief auf die Donau zu, die im Süden das Reich begrenzte. Durch eine Verbindung beider Linien wäre das Reich zum einen erheblich gewachsen, zum anderen wäre die Grenze geschrumpft, das Loch in der Staatskasse gestopft, Soldaten wären frei für die Eroberungen im Süden. Mehr Fliegen ließen sich mit einer Klappe nicht schlagen. Wenn nur die Germanen nicht gewesen wären.

Die Römer setzten über. Sie hatten jahrhundertelang Erfahrungen im Kriegführen, Erobern und Besetzen gesammelt und wählten aus ihrem Fundus an Möglichkeiten die beste aus: Schifffahrt. Da das germanische Inland so unbekannt wie undurchdringlich war, bot sich eine Expedition auf Flüssen an. Die Lippe, damals Lupia genannt, fraß sich eine Schneise durch Großgermanien. Auf ihr kreuzte eines Tages im Jahr 11 v. Chr. eine Flotte römischer Kriegs- und Lastschiffe auf, die Legionäre und Baumaterial an Bord hatte. Im Laufe weniger Jahre zimmerten die Römer Legionslager am Flussufer zusammen. Wie Perlen an einer Schnur säumten sie die Lippe, Versorgungsstationen für einen der größten und gefährlichsten Eroberungszüge Roms.

Immerhin: Vom heutigen Dorsten-Holsterhausen, über Haltern, Lünen-Beckinghausen, Bergkamen-Oberaden bis nach Anreppen machten die Römer die Lippe sicher. Fast 200 Kilometer drangen sie ins feindliche Gebiet vor. Zwanzig Jahre lang pflanzten Legionäre Unterkünfte, Ställe, Vorratslager in den Urwald Mitteleuropas. Dann machten ihnen die Germanen und ihr wildes Land einen Strich durch die Rechnung.

Es regnete. Während die Legionäre das milde Klima Südeuropas kannten und schätzten, saßen sie im Norden im Dauerregen. Das zerrte an den

Nerven und den Sandalen, denn der römische Legionär war ein Schwergewicht. Von Kopf bis Fuß gepanzert, mit Eisenhelm und Kettenhemd, mit genagelten Schuhen und schwerem Schild, mit Schwert und Lanze schleppte der durchschnittliche römische Soldat 30 Kilogramm Ausrüstung mit sich. Hinzu kamen auf längeren Märschen Kochgeschirr, Zelt und persönliche Habseligkeiten – nochmals etwa 40 Kilogramm. Mit so viel Ballast über vom Regen aufgeweichten Boden zu marschieren war kein Zuckerschlecken. Zwar erwiesen sich die Römer auch hier als meisterhafte Ingenieure, aber selbst kilometerlange Bohlenwege aus Baumstämmen hielten dem rauen Klima nicht lange stand. Die Legionäre in Großgermanien versanken im Morast.

Erobern war unmöglich. Die mächtigste Armee der Welt musste sich mit einer Notlösung zufrieden geben: der Befriedung der Germanen auf der rechten Rheinseite. Von Unterwerfung konnte keine Rede sein, und auch der Frieden war brüchig wie Papyrus.

Beide Seiten machten Ärger. Beim Stamm der Sugambrer tauchten römische Zenturionen auf und forderten die Zahlung von Tributen. Ob die Römer damit auf die Erfüllung eines Vertrags pochten oder ob sich Einzelne bereichern wollten, weiß heute niemand. Überliefert ist allerdings die Reaktion der Sugambrer. Sie nagelten die Geldeintreiber ans Kreuz. Kaiser Augustus tobte, der Rhein stand in Flammen.

Als Racheengel stieß Drusus, ein Stiefsohn des römischen Kaisers, über den Rhein vor. Zwischen 12 und 9 v.Chr. besiegte er die stärksten germanischen Stämme. Doch auch wenn Sugambrer, Usipeter, Cherusker, Chauken, Chatten und Markomannen Rom im Kampf unterlagen, konnte von einer Eroberung des Raums zwischen Rhein und Elbe keine Rede sein. Offenbar gaben sich auch die Römer dieser Illusion nicht hin. Die Lager und Stützpunkte, die Drusus errichten ließ, bilden auf der Landkarte keine Zange um das Krisengebiet, sondern führen an einer Kette hinein. Sie wurden nicht als strategische Bastionen errichtet, sondern dienten einzig der Versorgung von Strafexpeditionen. Erobern ließen sich die Stämme nicht.

Davon wollte in Rom niemand wissen. Die Nachrichten aus dem kühlen Norden erreichten zwar in ganzer Wucht und Wahrheit den Kaiser, für Bildungsbürger und Senatoren aber gab es poetisch gefärbte Meldungen, in denen Drusus und seine Legionen in den Olymp des Heldenmuts aufstiegen. Meister der Schönfärberei war Florus, ein Geschichtsschreiber des 2. Jahrhunderts n. Chr. Aus seiner Feder stammt der Hinweis, Drusus habe Kastelle errichten lassen an Maas, Elbe und Weser. »Die Reihenfolge ist natürlich geographisch unsinnig«, meint der Historiker Rainer Wiegels zu dieser Geschichte. An der Universität Osnabrück forscht Wiegels keine halbe Autostunde von Kalkriese entfernt. »Selbstverständlich muss es Florus nicht um eine genaue Reihenfolge gegangen sein, aber angesichts seiner sonstigen Ausmalungen sollte man erst dann mit Gewissheit auf Florus bauen, wenn es entsprechende Indizien gibt. In Florus stecken zwar gute Nachrichten, sie auszufiltern bedarf aber größter Behutsamkeit.« Wie viel Schwärmerei Florus in seine Texte streute, zeigt eine Passage aus dem Werk *Epitoma de Tito Livio bellorum omnium annorum DCC*: »Schließlich herrschte ein solcher Friede in Germanien, dass die Menschen wie verwandelt, das Land verändert und selbst das Klima milder und angenehmer als gewöhnlich erschien.«

Von lieblicher Natur keine Spur: Germanien war eine harte Nuss. Drusus starb, als er versuchte, sie zu knacken. Laut historischer Nachricht fiel er vom Pferd und verletzte sich tödlich. Der Mythos berichtet von einer germanischen Alten, die ihm den Tod prophezeit haben soll. Der römische Geschichtsschreiber Cassius Dio schrieb über das Ende des Drusus: »Ein Weib von mehr als menschlicher Größe, trat ihm entgegen und sprach ›Wohin eilst du, unersättlicher Drusus? Das Schicksal hat dir nicht bestimmt alles dieses zu schauen. Ziehe hin, denn deiner Taten und deines Lebens Ende ist nahe herangekommen.‹ [...] Drusus kehrte eilends um und starb auf dem Wege an einer Krankheit, bevor er an den Rhenus gelangte. Als Beweis für die Richtigkeit der Erzählung gilt es mir auch, dass um die Zeit seines Todes Wölfe heulend um das Lager schweiften, dass man sah, wie zwei Jünglinge mitten durch den Lagergraben ritten, dass sich ein Jammergeschrei, wie von weiblichen Stimmen vernehmen ließ, und die Sterne ihre Bahn änderten.« Die Katastrophe war immens, die Germanen mögen frohlockt und die Römer bereits wieder in Südeuropa gewähnt haben. Zu früh. Rom schickte Tiberius.

Der 33-Jährige beackerte ein bestelltes Feld. Sein Vorgänger Drusus hatte genügend blutige Furchen durch Germanien gezogen, Feldzüge mit Tausenden von Legionären waren nur noch selten notwendig. Tiberius spielte mit den Stämmen Diplomatie und war erfolgreich. Davon zeugt die Nachricht im Testament des Augustus, dass Tiberius 40 000 Sugambrer und Sueven an den Rhein umsiedelte, um die vermeintlichen Wüteriche dort unter Kontrolle zu halten. Im Elsass, in der Pfalz und in Rheinhessen siedelten ebenfalls neue Stämme an – Tiberius verschob die Germanen wie Schachfiguren in einer längst gewonnenen Partie. Wie wissbegierig der talentierte Tiberius die Erfahrungen in Germanien aufnahm, zeigt seine spätere Karriere. Als römischer Kaiser trat er 14 n. Chr. die Nachfolge des Augustus an und vergrößerte das Römische Reich zur bis dato größten Landmasse seiner Geschichte.

Nach nur zwei Jahren war Ruhe. In den Lippelagern tauschten die Legionäre Spatha und Pilum gegen Würfel und Sturzbecher. In Rom schlossen sich die Pforten des Janus-Tempels – ein Ritual, das nur durchgeführt wurde, wenn im gesamten Reich Frieden herrschte. Cassius Dio notierte in seiner *Römischen Geschichte*: »… in Germanien aber ereignete sich nichts, was der Erwähnung wert gewesen wäre.« Im Norden nichts Neues – die Römer schienen Herr der Lage zu sein.

Hülle und Fülle im Lagerzelt

Bevor Varus kam, war über allen Gipfeln des wilden Germaniens Ruh'. Zwar standen die gepanzerten Soldaten aus dem Süden schon geraume Zeit mitten im Gebiet der germanischen Stämme, aber die Besetzten schienen es sich gefallen zu lassen. Cassius Dio hält fest: »Die Römer besaßen zwar einige Teile dieses Landes, doch kein zusammenhängendes Gebiet, sondern wie sie es gerade zufällig erobert hatten, deshalb berichtet auch die geschichtliche Überlieferung darüber nichts. Ihre Soldaten bezogen hier ihre Winterquartiere, Städte wurden gegründet, und die Barbaren passten sich ihrer Lebensweise an, besuchten die Märkte und hielten friedlich Zusammenkünfte ab. Freilich hatten sie auch nicht die Sitten ihrer Väter, ihre angeborene Wesensart, ihre unabhängige Lebensweise und die Macht ihrer Waffen vergessen. Solange sie also nur allmählich und auf behutsame Weise hierin umlernten, fiel ihnen der Wechsel ihrer Lebensweise nicht schwer, ja sie fühlten die Veränderung nicht einmal.«

Tatsächlich mögen die Germanen am römischen Luxus Gefallen gefunden haben. Ob die Römer zivilisierter waren als die Stämme des Nordens, sei dahingestellt. Gewiss aber schlug der römische Saus und Braus höhere Wellen als jener der Germanen. Während bei den Barbaren der Met in Strömen floss, genossen die Römer Wein. Die Germanen soffen aus Tonbechern und Kuhhörnern, die Römer nippten an Gläsern. Aber auch auf der wilden Seite des Rheins gab es Extravaganzen, die den Römern die Augen übergehen ließen. Blonde Frauen waren für die südeuropäischen Soldaten so exotisch wie unwiderstehlich. Mancher Germane brach eine Fehde mit dem Nachbardorf vom Zaun, um blonde Kriegsgefangene an die Römer verschachern zu können.

Für eine Zeit löste der Handel den Krieg ab. Zwar ritt Tiberius mit seinen Legionen mehrfach durch germanisches Gebiet, zu nennenswerten Zusammenstößen kam es dabei jedoch nicht. Ereignisreicher ging es in den Lagern zu. Allein im Hauptlager Haltern mussten etwa 5000 Menschen versorgt werden. Im Lager Oberaden verlangten bisweilen sogar 10 000 hungrige Mäuler, frierende Körper und grimmige Geister nach Nahrung, Kleidung, Sold und Unterhaltung.

Am Ufer der Lippe lag Schlaraffenland. Hier legten die Frachtschiffe an, die vom Rhein kamen. Sie brachten römisches Kulinarisches in die Lager, Amphoren mit der scharfen Fischsauce Garum; das Allzweckmittel Olivenöl, von den Römern auf Speisen ebenso geschätzt wie auf der Haut, wo es zur Reinigung diente und vor Sonne schützte – ein in Germanien allerdings zu vernachlässigender Nebeneffekt; eingelegte Lebensmittel; Austern. Niemand dachte an Recycling. Die Amphoren waren Einweggefäße und landeten nach der Lieferung auf dem Müll. In Rom wuchs auf diese Weise bis ins 4. Jahrhundert n. Chr. ein Berg aus Scherben heran. Der Monte Testaccio wucherte zu einem Umfang von 1000 Metern. Als größter Müllhaufen der Antike gibt er noch heute einem Viertel in der italienischen Hauptstadt den Namen.

Was am Tiber Recht war, war an der Lippe billig. War die Amphore entleert, schlugen die Lagerverwalter die Keramik an Ort und Stelle entzwei. Die Zerstörung war das große Glück für die Wissenschaft: Wo einst die Lippe floss, gruben Archäologen im 20. Jahrhundert die Scherben säckeweise aus dem Boden. Reste von 850 Amphoren verrieten die Lage des ehemaligen Hafens beim Lager Haltern. Stempel, Pinselaufschriften und

Ritzinschriften gaben nicht nur Inhalt und Gewicht der Lieferung preis, sondern auch ihre Herkunft. Bis nach Rhodos ließ sich der Güterverkehr zurückverfolgen.

Essen in Hülle und Fülle gab es in Kantinen. Die Legionäre versorgten sich aber auch selbst. In den Lippelagern köchelte jeder Trupp sein eigenes Süppchen, bei den Ausgrabungen trugen viele Töpfe noch Brandspuren vom Gebrauch über dem offenen Feuer. Für Massenverköstigungen standen große Backplatten und Feldbacköfen zur Verfügung. Flammen aber waren in der Antike und noch im Mittelalter der Feind jeder menschlichen Behausung. Kein Schmied durfte sein Handwerk innerhalb von Stadtmauern verrichten, der Funkenflug konnte Holzhäuser in Windeseile in Flammen aufgehen lassen. Holz war auch in den Römerlagern entlang der Lippe der Baustoff der Wahl, und Brandspuren in Oberaden, die sich auf seltenen Holzfunden oder in Erdschichten erhalten haben, müssen nicht zwingend von Überfällen der Germanen stammen, sondern mögen die Überreste eines Breis sein, der auf zu hoher Flamme gekocht wurde.

Was nicht über den Fluss kam, musste hergestellt werden. In jedem Lager lebten Handwerker, die zum einen Waren für den Handel mit den Germanen herstellten, zum anderen die Legionäre mit dem Lebensnotwendigen versorgten. Ohne Zimmerleute, Schindelmacher, Schreiner, Stellmacher, Schmiede, Maler, Schuster, Zeltmacher, Sattler, Metzger, Töpfer, Vermessungstechniker und Wassersucher war ein Legionslager nicht überlebensfähig. In den Hütten und Gassen fauchten die Sägen, klopften die Hammer und zischten die Sensen. Im Legionslager Haltern identifizierten Archäologen ein ganzes Handwerksviertel, die fabrica, ein Industriegebiet mitten im germanischen Urwald.

Lagen sich Römer und Germanen in den Haaren, hatten Ärzte und Sanitäter alle Hände voll zu tun. Das Lazarett des Halterner Lagers gehörte mit 80 mal 40 Metern Fläche zu den größten Gebäuden der Anlage. Die Medizin war in der frühen Kaiserzeit bereits eine hohe Kunst. Die bei Ausgrabungen in Haltern entdeckten Operationsgeräte sind metallenes Feinwerkzeug, darunter kleine Knochensägen, Skalpelle, Nadeln, Sonden und Knochenheber, mit denen der Arzt gebrochene, im Muskelgewebe sitzende Knochen an ihre ursprüngliche Stelle heben konnte. Heute erbleichen Museumsbesucher in Haltern vor der Vitrine mit dem Operationsbesteck. Die römischen Legionäre hingegen mögen froh gewesen sein, dass ihre Sanitäter mit professionellem Werkzeug arbeiten konnten. Anästhesie gab es nicht – sie wurde erst Ende des 19. Jahrhunderts erfunden. Bis dahin galt ein schneller Arzt als guter Arzt. Während der Mediziner bei Wunden handfest wurde, vertrauten sie bei Erkrankungen der Organe allerdings noch auf die Gunst der Götter.

Auch wenn keine Überreste von Skalpellen der Germanen überliefert sind, medizinisches Wissen gab es auch bei den Eingeborenen der Germania magna. Der römische Militär und Naturforscher Plinius berichtet in seiner *Naturgeschichte* im 1. Jahrhundert n. Chr.: »Als Caesar Germanicus in Germanien jenseits des Rheines vorgerückt war, fand sich im Gebiet der Küste eine einzige Süßwasserquelle: wer davon trank, dem fielen binnen zwei Jahren die Zähne aus, und das Gefüge der Gelenke an den Knien löste sich [...] zur Abhilfe fand sich ein Kraut, das ›Britannica‹ genannt wird [...] Die Pflanze hat länglich schwarze Blätter und eine schwarze Wurzel [...] Die Friesen, ein uns damals treuer Stamm, in dessen Gebiet das römische Lager war, zeigten uns diese Pflanze.« Bis heute weiß niemand, welche Pflanze den Friesen gegen Skorbut half, es mag eine Ampferart gewesen sein. Gewiss ist hingegen, dass die Germanen sich ebenfalls bei Krankheiten zu helfen wussten.

Lazarett, Küchen, Unterkünfte – die Lippelager versorgten die Legionäre und Handwerker mit dem Notwendigen. Sie galten der Forschung lange als einziger Versuch der Römer, im Land der angeblichen Barbaren Fuß zu fassen. Erst im 20. Jahrhundert fanden Archäologen immer weitere Stützpunkte entlang der Lahn und am Neckar, die ähnliche Aufgaben gehabt haben mögen wie die Lippebastionen: Die Legionäre sollten entlang eines Flusses in unbekanntes Gebiet vordringen und es mit Hilfe von Brückenköpfen sichern. Zu den überraschendsten Entdeckungen im Rhein-Main-Gebiet gehört die Anlage von Waldgirmes.

Waldgirmes – ein Forum für Germanen

Im Frühjahr haben Feldbegeher Hochkonjunktur. Wenn der Pflug Furchen in die Scholle zieht, spült er manchmal Artefakte der Vergangenheit an die Oberfläche. Prasselt dann noch der Regen auf die Krumen, wäscht er die Erde vom aufgeworfenen Fundgut, die Feuchtigkeit lässt Feuersteinklingen und Keramik glänzen – wie Perlen liegen die Zeugen der Steinzeit, Bronzezeit und Eisenzeit, der Antike und des Mittelalters leuchtend auf den Fluren. Wer jetzt mit geschultem Blick längs der Felder wandert, stößt auf die Zeugen der Geschichte.

Gerda Weller sammelte Scherben. Die Hobbyarchäologin streifte 1990 über die Felder im Umland des Ortes Waldgirmes in Mittelhessen. Die Gegend war verdächtig. Schon 1986 waren beim benachbarten Dorlar die Strukturen eines römischen Militärlagers im Boden entdeckt worden. Damals hatten Luftaufnahmen Unregelmäßigkeiten im Feld sichtbar werden lassen, die sich als Überreste einer antiken Station entpuppten. Dass auf Gerda Weller gleich eine ganze Stadt wartete, hat sich die ehrenamtliche Denkmalpflegerin wahrscheinlich nicht träumen lassen.

Immer mehr alte Scherben brachte die Hobbyarchäologin mit nach Hause. Als die Keramik zu einem kleinen Monte Testaccio angewachsen war, wurde ein Mitarbeiter der Römisch-Germanischen Kommission aufmerksam. Die Scherben waren schnell datiert. Sie stammten aus der Zeit des Kaisers Augustus – und gehörten damit ins Umfeld der Varusschlacht. Wie sie auf die rechte Rheinseite gelangt waren, blieb allerdings unklar. Waren sie nur Reste des Handels der Germanen mit den Römern? Immerhin lebten die Angehörigen beider Kulturen nur 20 Kilometer voneinander entfernt, durch den Rhein so weit voneinander getrennt wie durch ihre Lebensweise. Auf der Suche nach einer Antwort fand sich Anfang der 1990er Jahre eine Gruppe von Forschern am Rand jenes Feldes ein, auf dem Gerda Weller die Scherben der Vergangenheit aufgelesen hatte.

Rasch war deutlich: Das Gelände war der ideale Siedlungsplatz. Die Lahn floss in der Nähe, wer vom Rhein kam, schipperte bequem in wenigen Stunden an Ort und Stelle. Der Boden war mit Löss bedeckt, einer fruchtbaren Schicht aus der letzten Eiszeit, die schon die ersten Bauern vor 7000 Jahren angelockt hatte und bis ins Mittelalter als Garant für erfolgreiche Landwirtschaft galt. Bäche sicherten die Wasserversorgung, und das Bergland schützte vor den kalten Westwinden. Wenn die Römer jemals auf der rechten Rheinseite gesiedelt hatten, dann hier.

Die Bagger kamen 1993. Fast zehn Jahre lang wendeten die Archäologen jeden Stein und siebten jede Krume. Mauerbrocken, Bronzestücke, Bleiklumpen und Holzkohle kamen zum Vorschein, auf den Grabungsplänen entstand ein Bild aus Pfostenlöchern, Gräben und Bodenverfärbungen. Kein einfaches Puzzle, aber als das vorläufig letzte Teil eingepasst war, staunte die Fachwelt. Was für ein weiteres Kastell der Römer gehalten worden war, entpuppte sich als Luxusressort der Antike. Unter den bislang 19 identifizierbaren Gebäuden ließen sich Wohnhäuser erkennen, die nicht etwa Lagerbaracken mit Schlafsälen waren, sondern Atriumhäuser im mediterranen Stil. Im Zentrum der Anlage flanierten die Bewohner über ein Forum auf Steinfundamenten, geschmückt von wenigstens fünf Statuen, darunter vermutlich ein Reiterstandbild des Kaisers Augustus. In Wandelhallen gingen Römer und Germanen ihren Geschäften nach oder frönten dem Müßiggang – Saus und Braus an der Lahn.

Glück und Glas hatten schon in der Antike etwas gemeinsam. Die Römer mussten die rechtsrheinische Stadt und die Hoffnung recht bald aufgeben. Schuld war Varus. Seine Niederlage, einige Tagesreisen im Norden, erschütterte das zerbrechliche Gefüge zwischen Römern und Germanen bis ins Maingebiet. 9 n. Chr. war Schluss in Waldgirmes. Dass damit niemand gerechnet hatte, ist im Bebauungsplan der antiken Stadt zu lesen. Den erkennen die Ausgräber in dem überdimensionierten Forum. Viel zu groß sei es gewesen, gemessen an der Bevölkerung der kleinen Stadt, so die Forscher. Da aber das Forum in der Mitte einer Siedlung lag, und die Römer ihre Städte von Grund auf planten, musste das Forum so üppig ausfallen, dass es dem zu erwartenden Wachstum der Stadt gerecht wurde. »Dort lag eine zivile römische Stadt, mitten in Germanien, hundert Kilometer von den Garnisonen am Rhein entfernt«, sagt Siegmar Freiherr von Schnurbein, Direktor der Römisch-Germanischen Kommission in Frankfurt am Main. »Daraus wäre so etwas wie Trier geworden«, sagt Schnurbein in der Zeitschrift *Abenteuer Archäologie*. Waldgirmes sollte eine Metropole der Antike werden. Die Römer räumten die Stadt 9 n. Chr. eigenhändig aus und brannten Villen, Läden und Forum nieder. Damit ging der letzte Plan des Kaisers, Großgermanien in die Hände zu bekommen, in Rauch auf.

Wie eng Römer und Germanen zur Zeit des Varus miteinander lebten, bleibt Spekulation. Verblüffend wie die Entdeckung von Waldgirmes ist auch der Fundort Hedemünden im südlichen Niedersachsen an der Grenze zu Hessen. Dort, nahe Kassel, fanden Archäologen Reste mehrerer römischer Militärlager und damit die östlichste Bastion der Legionäre. Keine Schriftquelle wies ein solches Lager aus, nirgends fand sich ein Hinweis darauf, dass die Römer überhaupt so weit vorgestoßen waren. Derartige Überraschungen beleben die Debatten der provinzialrömischen Archäologie. Sie lassen aber auch Weltbilder zusammenstürzen und hebeln Forschermeinungen aus, die seit Jahrzehnten herrschten.

Rom war plötzlich überall. Waldgirmes, Hedemünden und das ebenfalls erst 1985 entdeckte Lager Marktbreit im Maindreieck füllen die Landkarten der Historiker. Das ehemals germanische Niemandsland bekommt römische Struktur. War die Welt des Varus gar nicht so wild, wie oft behauptet wird? Sind mehr Lager zu erwarten? Zu den Wunschträumen der Archäologie gehört das Sommerlager des Varus an der Weser, jener Ort, von dem der unglückliche Feldherr mit drei Legionen 9 n. Chr. zu seinem letzten Marsch Richtung Rhein aufbrach. Der Osnabrücker Historiker Rainer Wiegels meint dazu: »Selbstverständlich halte ich es auch für ›möglich‹, dass es ein oder auch mehrere Lager an der Weser gegeben hat; man sieht ja an Hedemünden, wie schnell sich unser Wissen ändern kann. Aber wir kennen vorläufig keines, und insbesondere wäre noch zu fragen, ob ein solches Lager überhaupt für längere Zeit vorgesehen war. Schließlich: Das berühmte und berüchtigte ›Sommerlager‹ des Varus an der Weser beruht teilweise auf simpler Konstruktion neuzeitlicher Forschung.«

Germanen und Römer lebten in einer Welt, die bestimmt war von den Eroberungsplänen der Kaiser, Senatoren und Häuptlinge. Zwischen den Kämpfen aber scheinen sich die einfachen Menschen miteinander arrangiert zu haben, sie handelten und betrieben damit die archetypische Form des Kulturaustausches. Die Reichen prassten, zechten und genossen das Leben auf dem Lotterbett. Dann kam Varus.

Karriereleiter in die Hölle

Das Leben in Germanien war die letzte große Herausforderung, der sich Publius Quinctilius Varus noch stellen konnte. Als der Römer an den Rhein kam, hatte der 55-Jährige alles erlebt und gesehen, was die Antike zu bieten hatte. Die Karriere unter Kaiser Augustus hatte aus einem Feldherrn einen Politiker geschnitzt. Kein Wunder: Der Platz unter den oberen Zehntausend des Römischen Reichs wurde Varus in die Wiege gelegt.

Wer Varus nach seiner Familie fragte, bekam einiges zu hören. Bis zu Romulus, dem legendären Gründer Roms, sollen die Wurzeln des quinctilischen Geschlechts zurückzuverfolgen gewesen sein. Ob das stimmt, ist fraglich. Die Geschichtsschreibung steckte zur Zeit der Römischen Republik noch in den Kinderschuhen. Ahnenforschung nach heutigen Maßstäben war nicht möglich, Herkunft wurde mündlich überliefert. Das musste genügen. Niemand wagte, an den Worten eines einflussreichen Römers zu zweifeln, jedenfalls nicht öffentlich. Denn erst mit einer steinalten Dynastie im Rücken konnten Politiker ihre Posten bekleiden, und je höher die Rangstufe im Reich, desto älter musste die Familie sein. Gaius Julius Cäsar wies oft und gern darauf hin, dass sein Geschlecht von Äneas abstammen sollte, einem Helden Troias, der aus der brennenden Stadt geflohen sein und Alba Longa gegründet haben soll. Dieser Ort am Albaner See heißt heute Castel Gandolfo und galt in der Antike als Mutterstadt Roms. Es war ein glücklicher Zufall, dass das Elternhaus des Varus ebenfalls in Alba Longa stand. Mit einer derartigen Adresse als Referenz mochte niemand an der edlen Herkunft des Varus zweifeln.

Ein Makel allerdings haftete der Familie an. Die Quinctilier hatten schon seit langem keine wichtigen Ämter in der Republik mehr bekleidet. Das aber war die Eintrittskarte in den innersten Zirkel der römischen Macht. Zwar hatte Varus' Vater erst um 49 v. Chr. das Amt eines Quästors innegehabt und die Staatskasse verwaltet, aber dabei aufs falsche Pferd gesetzt. Im Bürgerkrieg hatte er an der Seite des Pompeius gegen Cäsar gekämpft. Der aber gewann das Ringen um die Alleinherrschaft über Rom und vererbte die Macht seinem Adoptivsohn Augustus. Varus hingegen wurde im Jahr 47 v. Chr. auf der falschen Seite geboren. Aber er bekam eine Chance.

Im frühen Kindesalter zeigte Fortuna dem Knaben zunächst die kalte Schulter. Der Vater beging Selbstmord, vermutlich wegen seiner Aktivitäten im Bürgerkrieg. Varus war vier Jahre alt. Mehr ist kaum bekannt. Geschichtsschreiber und Biografen schenkten der Kindheit eines Menschen keine Beachtung, mochte er der Kaiser persönlich sein. Diese Tradition lässt sich in Biografien bis ins Mittelalter hinein verfolgen. Sogar in der Lebensbeschreibung des Jesus von Nazareth klafft eine Lücke, die von seiner Geburt bis zum zwölften Lebensjahr reicht. Während aber Bibelforscher das Leben des jungen Christus nicht mehr nachvollziehen können, haben Historiker im Fall des Varus mehr Glück.

Ein naher Verwandter des Varus muss Quinctilius Varus Cremonensis gewesen sein. Zwar ist über diesen Quinctilier kaum mehr bekannt, als dass er eine Villa besaß und dass er dort Gäste empfing. Diese Besucher aber machten Eindruck auf die Geschichte. So sollen die Dichter Vergil und Horaz in dem Haus bei Tibur, heute Tivoli nahe Rom, ein- und aus-gegangen sein. Horaz, eine Koryphäe der antiken Literatur, würdigte in einem seiner Werke den Ort »Quintiliolum«, und noch heute trägt ein Hügel in Tivoli samt zugehöriger Kirche diesen Namen. Möglich, dass Varus in dieser Umgebung aufwuchs.

Rom war nah, aber für den Spross des in Ungnade gefallenen Vaters fast unerreichbar. Die 25 Kilometer bis zur Hauptstadt legte Varus in 26 Jahren zurück. Als junger Mann hatte er es tatsächlich bis in den Dunstkreis des Augustus geschafft, dem mächtigsten Mann der Welt. Warum Varus trotz der diplomatischen Fehltritte des Vaters Zugang zur Spitze der römischen Politik erhielt, bleibt ein Rätsel. Er mag Fürsprecher gehabt haben. Vor-stellbar ist ebenso, dass der junge Offizier dem Kaiser aufgefallen war, weil er vielversprechende Qualitäten besaß. Immer näher rückte Varus an das Kaiserhaus heran.

Dort standen Türen offen. Im Jahr 21 v. Chr. findet die Geschichtsschrei-bung Varus im Amt eines Quästors wieder, jenem Posten, den auch sein Vater bekleidet hatte. Ein Jahr später schiffte er sich im Kielwasser des Kaisers in den Orient ein.

Augustus hatte im Osten Probleme. Die Parther machten die Grenze zu Syrien unsicher. Hier galt es zu verhandeln – eine Aufgabe, die der frisch-gebackene Herrscher so wichtig nahm, dass er persönlich ins Krisenge-biet reiste. Den Parthern drohte er so nachhaltig mit der Vernichtung, dass diese Frieden gelobten und sogar die Feldzeichen zurückgaben, die sie den römischen Legionen bei deren Niederlage in Carrhae 53 v. Chr. abgenommen hatten. Was heute wie eine Nebensächlichkeit wirkt, war für Rom die Tilgung der schlimmsten vorstellbaren Schande. Ein Feld-zeichen in den Händen des Feindes war eine Schmach für jeden Römer. Feldzeichen, meist ein Adler mit einer Fahne auf einer Stange, waren wertvoller als das Leben der Soldaten, sie wurden eigens in einem Fah-nenheiligtum aufbewahrt und bewacht. Entsprechend war die Überzeugungsarbeit des Augustus bei den Parthern ein großer Coup: eine Glanzleistung für Rom und perfekt inszenierte Imagepflege für den Kaiser. Varus mag an diesen Ereignissen Anteil gehabt und sein Gesellenstück in internationaler Politik abgelegt haben. Von nun an war der junge Quinctilier mit den Wassern der Diplomatie gewaschen.

Der junge Emporkömmling bewegte sich so wendig über das diplomatische Parkett, dass er sechs Jahre nach der Rückkehr aus dem Orient die Karriereleiter in schwindelerregende Höhen erklomm. Zusammen mit Tiberius, dem Stiefsohn des Augustus, wurde Varus 13 v. Chr. Konsul. Nur noch der Kaiser verfügte über mehr Macht im Reich. Als Augustus erneut aus Rom verschwand, um in Gallien für Ordnung zu sorgen, lastete das Schicksal des Reiches auf den Schultern der beiden Nachwuchspolitiker. Varus und Tiberius meisterten die Aufgabe mit Bravour. Als Augustus heimkehrte, bereiteten ihm die Konsuln einen Empfang, wie ihn Rom noch nicht gesehen hatte. Der Anlass war es wert: Augustus hatte alle Unruhen im Reich und an seinen Grenzen niedergeschlagen und rief die »Pax Romana«, den Römischen Frieden aus. Zwar stand Varus bei diesem Ereignis in der zweiten Reihe, aber von dort aus schrieb er zum ersten Mal in seinem Leben Geschichte.

Im Hafen der Ehe ging Varus ebenso geschickt vor Anker. Seine erste Fau war Vipsania Marcella, die Tochter des Agrippa, dem engsten Vertrauten des Kaisers. Aber Vipsania starb früh, Varus heiratete erneut, diesmal die Großnichte des Augustus. Von allen Vorzügen der Claudia Pulchra mag vor allem ihre Verwandtschaft mit dem Kaiser ein Argument für die Hochzeit gewesen sein, sowohl für Varus als auch für Augustus selbst. Der Kaiser wollte eine neue Führungselite etablieren. Mythische Abstammung und herrschaftliche Verwandtschaft zählten im Rom des Augustus mehr als je zuvor. Varus war der Prototyp eines neuen Politpaschas, und seine Erfolge gaben der Idee des Augustus Recht. Das Experiment schien erfolgreich zu verlaufen.

Doch zunächst bekam Varus eine Zwangspause verordnet. Das Konsulat dauerte per Gesetz nur ein Jahr. Danach war für fünf Jahre Schluss mit Machtpositionen – so jedenfalls verfügte es Augustus für alle Römer. Fast wäre das weitere Schicksal des Quinctiliers im Dunkeln geblieben, wären nicht Münzen mit seinem Konterfei aufgetaucht. Deren Prägestelle lag in Achulla und Hadrumetum – zwei Orten in Afrika.

Die Spur des Varus führt in die Provinz Africa proconsularis. Für die Römer lag Africa proconsularis in etwa dort, wo heute Tunesien und ein Teil Libyens liegen. Allerdings punktierten die Römer nur die Küstenregion mit Städten. Die dahinter aufragenden Dünen der Sahara waren der natürliche Limes Afrikas. Viel weiter nach Süden hatte es sogar das eroberungstolle Volk aus Italien noch nicht geschafft. Zwar entdeckten Archäologen bereits einen römischen Streitwagen inmitten des subtropischen Dschungels Zentralafrikas, dessen Schicksal aber lässt sich nicht rekonstruieren. Er mag zu einer Expedition gehört haben, könnte aber ebenso gut Handelsware gewesen sein. Das Innere des Schwarzen Kontinents war und blieb für Rom ein weißer Fleck auf der Landkarte, Terra Incognita. Wozu auch teure Abstecher riskieren? Geld und Rohstoffe warteten an der Küste Nordafrikas auf einen Mann, der zupacken konnte. Der Kaiser schickte Publius Quinctilius Varus.

Mit harter Hand oder weichem Herzen – wie Varus in Nordafrika regierte, ist nicht bekannt. Weder Texte noch Statuen, auch keine Inschriften sind überliefert und erzählen davon, was sich zwischen 7 und 6 v. Chr. im Statthalterpalast der Provinz zugetragen hat. Nur die Münzen sind aus jener Zeit erhalten. Aber auch Kleingeld spricht zu dem, der zuzuhören weiß.

Varus zeigt sein Gesicht: Charakternase, Stiernacken und Kurzhaarfrisur mit betonter Stirnpartie, so bilden die Münzen ihn als Statthalter von Africa ab. Ein wenig scheint er dem Kaiser nachgeeifert zu haben, dessen Haartracht ähnlich aussah und dessen Abbild eigentlich auf den Münzen zu sehen sein sollte. Niemand hatte das Recht, sein eigenes Konterfei dort aufhämmern zu lassen, wo das Gesicht des Augustus seinen Stammplatz hatte – es sein denn, der Kaiser erlaubte es. Diese Gnade scheint Varus zuteil geworden zu sein. Damit gehörte er zu den so genannten Amici, den Freunden des Kaisers. Im Haus des Augustus aber geschah kaum etwas als selbstloser Freundschaftsdienst.

Augustus wollte ein Zeichen in den Saharasand setzen. Bislang lag die Verwaltung der Provinz Africa in den Händen des Senats, jener traditionellen römischen Institution, die in den fast 500 Jahren der Römischen Republik den Staat gelenkt hatte. Augustus aber war der erste römische Kaiser und damit beschäftigt, die Republik so lange umzukrempeln, bis eine Monarchie daraus werden würde. Wichtigstes Ziel war es, die Befugnisse des Senats zu beschneiden. Das aber ging nicht mit Gewalt. Immerhin war es der Senat, der Augustus die Befugnis zum Herrschen gab. Hätte der Kaiser die Senatoren brüskiert, er hätte an dem Ast gesägt, auf dem er saß. Augustus aber war ein Großmeister im Spiel mit der Macht, und Varus eine Schachfigur, die sich willig verschieben ließ.

Die Provinz Africa galt als eine der vornehmsten im Reich. Hier hausten keine Barbaren wie in Germanien, hier plünderte Rom Rohstoffe, hier lag einst das mächtige Karthago, auf dessen Grundmauern nun die Villen reicher Römer standen. Eine solche Provinz zu beherrschen, ließen sich die Senatoren vom Kaiser nicht nehmen. Dennoch wollte Augustus in Africa proconsularis mitmischen. Zunächst schickte er als Statthalter Gaius Sentius Saturninus, einen Mann, der zwar auf der Seite des Kaisers stand, aber zugleich aus einer alten römischen Senatorenfamilie stammte. Zwei Fliegen waren mit einer Klappe geschlagen: Augustus beherrschte Afrika, und die Senatoren nickten zufrieden. Dann kam Varus. Sein Vorgänger durfte nach Syrien gehen, eine Beförderung und Abschiebung zugleich, die den Plänen des Kaisers diente. Varus in Afrika war das Ergebnis eines lange geplanten Schachzugs des Kaisers. Dass Augustus den neuen Statthalter gegenüber dem Senat durchsetzen konnte, kann als Zeichen für die immens gewachsene Macht des Princeps im Jahr 7 v. Chr. angesehen werden. Bei diesem Erfolg wird sich Augustus die Hände gerieben haben. Dem Varus gegenüber mag er sich auf viele Arten erkenntlich erwiesen haben, eine davon ist die Erlaubnis gewesen, das Gesicht des Statthalters auf eine Münze zu schlagen. Heute sind die Geldstücke die einzigen erhaltenen Zeugen, die von dieser Geschichte erzählen.

Nächste Station: Syrien. Bei seinen Winkelzügen verschob der Kaiser seinen Varus 6 v. Chr. von Afrika ans östliche Mittelmeer, dorthin, wo zuvor der Senatsspross Saturninus gelandet war. Nun aber herrschte Varus über Syrien, für den Römer bekanntes Terrain. Hierher hatte ihn bereits seine erste diplomatische Mission mit Augustus geführt, als es galt, die Parther ruhig zu stellen. Noch immer rumorte der persische Stamm an der östlichen Grenze. Überdies zankten Palästina und das Königreich Judäa im Südwesten der Provinz miteinander. Varus fiel vom afrikanischen Sonnenschein in die syrische Traufe.

Die Schwimmzüge des neuen Statthalters waren so kräftig, dass die Geschichtsschreibung diesmal nicht über den Römer hinwegsehen konnte.

Aber das Politbarometer über die Leistungen des Varus in Syrien kletterte und sank zu gleichen Teilen. Auf der einen Seite stänkerte der Historiker Velleius Paterculus: »Arm betrat er das reiche Syrien, reich verließ er das arme Syrien.« Immerhin war der Autor ein Zeitgenosse des Varus. Als zweiter, diesmal wohlwollender Gewährsmann für die Taten des Varus in Syrien trat der jüdische Geschichtsschreiber Flavius Josephus auf. Als er geboren wurde, war Varus zwar schon seit dreißig Jahren tot. Dafür überliefert Flavius Josephus Details über Varus' Zeit in Syrien, die zum ersten Mal einen Einblick in den Charakter jenes Mannes zulassen, dessen spätere Fehlentscheidung den Verlauf der Geschichte verändern sollte.

In Syrien war die Meinung des Varus hoch geschätzt. Herodes der Große, König von Judäa, rief nach dem Statthalter, um seinen Sohn Antipatros verurteilen und hinrichten zu lassen. Dieser sollte einen Anschlag auf das Leben des Vaters geplant haben. Im Gerichtssaal von Jerusalem kommt es zu herzzerreißenden Szenen. Flavius Josephus berichtet: »Als diese und die anderen Zeugen hereingebracht waren, kam Antipatros herein. Er fiel vor den Füßen seines Vaters auf das Gesicht und sagte: ›Vater, ich flehe dich an, verurteile mich nicht zu rasch, sondern lass deine Ohren ohne Vorurteil sein und höre meine Verteidigung an; denn wenn Du mich gehen lässt, werde ich beweisen, dass ich unschuldig bin.‹« Zwischen Vater und Sohn fliegen Anklage und Verteidigung hin und her, Tränen fließen, Mutter und Sohn fallen sich in die Arme, der Gerichtssaal wird zur Theaterbühne. Varus, den bislang stillen Beobachter, lässt das nicht kalt. Flavius Josephus schreibt: »So rief Antipatros unter Klagen und Weinen, und er überzeugte damit alle, die Anklage fallen zu lassen, insbesondere den Varus.« War der Römer ein Statthalter mit weichem Herzen? Wenn ja, hat es Antipatros nicht viel genutzt. Während Zeugen und Richter in Jerusalem in die Tunika schnäuzten, verkniff sich Herodes die Tränen und bestand auf der Verurteilung des Sohnes. Antipatros starb 5 v. Chr. und mit ihm der Thronerbe Judäas.

Ein Jahr später explodierten zwei Ereignisse wie Vulkane über der Geschichte des Vorderen Orients. Das erste, die Geburt Jesus von Nazareths, wurde von Varus, der nur wenige Tagesreisen von Bethlehem entfernt residierte, ebenso wenig wahrgenommen wie vom Rest der römischen Welt, für die der Religionsstifter Zeit seines Lebens ohne Bedeutung blieb. Kopfzerbrechen bereitete Varus hingegen der Tod des Herodes. Kurz vor seinem Ende hatte der kranke Herrscher seinen Sohn Archelaus zum neuen Herrscher ernannt. Damit aber waren einige Judäer nicht einverstanden.

Kaum saß Archelaus auf dem Thron, versank Jerusalem im Chaos. Die alten Feinde des Herodes rotteten sich zusammen und forderten den neuen König auf, den Hohepriester aus dem Tempel zu jagen – er sei für der Ermordung vieler Rabbiner unter der Herrschaft des Herodes verantwortlich. Archelaus weigerte sich. Gerade erst hatte er seinen Vater prunkvoll beisetzen lassen. Wie konnte er dessen Politik jetzt in Frage stellen? Als die Aufständischen durch die Straßen zogen und gegen den neuen König protestierten – ausgerechnet zum Passahfest, das an den Auszug der Israeliten aus Ägypten erinnern sollte –, schickte Archelaus Soldaten in die Stadt. In Jerusalem drängten sich Pilger aus dem ganzen Königreich auf dem Weg zum Tempelberg, die Rebellen schürten Unruhe, indem sie Herodes öffentlich für den Mord an den Rabbinern verantwortlich machten. Ein Wort gab das andere. Die Truppen, die nur die Aufständischen gefangen nehmen sollten, standen einer riesigen feindseligen Menschenmenge gegenüber. Der Aufstand endete im Blutbad. Die Truppen des Archelaus massakrierten angeblich 3 000 Menschen auf offener Straße. Danach herrschte Ruhe. Die aber war trügerisch.

Varus hatte in seinem Statthalterpalast von den Unruhen gehört und bereitete sich auf weitere Aufstände in Judäa vor. Tatsächlich sammelten die Rebellen rasch wieder Kräfte. 50 Tage nach dem Aufstand hallten Rufe und Kampflärm von den Mauern Jerusalems wider. Diesmal aber hatte Varus vorgesorgt.

Die Aufständischen hatten den Zeitpunkt gut gewählt. Archelaus war nicht vor Ort, sondern nach Rom gereist, um dort von Augustus den Königstitel zu erhalten. Aber er traf auf unerwarteten Widerstand. Mit ihm erschien sein Bruder Antipas in Rom und machte ebenfalls Thronansprüche geltend. Hinter Antipas tauchte ein Großteil der königlichen Verwandtschaft auf. Mutter, Tanten, Onkel und Vettern schimpften über Archelaus und beklagten sich, er habe die Menschen in Jerusalem erschlagen lassen. Augustus stand vor einem diplomatischen Dilemma. Erklärte er Archelaus zum König, würde er Antipas und dessen Anhängern einen Grund zur Rebellion geben. Verweigerte er Archelaus hingegen die Herrschaft, verlor er einen wichtigen Verbündeten und vermutlich die Kontrolle über das Königreich Judäa. Wie entscheiden? Einmal mehr erwies sich Augustus als Virtuose der internationalen Politik. Flavius Josephus berichtet, der Kaiser habe sich zu dem ihm zu Füßen liegenden Archelaus hinabgebeugt und ihn vom Boden aufgehoben, »und er erklärte, dass er (Archelaus) es wahrlich wert sei, seinem Vater nachzufolgen.« Mit diesen Worten schickte Augustus die streitenden Brüder mitsamt Verwandtschaft heim. Es war alles gesagt, und doch gar nichts, denn einen Königstitel hatte niemand bekommen. Archelaus fühlte sich bestätigt, Antipas ebenfalls. Beide müssen verwirrt genug gewesen sein, um den Thronstreit nicht sofort in einer Revolte eskalieren zu lassen. Die Situation war gerettet – dachten die Römer.

In Jerusalem überschlugen sich derweil die Ereignisse. In der Stadt herrschte erneut Gedränge in den Straßen. Die Juden feierten Pentecoste, das jüdische Pfingstfest, 50 Tage nach Passah. Varus muss gewusst haben, dass Jerusalem eine Zeitbombe war: die religiös erhitzten Gemüter, die Wut über das Massaker am Passahfest, die führerlose Stadt – Varus löschte alle Unruheherde, bevor ein Flächenbrand ausbrechen konnte, und schickte eine seiner drei Legionen in die Stadt. Rund 4 000 schwer gepanzerte römische Soldaten sicherten den Tempel. Die Juden, zusammengeströmt aus Galiläa, Idumea, Jericho und Peraia, errichteten drei Zeltstädte um den Tempel und belagerten ihrerseits die römischen Soldaten. Gewalt lag in der Luft, aber niemand schien es zu wagen, die Situation eskalieren zu lassen. Dann polterte der römische Finanzverwalter Sabinus in die Stadt.

Sabinus wusste das Haus ohne Hüter. Varus war nicht persönlich in der Stadt, Archelaus war in Rom, die gesamte Familie des Herodes ebenfalls – endlich konnte er den Tempelschatz plündern, der, so meinte jedenfalls Sabinus, rechtmäßig in die römische Staatskasse gehörte. Als der Finanzbeamte seine Finger nach den Reichtümern ausstreckte, riss den Juden der Geduldsfaden.

Flavius Josephus berichtet: »Sabinus selbst eilte hinauf auf den höchsten Turm der Festung [...] und gab den Soldaten der Legion Zeichen, sie sollten den Feind angreifen; seine Furcht war so groß, dass er es nicht wagte, zu seinen Männern hinabzusteigen. Daraufhin sprangen die Soldaten aus dem Tempel und kämpften eine furchtbare Schlacht mit den Juden.« Die Stadt versinkt im Chaos, als die Juden auf die Tempel klettern, um die schwer bezwingbaren Legionäre von den Dächern aus mit Pfeilen zu beschießen und mit Speeren zu bewerfen. Die Legion erleidet schwere Verluste. Jetzt ist Roms Soldaten jedes Mittel Recht.

Flavius Josephus widmet dem Kampf um Jerusalem einen ganzen Absatz: »Da die Römer durch diese Umstände in Not gerieten, legten sie Feuer an die Säulengänge, die bewundernswerte Arbeiten waren, zum einen wegen ihrer Größe, zum anderen wegen ihrer Pracht. Daraufhin wurden jene, die über ihnen waren, von dem Feuer eingekesselt, und viele starben darin, gleich viele wurden vom Feind getötet, der plötzlich bei ihnen war; wieder andere warfen sich rücklings von den Mauern, und einige wieder waren in einer solch verzweifelten Lage, dass sie sich dem Feuer entzogen, indem sie sich mit dem Schwert selbst töteten; alle jedoch, die von den Mauern hinabklettern konnten, fanden sich unter den Römern wieder und wurden von diesen mühelos gefangen genommen [...], sodass ein Teil der Juden starb, der andere vor Schrecken die Flucht ergriff. Nun fielen die Soldaten über den Schatz Gottes her, der unbewacht war, und plünderten vierhundert Talente.«

Auch Sabinus soll sich am Tempelschatz der Juden vergriffen haben. Aber die Reichtümer nutzten niemandem etwas. Noch immer war der Tempelbezirk belagert, die Legion im Zentrum Jerusalems eingeschlossen. Sabinus schickte einen Boten nach Antiochia, jener Stadt, in der sich Varus aufhielt. Nur der römische Statthalter konnte die Eingeschlossenen noch vor dem Untergang bewahren.

Das Land versank im Bürgerkrieg. Veteranen aus der Zeit des Herodes kämpften in Städten und Dörfern gegen die Soldaten des neuen Königs. Räuberbanden witterten fette Beute, beschafften sich Rüstungen und Waffen von Desertierten oder plünderten unbewachte Waffenkammern, um anschließend zu Dutzenden plündernd und brandschatzend durch die Dörfer zu ziehen.

Während die Truppen der Römer und des Archelaus außer Haus waren, brannte ein Diener des Königs namens Simon den Herrscherpalast in Jericho nieder, krönte sich selbst mit einem Diadem, dass er vor den Flammen gerettet hatte und ließ Teile der Stadt verwüsten, bevor er von einem Hauptmann des Archelaus »in Stücke gehauen« wurde, wie Flavius Josephus berichtet. Palästina brannte.

In diesen Tumult preschte Varus, zwei Legionen waren ihm geblieben. Zum einen bangte er um das Leben der römischen Soldaten in Jerusalem, zum anderen drohte die Situation außer Kontrolle Roms zu geraten. Der bloße Anblick tausender Legionäre genügte. Räuber und Rebellen gaben

Fersengeld, meist zu spät. Varus kannte kein Pardon. Er ließ Hunderte von Dörfern einäschern, in denen die Aufständischen Schutz gefunden hatten, Fliehende ließ er verfolgen. Furchtbare Bilanz der Strafaktion: 30 000 Juden in die Sklaverei verkauft, 2 000 ans Kreuz geschlagen. Der US-Historiker Peter Wells kommentiert: »Seine Handlungen in Syrien lassen erkennen, dass er fähig war, seine militärischen Verbände intelligent zu führen und komplexe regionale Konflikte effektiv zu schlichten.« Dem hätte Kaiser Augustus bestätigend zugenickt. Varus hatte sich als Meister der Diplomatie und der Kriegführung gleichermaßen erwiesen. Vermutlich erwartete er hohe Ehren in Rom. Doch in den Texten der römischen Geschichtsschreiber verschwindet Publius Quinctilius Varus im Jahre 4 v. Chr. für elf Jahre von der Bildfläche.

Kaum anzunehmen, dass ein solcher Tausendsassa der römischen Politik in Ungnade fiel und keine wichtigen Posten mehr bekleiden durfte. Die unbekannten Jahre des Varus mögen mit der Quellenlage zu erklären sein. Viele Texte, Listen und Daten der römischen Antike haben die 2 000 Jahre bis in die Gegenwart nicht überstanden und sind verloren. Gäbe es sie noch, könnte die Biografie des Varus noch einige Jahre in Syrien aufzählen, bevor er von einem zufriedenen Augustus an den Tiber zurückbeordert worden sein mag – von Ruhestand aber war noch nicht die Rede.

Varus kam nach Germanien. Augustus ernannte seinen Zögling 7 n. Chr. zum Statthalter der Provinz im Norden. In der Forschung galt diese Versetzung lange als Strafmaßnahme. Der Kaiser schickte Varus vom sonnigen Italien in das raue Germanien mit seinen furchteinflößenden Mooren, dem ewigen Regen und ungehobelten Barbaren – wer wollte dort schon freiwillig hin? Tatsächlich aber mag Varus froh seine Siebensachen von den sieben Hügeln Roms in eine aufstrebende Stadt am Rhein geschafft haben. Wie die Entdeckungen in den Legionslagern und der Stadt Waldgirmes zeigen, verstanden es die Römer, sich das Leben auch in Germania magna angenehm zu gestalten – vom Luxus in den linksrheinischen Städten ganz zu schweigen. Varus selbst scheint kein außergewöhnlich aufgeregter Charakter gewesen zu sein. Wie Flavius Josephus und Velleius Paterculus übereinstimmend meinen, hat er Bequemlichkeit zu genießen gewusst. Einerseits mag dieses Urteil ein historisch haltloser Versuch sein, den Untergang der germanischen Legionen zu erklären. Andererseits fügt sich dieser Mosaikstein in das Charakterbild nahtlos ein. Varus übernahm die Regierung einer ruhigen Provinz, deren Bewohner durch lange Kriege müde waren und die kurz davor stand, Rom endgültig als Herrscher anzuerkennen – die perfekte Wahl für den Höhepunkt einer glänzenden Karriere.

Das zerbrechliche Gefüge in Germanien scheint unter den Stiefeln des neuen Statthalters bedrohlich geknirscht zu haben. Cassius Dio schreibt: »Als aber Quinctilius Varus den Oberbefehl über Germanien übernahm und sie zu rasch umformen wollte, indem er ihre Verhältnisse kraft seiner Amtsgewalt regelte, ihnen auch sonst wie Unterworfenen Vorschriften machte und insbesondere von ihnen wie von Untertanen Tribut eintrieb, da hatte ihre Geduld ein Ende.« In dasselbe Horn stößt Florus: »Es ist schwerer, Provinzen zu behaupten, als zu erobern. Macht erwirbt sie. Gerechtigkeit sichert ihren Besitz. Diese Freude war also kurz. Die Germanen waren mehr besiegt als gezähmt und achteten unter dem Oberfeldherrn Drusus mehr unsere Sitten als unsere Waffen. Nach seinem Tode aber fingen sie an, die Willkür und den Hochmut des Varus nicht weniger als seine Grausamkeit zu verabscheuen. Dieser unterfing sich, Versammlungen zu halten, und saß im Lager zu Gericht, gleichsam als könnte er dem Ungestüm der Barbaren mit den Lictorstäben und dem Ruf seiner Herolde Einhalt tun. Jene aber, die sich schon längst nach ihren verrosteten Schwertern und ihren müßigen Pferden umsahen, wurden kaum die Togen und eine Gerichtsbarkeit, die noch strenger als die Waffengewalt schien, gewahr, als sie unter Anführung des Arminius zu den Waffen griffen.«

Wer auf das Urteil der antiken Autoren vertraut, für den war Varus ein selbstherrlicher Despot, unsensibel für die Verhältnisse in einem besetzen Gebiet, gierend nach Reichtum und darauf versessen, die ihm gestellten Aufgaben mit allen Mitteln durchzusetzen, selbst wenn der Einsatz dieser Mittel zum Scheitern führte. Das passt kaum zu dem Eindruck, den der Statthalter mit seinen Aktionen in Afrika und Syrien in der Geschichte hinterlassen hat. Doch selbst wenn in den elf verlorenen Jahren der Varusbiografie aus einem Virtuosen im Orchester internationaler Politik ein Dilettant geworden sein sollte – niemals hätte Kaiser Augustus einem solchen Mann ein Kommando wie das des Statthalters in Germanien übergeben. Dieser Ansicht ist auch Rainer Wiegels, der meint, Varus sei ein tragischer Fall der Geschichte, der »zu Unrecht ›ex post‹ wegen der Niederlage im Teutoburger Wald von antiken Autoren wie vielfach in der modernen Literatur als grundsätzlich unfähig, überheblich und geldgierig charakterisiert wird«. In den Schreibstuben der Antike war das gängige Praxis. Die Wahrheit der bis heute als Gewährsmänner hoch geschätzten Autoren war nur so lange wahr, wie sie der öffentlichen Meinung entsprach. Schon der Historiker Tacitus prangerte im 1. Jahrhundert n. Chr. an: »Des Tiberius und Gaius wie des Claudius und Neros Taten sind zu ihren Lebzeiten aus Furcht verfälscht, nach ihrem Tod in frischem Hass niedergeschrieben worden.« Der Althistoriker Theodor Kissel untersuchte die zum Teil hanebüchenen Geschichten, die sich um die Herrscher Nero und Caligula ranken, und spricht von »schlechter Presse«, »zweifelhaften Quellen«, von »Stadtklatsch und Gerüchten«: »Immer noch trinken viele ihrer modernen Biografen aus der vergifteten Quelle, welche die antiken Schriftsteller aus ihrer Feder hervorsprudeln ließen.« Bei Varus scheint der Fall ähnlich gelegen zu haben. Eine Niederlage, wie sie Publius Quinctilius Varus erlitt, war für Rom unvorstellbar. Niemals durfte es sein, dass sich der Kaiser und die Senatoren in ihrer Politik solche Schnitzer erlaubt hatten. Immerhin war Augustus im Begriff, seine Person als Gott in der römischen Gesellschaft zu etablieren. Die Verantwortung für den größten Fehler in der Germanienpolitik war das Letzte, was der Kaiser gebrauchen konnte. Varus war tot, also trug er die Schuld. Rom dankte seinem Diener, indem es ihm in der Rangliste der großen Verlierer der Weltgeschichte einen Ehrenplatz reservierte.

Kapitel 2

Arminius – Römer im Germanenpelz

Arminius oder Hermann gilt heute als der Urgermane schlechthin. Doch der wilde Befreier mit Bärenhaut und Hörnerhelm war römischer Offizier. Sein Schicksal und das seiner Frau Thusnelda ist eine Geschichte von Liebe, Verrat und Martyrium.

Wer Arminius wirklich war, weiß niemand. Sein Name wurde ihm vermutlich von den Römern gegeben, der Geburtsname ist nicht überliefert. Die Identität seiner Mutter ist ebenso unbekannt wie sein Geburtsort. Als Geburtsjahr mag 16 v. Chr. gelten. Vater und Onkel hingegen waren berüchtigt. Sie hießen Segimer und Inguimer und belegten auf der Fahndungsliste des römischen Statthalters in Germanien die oberen Plätze.

Die Brüder hatten sich an römischen Steuereintreibern vergriffen. Als Zenturionen 12 v. Chr. in den Weilern und Dörfern der Cherusker und Sugambrer auftauchten, um Tribut zu fordern, machten Segimer und Inguimer kurzen Prozess mit den Besatzern. Nach römischen Quellen sollen sie die Offiziere des Feindes ans Kreuz geschlagen haben. Diese Form der Hinrichtung aber war klassisch antik und im Norden möglicherweise gar nicht bekannt. Wie aus anderen Quellen überliefert ist, banden oder nagelten die Germanen ihre Delinquenten an heilige Bäume, um sie so den Göttern zu opfern. Möglicherweise aber ist nicht einmal das wahr, und die Römer erfanden eine Schauergeschichte, die sie als Anlass für die nun folgenden Strafexpeditionen dem Senat in Rom vorhalten konnten. Den Germanen jedenfalls erging es schlecht.

Rom stellte Bedingungen. Vermutlich musste Segimer seine Söhne als Fürstengeiseln an den Tiber schicken. Dort sollten die Sprösslinge nicht etwa in Ketten schmachten, sondern eine römische Ausbildung genießen und die Militärlaufbahn einschlagen. Sie lernten Latein, erhielten eine Offiziersausbildung, einen Helm auf den Kopf und römische Namen: Flavus und Arminius.

Möglich aber, dass der Druck Roms gar nicht so groß war. Einer Theorie zufolge zogen die Brüder nicht als Geiseln dorthin, sondern aus freiem Willen. Rom soll mit Abenteuern gelockt haben, mit einer Ausbildung zum Krieger und den Weihen eines römischen Offiziers. Aber die selbstständige Entscheidung der Jungen, nach Rom zu gehen, erscheint im Hinblick auf ihr Alter unglaubwürdig. Die Nachwuchs-Cherusker steckten zur Zeit der Ereignisse um die gekreuzigten Zenturionen und die folgenden Rachefeldzüge der Römer noch in den Kinderschuhen. Im Höchstfall mögen sie zehn Jahre alt gewesen sein. Ob die Brüder in diesem Alter unbeeinflusst Rom als Ort ihrer Erziehung gewählt haben, ist fraglich.

Wenn Segimer seine Söhne nicht als Geiseln senden musste, dann doch, weil der Häuptling an Verträge gebunden war. Rom forderte Verstärkung von den germanischen Stämmen, die sich mit der Macht aus dem Süden gut stellen wollten. Aus halbwüchsigen Germanen machten die Römer passable Fußsoldaten und – im Fall des germanischen Stammesadels – sogar Offiziere hoch zu Ross. Bündnis, Gewalt oder frühreife Entscheidung – die beiden Knaben zogen an den Tiber.

Lorbeeren für einen Germanen

Rom verwandelte die Jungen. Sie lernten zu reden wie ein Römer, wuchsen mit römischer Lebenskultur auf, mögen über Häuser, Speisen und Straßen gestaunt haben, erfuhren alles über die seit Jahrhunderten erfolgreiche römische Kriegführung, auch die römische Mode mag Einfluss auf die beiden Germanen gehabt haben. Wie erfolgreich sich Arminius assimilierte, zeigt, dass der etwa Zwanzigjährige 4 n. Chr. eine Truppe seiner Landsleute im römischen Heer anführen durfte. Arminius erhielt eine der höchsten Auszeichnungen, die Rom einem Germanen zu verleihen hatte: das Bürgerrecht.

Arminius und sein Kommando reisten dem Krieg der Römer hinterher. Welche Winkel der römischen Welt der Cherusker zu Gesicht bekam, ist nicht überliefert. Von Hilfstruppen aus dem Balkangebiet ist bekannt, dass sie bis nach Britannien versetzt wurden, wenn dort Soldaten benötigt wurden. Auch Arminius mag manche für ihn exotische Teile des Reichs kennen gelernt haben, bevor ihn die Geschichtsschreibung 6 n. Chr. in Pannonien aufstöbert. Auf dem Gebiet des heutigen Böhmen braute sich der bislang größte Feldzug Roms gegen ein germanisches Reich zusammen.

Dort herrschte Marbod über die Markomannen. Der Anführer des germanischen Stammes war wie Arminius römisch ausgebildet worden – ein Fehler, den die Römer nun quittiert bekamen. Dem Versuch des Tiberius, die Markomannen zu besiegen, verstand Marbod immer wieder auszuweichen. Bei seinen Manövern geriet er schließlich ins Land der Boier und verdrängte sie aus ihrer Heimat Boihaemum (Böhmen). Die Macht des Marbod wirkte wie ein Magnet: Bald schlossen sich den Markomannen die benachbarten Stämme der Langobarden und Gutonen an. In Pannonien wuchs der kleine Stamm zu einem Moloch der Germanen heran. Die Römer wurden nervös. Velleius Paterculus berichtet über Marbod:

»Die Truppe, die sein Reich schützte, brachte er durch beständige Übung fast auf den Stand römischer Disziplin. In kurzer Zeit hatte er sie auf solche Höhe gebracht, dass sie selbst unserem Reich bedrohlich erschien. Gegen die Römer verhielt er sich so: Er vermied es, uns zum Krieg zu reizen, gab aber kund, dass er, falls er selbst gereizt würde, die Kraft und den Widerstand besäße. [...] Volksstämme und einzelne Personen, die von uns abfielen, fanden bei ihm einen Zufluchtsort. Im Ganzen verhielt er sich, was er nur schlecht verhehlte, als ein Rivale Roms. Sein Heer, das er auf die Stärke von 70 000 Fußsoldaten und 4 000 Reitern gebracht hatte, übte er in beständigen Kriegen gegen die Nachbarvölker und bereitete es so auf eine größere Aufgabe als die gegenwärtige vor. Marbod war auch deswegen zu fürchten, weil er zur Linken und vor sich Germanien, zur Rechten Pannonien und im Rücken seines Gebietes die Noriker hatte. So wurde er von allen gefürchtet, als würde er jeden Augenblick gegen sie alle vorrücken. Ja, er ließ auch Italien nicht die Möglichkeit, beim Anwachsen seiner Macht ruhig zuzusehen, da zwischen den höchsten Alpenpässen, die Italiens Grenze bilden, und der vorderen Grenzlinie seines Reiches nicht mehr als 200 Meilen lagen. Diesen Mann nun und diese Gegend beschloss Tiberius Caesar im nächsten Jahr von verschiedenen Seiten her anzugreifen.«

Der Zangenangriff war eine Katastrophe. Marbod hatte es verstanden, die ihm angeschlossenen Stämme auf einen Krieg gegen Rom einzuschwören. Zum ersten Mal standen Rom keine versprengten Stämme ohne einheitliche Führung gegenüber, sondern ein gewaltiges Heer, die Kämpfer durch eine lange Friedenszeit und Wohlstand ausgeruht und motiviert. Tiberius ließ die Muskeln spielen. Zwölf Legionen stellte er gegen die Markomannen auf. Doch der Aufmarsch der Römer hatte nicht den erwünschten Abschreckungseffekt. Sämtliche Stämme Pannoniens griffen nun zu den Waffen. Sogar aus dem benachbarten Dalmatien trafen Truppen ein, um Rom Paroli zu bieten. Tiberius wusste, dass er sich auf einen langen Krieg einzustellen hatte. Allerdings: Rom konnte es sich nicht leisten, zwölf Legionen in Pannonien aufzureiben, während im Nordwesten die germanische Provinz ebenso schutzlos lag wie die Heimat Italien im Süden. Auf Befehl des Feldherren packten die Legionäre zusammen. Für Marbod der perfekte Sieg: Er hatte Rom in die Schranken gewiesen und doch keinem Legionär ein Haar gekrümmt.

Arminius soll bei dem Truppenaufmarsch in Pannonien ebenfalls eine Rolle gespielt haben. Bis zur Aufgabe der Stellungen blieb der Cheruskerprinz allerdings nicht vor Ort. Ein Todesfall in der Familie rief ihn zurück in die Heimat. Auf Arminius warteten eine trauernde Familie und ein führerloser Stamm.

Segimer starb 7 n. Chr. Ein Teil der Cherusker war ohne Häuptling. Für Rom konnte es nicht besser kommen. Es entließ Arminius aus dem Dienst und schickte ihn von Pannonien in die Heimat zurück. Der Plan war einfach und hundertfach erprobt. Der römisch erzogene Arminius sollte die Cherusker im Sinn Roms anführen und ihnen das Rebellieren gegen die Besatzer austreiben. Wie sich zeigen sollte: Germanen waren gegen die Gehirnwäsche der Römer bisweilen immun.

Ironie der Geschichte: Im selben Jahr, in dem Arminius in die Heimat zurückkehrte, übernahm Varus die Statthalterschaft über die germanische Provinz. Beide Protagonisten arbeiteten eng zusammen. Arminius soll Tischgenosse des Varus gewesen und in dessen Feldlager und Villa ein- und ausgegangen sein. Ob Arminius zu dieser Zeit bereits den Aufstand gegen Rom plante, ist eine Frage, deren mögliche Antworten heute Bibliotheken füllen. Dem Varus jedenfalls kam der etwa 20-jährige Cherusker gerade recht. Arminius sprach Latein und die Dialekte seiner Heimat. Er schien Rom treu ergeben, verstand sich auf die Möglichkeiten des römischen Militärapparates und mag sogar ein geschickter Diplomat gewesen sein. Mit diesen Wassern gewaschen, wird Arminius zwischen dem römischen Statthalter und den germanischen Fürsten vermittelt haben. Eine vermutlich einfache Aufgabe. Inguimer, Arminius' Onkel, herrschte über einen Teil der Cherusker, ein Mann namens Segestes über einen weiteren. Beide Männer sollen gemäß den antiken Quellen romtreu gewesen sein. Zwischen den Germanenfürsten und Varus mag eine Zeit lang Eintracht geherrscht haben. Zwei Jahre später aber zerriss die Harmonie mit einem Misston, der bis nach Rom zu hören war.

Arminius wechselte die Fronten. Als er gemeinsam mit Varus und drei Legionen von der Weser Richtung Rhein marschierte, gelang es dem jungen Cherusker, dem alten Hasen Varus eine Falle zu stellen. Aus nicht genau bekannten Gründen verließ Varus den sicheren Weg und tappte in den Hinterhalt des Germanen. Angeblich soll es drei oder vier Tage gedauert haben, bis es den verbündeten Stämmen gelungen war, die drei Legionen des Varus samt Tross niederzumachen. Als Varus erkannte, dass die Situation ausweglos war, stürzte er sich in sein Schwert – eine vermutlich weise Entscheidung, da die Germanen dafür berüchtigt waren, nicht gerade zimperlich mit ihren Kriegsgefangenen umzugehen. Überdies wäre der Patzer, drei Legionen zu verlieren, in Rom ohnehin nicht verziehen und mit der Todesstrafe geahndet worden. Für Varus gab es keinen Ausweg. Arminius stand 9 n. Chr. nicht nur als Bezwinger Roms auf dem Schlachtfeld, sondern auch auf dem Gipfelpunkt seines Ruhms. Aber er war nicht nur kühler Denker und Stratege, sondern ebenso ein verliebter Hitzkopf.

Germanen lieben gefährlich

Eine Frau brachte die Stützbalken des germanisch-römischen Gefüges in Wanken. Thusnelda war die Tochter des Segestes und Mutter aller »Tussis«. Vor der Verballhornung ihres Namens, vermutlich im 19. Jahrhundert, hieß die Häuptlingstochter nach den germanischen Worten »thurs« für Riese und »hiltja« für Kampf. Solche Kampfnamen waren besonders in der Führungsriege der germanischen Stämme üblich. Noch bei Kriemhild und Brunhild aus dem im 12. Jahrhundert niedergeschriebenen Nibelungenlied ist »hiltja« im weicher klingenden »hild« zu finden. Bei Brunhild ist es die »Kämpferin im Brustpanzer«, bei Kriemhild die »Kämpferin in der Maske«. Bei Töchtern aus gutem Hause scheinen die Väter schon bei der Taufe Imagepflege betrieben zu haben.

Während das Äußere des Arminius in wenigstens einer Beschreibung überliefert ist, verblasst die Erscheinung Thusneldas im Dunst der Geschichte. Der griechische Geograf Strabo, ein Zeitgenosse der Protagonisten, überliefert nur ihren Namen in einem Nebensatz. Mehr zur Person der Häuptlingstochter scheint niemand für berichtenswert gehalten zu haben. Das mag weniger an dem vielleicht kaum eindrucksvollen Äußeren der Thusnelda gelegen haben als vielmehr daran, dass Frauen in dieser Zeit der kriegführenden Häuptlinge und Cäsaren keine nennenswerte Rolle spielten. Zwar schweigt sich auch der sonst üppig schreibende Tacitus über Thusnelda aus und nennt die Häuptlingstochter nicht einmal beim Namen. Dafür liefert der römische Geschichtsschreiber pikante Details aus dem Familienleben der Cheruskerfürsten. In seinen *Annalen* lässt Tacitus einen Mann namens Segestes auftreten. Neuzeitliche Dramatiker werden ihn später als Schwiegervater des Arminius bezeichnen. Doch offenbar hing der Familiensegen schief. Segestes erscheint vor den Römern und beschuldigt Arminius des Verrats. Dabei nennt er den Stammesbruder »Räuber meiner Tochter«. Dieser Vorwurf lässt moderne Völkerkundler mit keiner Wimper zucken. Raubehen gelten in der Geschichte als älteste Form der Eheschließung.

Aus der Kulturgeschichte ist der Raub der Sabinerinnen bekannt, in der Ethnologie ist die Raubehe noch heute bei den Yanomami-Indianern im Amazonasgebiet belegt. Unabhängig von Zeit und Ort ist die Praxis fast immer dieselbe. Eine Ethnie, meist ein Stamm, benötigt für den Erhalt der Familie Frauen von anderen Stämmen. Eine Vermischung der Stammesmitglieder untereinander birgt die Gefahren des Inzests, noch heute ist sie bei den meisten Völkern tabu. Deshalb müssen Geschlechtspartner von außerhalb der Gruppe kommen. Dabei bieten sich heiratsfähigen Männern zwei Möglichkeiten. Entweder sie finden eine Partnerin bei einer Nachbargruppe, mit welcher der eigene Stamm Handel treibt, oder sie entführen ihre Zukünftigen aus dem Heimatort mit Gewalt. Der schottische Historiker John McLennan hielt im 19. Jahrhundert die Raubehe für die ursprünglichste Form des Zusammenlebens von Mann und Frau. Dabei unterschied der Wissenschaftler zwischen gewaltsamem Raub und einer Entführung mit Einwilligung der Braut – ein Brauch, der bis heute bei Hochzeiten in Mitteleuropa in scherzhafter Form überlebt hat. Im Germanien der Zeitenwende scheint Arminius diese Praxis ebenfalls nicht fremd gewesen zu sein – allerdings vor ernstem Hintergrund.

Der verliebte Cheruskerheld brach Thusnelda das Herz und ins Haus des Segestes ein. Tacitus berichtet über den Schwiegervater aus unfreien Stücken: »Auch wuchs sein Hass, weil Arminius seine Tochter, die mit einem anderen verlobt war, entführt hatte.« Ferner erfährt der Leser, dass besagte Tochter »ein Kind von Arminius bekommt«. Damit scheint Segestes keineswegs einverstanden gewesen zu sein. Als Thusnelda ihn um 15 n. Chr. aufsucht, lässt er die Tochter nicht wieder gehen, sondern setzt sie als Geisel fest. Jetzt platzt Arminius der Kragen.

Der Cherusker taucht mit seiner Horde vor dem Hauptquartier des Segestes auf und beginnt eine Belagerung. Möglicherweise handelt es sich bei dem Ort um den Vorläufer der Eresburg, einer Befestigungsanlage der Sachsen im heutigen Sauerland, die etwa 800 Jahre später von Karl dem Großen zerstört wird. Arminius ante portas – das mag Segestes gerade recht erschienen sein. Er befahl einer kleinen Gruppe Boten, sich aus der Burg zu schleichen und die Römer um Hilfe zu bitten.

Tatsächlich gelang es den Kurieren, das Lager des Germanicus zu erreichen. Der römische Feldherr war einer der prominentesten Charaktere im Ringen um das Grenzland und Roms bestes Pferd im Stall. Germanicus hieß eigentlich Gaius Julius Caesar. Der Namensvetter des berühmten Staatsmannes, der annähernd 50 Jahre zuvor in Rom erdolcht worden war, war ein Sohn des Frontkämpfers Drusus. Den Titel »Germanicus« hatte sein Vater postum erhalten und an den Sohn vererbt. Nun war die Reihe an Germanicus junior, seinem Namen Ehre zu machen.

Germanicus war gerade im Begriff, das Varusschlachtfeld zu suchen, um die seit sechs Jahren dort verwesenden Leichname der Legionäre zu bestatten. Er wird sich die Hände gerieben haben, als er von der Lage vor der Eresburg hörte. Arminius, der Schänder römischer Ehre, in greifbarer Nähe, dessen Geliebte Thusnelda bereits in Gefangenschaft. Trotzdem ist es wahrscheinlich, dass Germanicus gezögert hat. Das Schicksal des Varus durfte sich nicht wiederholen. Was, wenn Arminius auf dem Weg zur Eresburg eine Falle vorbereitet hatte? Dann aber, so schreibt Tacitus, soll sich Germanicus daran erinnert haben, dass Segestes stets auf Seiten der Römer stand und Varus kurz vor dessen Tod noch vor Arminius gewarnt haben soll. Der Römer zog das Handeln dem Zaudern vor. Die Legionen marschierten an die Diemel.

Tacitus schildert in seinen *Annalen* diese Situation wie folgt: »Man kämpfte mit den Belagerern und befreite Segestes mit einer großen Schar von Verwandten und Schützlingen. Dabei waren Frauen, und unter diesen die Gattin des Arminius, Segestes' Tochter, mehr von des Gatten, als des Vaters Geist, weder bis zu Tränen bezwungen, noch mit einem Laute flehend, sondern die Hände unter dem Busen zusammengefaltet und auf den schwangeren Leib niederblickend.«

Die verbotene Liebe endete tragisch: Arminius entkam in die Wälder, Thusnelda geriet in Gefangenschaft. Germanicus schickte die Schwangere in Ketten nach Rom, wo sie Arminius' Sohn Thumelicus gebar. Anzunehmen, dass die Römer die Information über die Geburt dem Arminius zuspielten. Die psychologische Kriegführung gehörte im Imperium zu den Finessen der römischen Politik.

Wie Arminius auf den Verlust der Thusnelda reagierte, muss die Fantasie ausmalen. Tacitus schweigt. Mancher Arminius-Forscher bescheinigt dem Cherusker eine tiefe Liebe zu Thusnelda, einen entsprechenden Hinweis bleiben die Quellen allerdings schuldig. Ebenso gut möglich, wenn auch weniger romantisch, erscheint die Variante, dass Arminius aus politischem Kalkül ein Auge auf Thusnelda geworfen haben könnte. Die Häuptlingstochter war eine gute Partie, sie öffnete Arminius den Zutritt zu einem mächtigen Teilstamm der Cherusker. Die Methode der politisch motivierten Heirat mag sich der junge Offizier in Rom abgeschaut haben, wo es bereits seinem Widersacher Varus gelungen war, über mehrere Ehefrauen die Steiltreppe zum Kaiser hinaufzusteigen. Nach den Gesetzen der Poetik wäre diese Version der Geschichte allerdings durchgefallen. Auch die römischen Dichter schrieben lieber über Liebe als über Vernunftehen. Aber ob Herzschmerz oder Kalkül die beiden zusammenbrachte – wiedergesehen hat sich das junge Paar nicht.

Tacitus scheint angesichts der vermeintlichen Liebesgeschichte die Feder wie von selbst über den Papyrus geflogen zu sein. Etwa 90 Jahre nach dem Ereignis schreibt er: »Den Arminius trieb, abgesehen von seiner angeborenen Leidenschaft, der Gedanke, dass seine Frau geraubt sei und dass sie sein Kind in der Sklaverei zur Welt bringen müsste, zum Wahnsinn. Er stürmte durch das Land der Cherusker und forderte Waffen gegen Segestes und den Caesar. Er sparte auch nicht mit Schmähreden. Ein herrlicher Vater, ein tapferes Heer, die mit so vielen Armeen eine schwangere Frau mit sich fortschleppten! Vor ihm seien drei Legionen und ebenso viele Legaten niedergesunken. Er führe nicht Krieg mit Verrat, noch kämpfe er gegen schwangere Frauen, sondern gegen bewaffnete Männer trete er an.«

Alles Fluchen war vergebens. Thusnelda war in Rom, der Höhle des Löwen, und damit für Arminius unerreichbar. Ob die Häuptlingstochter im finsteren Verlies darben oder als Edel-Sklavin bei einer Senatorenfamilie dienen musste, ist eine ungeklärte Frage. Ein einziges Mal noch marschierten Mutter und Sohn durch die Zeilen der antiken Texte – zur Schau gestellt als Gefangene im Triumphzug des Germanicus.

Das Ereignis schlug Rom in Bann, nicht so sehr wegen der blamierten Germanentochter, sondern weil es einer der prunkvollsten Triumphzüge werden sollte, die Rom bislang erlebt hatte. Der antike Schriftsteller Ammianus Marcellinus berichtet, dass der Feldherr etwa zwei Wochen benötigte, um über die Alpen nach Rom zu gelangen. Der Zug des Germanicus muss wie ein Schauspiel vor der Kulisse der schroffen Berge gewirkt haben. Im Gefolge des Feldherren fuhren seine Ehefrau und seine drei Kinder Drusilla, Agrippina die Jüngere und Caligula, später einer der verrufensten Kaiser des Imperiums. Überdies reiste Germanicus mit großem Gepäck: Zu Hunderten folgten germanische Kriegsgefangene dem Tross, die sich zu Fuß durch den Frühjahrsschlamm der Bergwelt kämpfen mussten. Mit der menschlichen Beute kamen gefangene wilde Tiere Germaniens – Luchse, Wölfe und Bären – nach Italien, über dem Spektakel schaukelten zwei wiederbeschaffte Legionsadler, die wiederhergestellte Ehre Roms. Wie frenetisch die Römer Germanicus feierten, überliefert eine Passage bei dem Kaiserbiografen Sueton, der festhält, das »ganze römische Volk [...] ohne Unterschied des Geschlechts, Alters und Standes« sei dem Feldherrn bis zum 20. Meilenstein vor der Stadt entgegengelaufen. Das sind 30 Kilometer. Germanicus war ein Publikumsmagnet.

Ein Knallbonbon nach dem anderen zündet Sueton bei der Schilderung des anschließenden Triumphzuges durch die Stadt. Er berichtet von mit Krokuswein besprengten Straßen, von Menschenmassen entlang des Weges, die dem vorüberfahrenden Germanicus Konfekt, Kranzbänder und Singvögel zuwarfen. Der Triumphator ließ sich ebenfalls nicht lumpen und schenkte jedem volljährigen Mann 300 Sesterzen, für manchen ein Monatslohn. Nicht überliefert, aber wahrscheinlich ist, dass die Römer an tausend Tischen auf Kosten des Germanicus verköstigt wurden – so jedenfalls war es Sitte. Sueton meint, Rom habe nichts Vergleichbares erlebt seit dem Sieg des Augustus in der Schlacht bei Actium, als der angehende Kaiser Kleopatra und Marcus Antonius in die Schranken wies. Das lag 47 Jahre zurück. Augustus war drei Jahre zuvor gestorben und Tiberius nun Kaiser. Möglich, dass der neue Imperator zu dem Treiben auf den Straßen gute Miene gemacht hat. Im Hinterstübchen des Herrschers aber wird es rumort haben. Noch im selben Jahr ließ Tiberius den großen Triumphzug für Feldherren verbieten. Fortan durfte sich nur noch der Kaiser vom Volk so lautstark beklatschen lassen, dass es in den Geschichtsbüchern hallte. Die Generäle des Reichs mussten sich mit dem kleinen Triumph zufrieden geben, einem Zug mit geschrumpftem Gefolge, bei dem der Siegreiche nicht länger im Wagen, sondern zu Pferd oder gar zu Fuß in Rom einzog.

Segestes ritt der Teufel. Beim Triumphzug des Germanicus soll der Cherusker im Publikum gestanden haben und Zeuge gewesen sein, wie seine Tochter, sein Enkelsohn, sein Sohn Segismundus und weitere Häuptlinge Germaniens durch die Straßen Roms geschleppt und mit Spott überschüttet wurden. Strabo weiß sogar zu berichten, dass sich Segestes als Ehrengast dem Triumphzug anschloss. Weder von Tacitus noch von einem anderen Autor wird dieser Bericht bestätigt, es mag sich um dramatische Zutaten handeln. Segestes verschwindet nach dem Triumphzug des Germanicus in der Versenkung der Geschichte und taucht aus keiner antiken Quelle wieder auf.

Auch die Biografie der Thusnelda und ihres Sohnes Thumelicus verliert sich im Gestrüpp der Zeit. Tacitus muss den weiteren Lebensweg der beiden Germanen gekannt haben, er kündigt in den *Annalen* an: »Wie das Schicksal mit dem in Ravenna erzogenen Sohn des Arminius später sein Spiel getrieben hat, werde ich später erzählen.« Diese Passagen der *Annalen* sind jedoch verloren. Einzig der Hinweis auf Ravenna bleibt und lässt Historiker stutzen. Ravenna an der italienischen Ostküste war in den Tagen des Tiberius dafür berüchtigt, eine der besten Gladiatorenschulen zu besitzen. Ein Germane als Gladiator – das war Sportmarketing erster Güte. Das römische Publikum mag um Sitzplätze in den Amphitheatern gerangelt haben, wenn der Sohn des Arminius die Arena betrat, der Spross jenes Mannes, der drei römische Legionen in den Staub getreten hatte.

Vielleicht wurde Thumelicus ein Star im blutigen Gladiatorensport – im British Museum ist heute eine Büste zu sehen, in der einige Forscher ein Porträt des Thumelicus erkennen. Die Büste zeigt einen Mann in jungen Jahren mit langem wallenden Haar und Schnurrbart, das mutmaßlich letzte Zeugnis einer Familientragödie. Die Interpretation der Figur als Thumelicus entstammt allerdings eher dem Sentiment als einer wissenschaftlichen Untersuchung. Die Büste ist nachweislich rund 200 Jahre älter als das Geschehen um die Varusschlacht und stammt aus Kleinasien, der heutigen Türkei. Von Thusnelda selbst fehlt jede Spur. Es ist wahrscheinlich, dass sie mitsamt dem Sohn nach Ravenna gehen musste. Als persona non grata war es unmöglich, sie auf Dauer die Vorzüge des Hauptstadtlebens genießen zu lassen, selbst wenn dies nur als Sklavenmädchen geschehen wäre.

Zu Ehren kam Thusnelda Jahrhunderte später. 1880 entdeckte der Astronom Johann Palisa einen Asteroiden, der im Asteroiden-Hauptgürtel um die Sonne kreist. Palisa taufte den 41 Kilometer großen Kleinplaneten »Thusnelda«.

Idistavisto – Rache für Varus

Trotz Schmach und Zorn scheint Arminius die Waffen nicht gestreckt zu haben. Strabo schreibt: »Er führt den Kampf noch immer fort.« Eine Wahl scheint es für den Reichsfeind Nummer eins nicht gegeben zu haben. Im Krieg gegen die Römer hatte der Cherusker nach wie vor alle Hände voll zu tun.

Die Grenze erlebte unruhige Zeiten. Tiberius, der spätere Kaiser, übernahm nach dem Tod des Varus das Kommando in Germanien. Kaum hatte er den Oberbefehl über die Germanienfront erhalten, musste er seinem Adoptivvater, dem Kaiser Augustus, beweisen, dass er der rechte Mann am rechten Ort war. Krieger der germanischen Stämme der Marsen und Brukterer berannten die Rheingrenze, aber sie hatten den neuen Oberbefehlshaber unterschätzt. Nicht nur schlug Tiberius alle Angriffe zurück, er handelte auch klug und beging nicht den Fehler, den Angreifern in die germanischen Wälder nachzusetzen. Stattdessen tankte er Kraft, sicherte die Grenze und fiel erst vier Jahre später seinerseits mit Wucht in Großgermanien ein. Die Stämme der Marsen und Sugambrer wurden bei dem Rachefeldzug des Tiberius fast vollständig ausgelöscht.

Dann kam Germanicus. Als der Feldherr 13 n. Chr. zu einem Rachefeldzug nach Germanien aufbrach, ließ er weite Teile des Grenzvorlandes verwüsten. Die Wunde, die Arminius den Römern vier Jahre zuvor geschlagen hatte, schmerzte noch immer.

Germanicus fand das Schlachtfeld. Was in der Neuzeit Generationen von Varusforschern nicht gelang, schaffte der Feldherr in wenigen Wochen. Vermutlich standen ihm Augenzeugen der Schlacht oder germanische Geländekundige zur Seite. Dort, wo die Varusschlacht getobt hatte, bot sich den Römern noch Jahre darauf ein Bild des Grauens. Germanicus ließ ein provisorisches Lager aufschlagen und die Überreste der Gefallenen bestatten. Eine gewaltige Aufgabe: Immerhin lagen die Leichen von über 20 000 Menschen auf dem Feld verstreut, hinzu kamen Tierkadaver. Die Römer hoben Gruben aus und warfen, was sie an Gebeinen fanden, hinein. Die Totengräber arbeiteten in ständiger Angst vor Überfällen der Germanen. Überdies wird die Rachlust in den Legionären hochgekocht sein, während sie Männer und Frauen notdürftig vergruben, die sie vermutlich persönlich gekannt hatten. Germanicus war das Recht. Er wollte endlich Schluss machen mit den widerspenstigen Barbaren. Aber auch ihm, der als glänzender Stratege und Feldherr galt, blieb militärischer Erfolg versagt. Arminius spielte nicht mit. Statt dem Römer an jenen Orten zu begegnen, die Germanicus dafür vorbereitete, verwickelte der Cheruskerführer seinen Gegenspieler in einen Guerillakrieg. Schließlich verloren die Römer die Nerven.

Noch einmal ließ Germanicus die Muskeln spielen. Mit acht Legionen plus Hilfstruppen marschierte der Römer 16 n. Chr. vom Rhein die Ems hinauf. Damit stellte Germanicus fünf Legionen mehr auf als seinerzeit Varus. Ein Lindwurm aus Kettenpanzern, Eisenhelmen und schweren Waffen wälzte sich durch die Wälder. Offenbar wollte Germanicus reinen Tisch machen in Germania magna, bevor er endlich siegreich heimkehren konnte – als Mitbringsel für den Kaiser in Rom mag sich der Feldherr den Kopf des Arminius gewünscht haben oder vielleicht den noch lebenden Cherusker in Ketten. Aber daraus wurde nichts.

Germanicus forderte seinen Widersacher Arminius zur Schlacht. Manchem Legionär scheint es angesichts des bevorstehenden Kampfes mulmig geworden zu sein. Verständlich: Erst ein Jahr zuvor hatten die Soldaten des Germanicus die Überreste ihrer Kameraden aus jenem Morast aufgeklaubt, in dem sie an der Seite des Varus in den Tod gegangen waren. Nun erneut gegen dieselben Germanen auf ebenso unsicherem Terrain zu kämpfen, muss wie ein Todesurteil gewirkt haben. Germanicus aber scheint sich des Sieges sicher gewesen zu sein. Er beruhigte seine Männer, indem er ihnen erklärte, dass die germanischen Schilde und Speere viel zu unhandlich seien, um sie im Wald wirkungsvoll einzusetzen. Die Römer hingegen seien mit ihren Kurzschwertern und eng anliegenden Rüstungen wendig. Ob die mit zentnerschwerem Metall bepackten Legionäre diesen Worten Glauben schenkten, überliefert Tacitus zwar nicht, wohl aber den Rat des Germanicus an seine Männer: »Sie sollten unentwegt draufschlagen und mit den Schwertern auf das Gesicht zielen.«

Bevor die Waffen sprachen, redeten noch einmal die Brüder miteinander. Arminius soll, so Tacitus in den *Annalen*, nach seinem Bruder Flavus verlangt haben, der im Gefolge des Germanicus ritt. Die Männer trafen sich am Ufer des Flusses Visurgis. Der eine ein Anhänger der Römer, der andere ein Rebell. Ideologie-Debatte in germanischem Forst: Jeder versuchte, den anderen von seinem Irrtum zu überzeugen. Vergeblich. Als Arminius bemerkte, dass seinem Bruder ein Auge fehlt, soll er nach der Ursache für die Wunde gefragt haben. Flavus erklärte, er sei bei einem Feldzug des Tiberius verstümmelt worden. Als ihm Flavus »den Ort und die Schlacht angab, fragte er weiter, was er denn für eine Belohnung erhalten habe. Flavus wies auf eine Erhöhung des Soldes, auf eine Halskette, auf einen Ehrenkranz sowie auf andere militärische Geschenke hin, die Arminius als armseligen Sklavenlohn verspottete.« Die Kluft zwischen den Brüdern schien so unüberbrückbar wie der Fluss, den Tacitus – vermutlich metaphorisch – zwischen ihnen fließen lässt: »und nicht einmal der Fluss, der sie trennte, hätte sie daran gehindert, miteinander handgemein zu werden, wenn nicht Stertinius herbeigeeilt wäre und Flavus, der wutentbrannt Waffen und ein Pferd forderte, festgehalten hätte.«

An einem Ort namens Idistavisto prallten Römer und Germanen aufeinander. Einem antiken Sportreporter ähnlich schildert Tacitus die Aufstellungen der Truppenteile bei Freund und Feind, nennt Geländebedingungen und göttliche Zeichen am Himmel. Dann lässt der römische Bestseller-Autor die Germanen in wenigen Augenblicken scheitern. Die Barbaren fliehen ohne ersichtlichen Grund in Panik aus ihren Stellungen, Arminius versucht zu retten, was zu retten ist, und drischt auf die römischen Bogenschützen ein. Welcher Teil des verdächtig detailgetreuen Berichts Tatsache ist und welcher Ausschmückung, ist kaum zu klären. Auffallend ähneln einige Elemente den Berichten über die Schlachten Alexander des Großen bei Issos und Gaugamela, wo der makedonische Feldherr 300 Jahre zuvor ebenfalls Zangenbewegungen vollführt hatte, gegen die an der Flanke stehenden Bogenschützen vorgedrungen war und – bei Issos – angeblich die wohl sortierte Schlachtordnung des Feindes in Windeseile in ein Chaos verwandelt hatte. Tacitus kannte diese Geschichten und wusste, wie beliebt sie in Rom waren. Deshalb erscheint es möglich, dass die Überlieferung der Schlacht bei Idistaviso zu einer Melange aus Nachricht, Legende und Plagiat verrührt ist. »Tacitus borgte mit Sicherheit von den Schlachtberichten anderer antiker Historiker«, meint Holly Haynes, Dozentin an der Universität von New York und Tacitus-Expertin. Ausgeschmücktes Schlachtenepos oder knallharter Tatsachenbericht – die Germanen gingen unter. Ihr Anführer zog alle Register, um den Fängen Roms zu entkommen. Tacitus: »Er hatte, um nicht erkannt zu werden, mit seinem eigenen Blute sich das Gesicht verschmiert.« Trotz der Maskerade sollen ihn die Chauken, germanische Söldner auf Seiten Roms, erkannt haben. Glück im Unglück: Anstatt den Cherusker niederzumachen, scheinen sich die Hilfstruppen ihres Germanentums erinnert zu haben – sie ließen den Fliehenden davonkommen. Arminius entwischte.

Den meisten Germanen erging es schlecht. Tacitus spart nicht mit blutigen Details: »Sehr viele fanden bei dem Versuch, über den Visurgis zu schwimmen, unter dem Geschosshagel oder in der starken Strömung des Flusses, zuletzt dadurch, dass die Menschenmassen übereinander stürzten und das Ufer einbrach, den Tod. Einige kletterten in schmählicher Flucht ganz oben auf die Bäume hinauf, wo sie sich in den Zweigen zu verstecken suchten und von herbeigeholten Pfeilschützen zur Kurzweil heruntergeschossen wurden.«

Arminius musste eine Niederlage einstecken, so wie Varus zuvor. Eine weitere Gemeinsamkeit: Der Ort der Niederlage des Arminius ist ebenso wie das Feld der Varusschlacht bisher nicht gefunden. Idistavisto? Wo lag das?

Einen Hinweis liefert Jacob Grimm. Der als Märchensammler berühmt gewordene Germanist war 1852 auch Herausgeber des ersten deutschen Wörterbuchs. Darin hatte er alle deutschen Wörter zusammengetragen, die seit dem 16. Jahrhundert gebräuchlich waren. Wenn sich jemand mit Sprache auskannte, dann er. Jacob Grimm betrachtete auch Idistavisto von allen Seiten, drehte und wendete den geheimnisvollen Ortsnamen, um schließlich vor den ersten drei Silben zu kapitulieren, in »visto« aber eine »Wiese« zu erkennen. Der Rest ist Rätselraten. Für manchen lag die Kampfwiese bei Hildesheim an der Innerste, andere suchen am Deister, einem Höhenzug in Niedersachsen. Beide Orte wiederum liegen nur einen Tagesmarsch von Kalkriese und einen Steinwurf von Detmold entfernt und damit in unmittelbarer Nähe des vermeintlichen Varusschlachtfeldes. Eine genaue Lokalisierung lässt hingegen auf sich warten. Der deutsche Gelehrte Theodor Mommsen klappte das Kapitel Idistavisto bereits 1904 zu: »Auf ein gesichertes Ergebnis muss bei diesem wie bei den meisten Taciteischen Schlachtberichten verzichtet werden.«

Arminius gab nicht auf. Trotz der Katastrophe bei Idistavisto, trotz des Verlustes seiner Frau und seines Kindes scheint es der Cherusker verstanden zu haben, den Kampfgeist der Germanen in Flammen zu halten. Germanicus drängte auf weitere Schlachten, aber Tiberius, inzwischen Kaiser, machte Schluss. Ein Jahr nach Idistavisto befahl er den Feldherrn zurück nach Rom, der berühmte Jubeltriumph folgte. Der Festumzug mag dazu gedient haben, die Kampflust des Germanicus zu dämpfen. Fortan herrschte Ruhe am Rhein. Die Römer zogen eine Grenze entlang des Flusses. Die Ruhe nach dem Kampflärm lässt heutige Historiker stutzen. Hatte Arminius zum Schluss doch den längeren Atem und die Römer mit germanischer Hybris in die Schranken gewiesen? Tacitus sah das anders. Für ihn war klar: Tiberius pfiff Germanicus zurück, weil das Ansehen des Feldherrn beim römischen Volk zu stark gewachsen war. »Germanicus [...] merkte [...], dass dies alles nur vorgetäuscht sei und ihm aus Neid der bereits errungene Ruhm entrissen werde.« Solche Regimekritik durfte dem Historienschreiber mit flotter Tinte aus der Feder fließen, weil zu seinen Lebzeiten nicht nur Tiberius bereits über 60 Jahre tot, sondern auch das gesamte Kaisergeschlecht ausgestorben war. Glaubt man demnach Tacitus, ließ Zwietracht in den oberen Etagen des römischen Kaiserhauses den Vorhang über den Rhein fallen. Tacitus hätte keinen populäreren Grund angeben können. Die Germanen mussten einpacken, die Römer blieben unbesiegt, der Sündenbock war die Politik eines mittlerweile diskreditierten Herrschers. Vor den Forschern der Gegenwart ist diese antike Krisen-PR allerdings fadenscheinig geworden. Der Göttinger Althistoriker Gustav Adolf Lehmann meint, Tacitus habe »den scharfen Gegensatz zwischen der strahlenden Heldengestalt des jugendlichen Feldherrn und ›Kronprinzen‹ Germanicus und dem düsteren Tyrannenbild des Princeps Tiberius durchaus zum kompositorisch zentralen Aspekt der ersten beiden Bücher seiner Annalen erhoben.« Politik und Geschichte als Stilmittel eines Autors von Weltrang.

Den US-Historiker Peter Wells befallen ebenfalls Zweifel angesichts der Meinung des Tacitus, Rom habe sich wegen innenpolitischer Querelen hinter der Rheinlinie verschanzt: »Der Grund für diese Entscheidung kann nur im zähen Widerstand der Germanen liegen.« War Arminius der Held Germaniens, als der er bis ins 20. Jahrhundert hinein gefeiert wurde? Eine römische Inschrift, 1982 in Sevilla entdeckt, fegte ideologische Hurra-Schreie aus den Germanenlagern der Gegenwart vom Tisch. Auf der »Tabula siarensis« waren die Anordnungen des römischen Senats erhalten, die anlässlich des Todes des Germanicus ausgegeben worden waren. Das war 19 n. Chr. Germanicus war zwei Jahre nach seinem pompösen Empfang in Rom gestorben – Zeitgenossen munkelten von Giftmord in Ägypten. Der Senat verordnete Staatstrauer und drei Ehrenbögen für den Toten, ähnlich der heute mancherorts noch zu besichtigenden Triumphbögen der römischen Kaiser. Auf einem dieser Bögen sollten die Taten des Germanicus für jedermann lesbar sein. Doch mit den frisch entdeckten Zeilen wehte ein Sturm durch die Gelehrtenstuben. Germanicus habe, so der Senat, »die Germanen im Kriege besiegt« und sie »von Gallien zuruckgetrieben«, überdies habe »der Status der gallischen Provinzen eine feste Ordnung erhalten«. Gallien – das lag links des Rheins. Kein Wort davon, dass Germanicus einen Offensivkrieg am anderen Ufer geführt hatte, keine Zeile darüber, dass er nur mit Mühe von seinem Kommando abberufen worden sein soll, nichts über eine geplante Fortsetzung der Kämpfe gegen die Aufständischen – für Gustav Adolf Lehmann eine »deutliche

Absage an das Ziel einer dauerhaften Expansion in das rechtsrheinische Germanien hinein«. Der römische Verzicht auf die Germania magna war kein Rückzug eines von Kämpfen gegen germanische Horden ausgelaugten Heeres, sondern ein Mechanismus der Innenpolitik. Motivation gab es genug: Dem Senat ging das Geld aus, dem Kaiser der Ruf. Lachende Sieger blieben die Germanen.

Frieden herrschte deshalb noch lange nicht. In ihren Lagern links des Rheins, aus denen die Städte Mainz und Köln, Xanten und Worms erwachsen sollten, schauten die Römer zu, wie sich die Germanen fortan gegenseitig zerfleischten. Ohne Germanicus und seine Legionen fehlte ein gemeinsamer Feind. Alte Fehden zwischen Stämmen brachen auf wie schlecht verheilte Narben. Auch ohne die Römer floss Blut in Germania magna.

Arminius navigierte noch einige Zeit erfolgreich durch die Stürme der Stammespolitik. Er trommelte eine Gefolgschaft mehrerer Häuptlinge zusammen, der Sieg über Varus mag noch immer eine Attraktion für manchen gewesen sein und Grund genug, auf Arminius als Anführer zu vertrauen. Mit offenen Armen wird der Cherusker die Semnonen und Langobarden empfangen haben, die bis dahin das Reich des Marbod verstärkt hatten. Mit dem Markomannenfürsten hatte Arminius noch eine Rechnung offen. Kurz nach der Varusschlacht soll der Cherusker dem Marbod den Kopf des Varus geschickt haben, um diesen von seiner Schlagkraft zu überzeugen und auf seine Seite zu ziehen. Marbod aber war ein Gratwanderer zwischen der Welt der Germanen und dem Reich der Römer. Er schickte die grausige Postsendung weiter an Augustus, weniger, um den römischen Kaiser zu erschrecken, sondern um Rom zu demonstrieren, dass sich die Markomannen nicht mit den Cheruskern verbünden würden. Für Arminius war das ein Schlag ins Gesicht, den der Germane nun erwidern wollte.

Marbod unterlag. Eine genaue Beschreibung des Kampfes um Böhmen ist nicht überliefert. Gewiss ist: Arminius triumphierte. Dem Markomannenreich scheint er jedoch nur einen Kratzer zugefügt zu haben. Marbod regierte weiter, offenbar geschwächt. Im Jahr darauf, 18 n. Chr., stürzte ihn ein Adeliger des eigenen Stammes vom Thron. Der reichslose Herrscher versuchte sein Glück bei den Römern, der letzte Ausweg aber führte in eine Sackgasse. Rom steckte Marbod in den Kerker. Er starb im Jahr 36 in

Ravenna, jener Stadt, in der auch Thusnelda und Thumelicus gestrandet waren.

Arminius' Sieg über Marbod war der letzte Coup des Cheruskers. Nutzen hat er daraus kaum gezogen. Weder waren die Markomannen unterworfen, noch die germanischen Stämme geeint, wie sich bald zeigen sollte. Die Germanen zerstritten sich. Macht mag ein Grund für den Hader gewesen sein. Arminius' Rivalen sollen den Anführer beschuldigt haben, er wolle König werden. Viele Gefährten fielen von Arminius ab, darunter sein Onkel Inuiomerus. Nach zwölf Jahren in der Führungselite der Stämme stand der Cherusker plötzlich allein im Wald, und das war gefährlich.

Tacitus berichtet über das Ende des Cheruskers. Mit einem zeitlichen Abstand von etwa 50 Jahren bemerkt der Chronist: »Ich finde bei Geschichtsschreibern, die Senatoren waren, einen Brief des Chattenfürsten Adgandestrius, der im Senat verlesen worden sei. In ihm verspricht er, den Arminius zu töten, wenn man ihm zur Ausführung der Tat Gift schicke. Er habe die Antwort erhalten, das römische Volk nehme nicht hinterrücks und heimlich, sondern offen und mit dem Schwert in der Hand Rache an seinen Feinden. Doch hatte Arminius, der nach dem Abzug der Römer und der Vertreibung des Marbod nach dem Königstitel strebte, einige seiner Landsleute gegen sich. Als er bei einem bewaffneten Überfall mit wechselndem Glück kämpfte, fiel er durch die Hinterlist seiner Verwandten.«

Historiker kratzen sich den Kopf. Wieso erschlugen die Germanen ihren Anführer nach so vielen Erfolgen? Die vereinten Stämme hatten den Römern so hartnäckig Paroli geboten, dass die römischen Adler mit hängenden Flügeln umkehren mussten; der germanischen Union war der Sieg über das mächtige Markomannenreich geglückt. Warum schlugen sich die Germanen auf dem Gipfel des Erfolgs und mit rosigen Aussichten selbst den Kopf ab? Ein Verdacht fällt auf Rom, doch fegt Tacitus solche Vermutungen beiseite. In seiner Schreibstube musste er kein Blatt vor den Mund nehmen, dem Tiberius hätte er vermutlich genüsslich einen gemeinen Dolchstoß in den Rücken des unbesiegten Arminius angedichtet. Aber in den *Annalen* findet sich kein Wort von Verschwörung, nur die Würdigung des Arminius: »Zweifellos war er der Befreier Germaniens – ein Mann, der das römische Volk nicht in den Anfängen seiner

Macht, wie andere Heerführer und Könige, sondern in seiner höchsten Blüte herausforderte. Seine Schlachten schlug er mit zweideutigem Ausgang; im Krieg war er ungeschlagen. [...] Die römischen Geschichtsschreiber würdigen ihn nicht genügend.« Solche Zeilen dienten keineswegs dem Ruhm des Feindes, sondern dem eigenen. In der Antike war es üblich, den Widersacher als Übermenschen und legendären Streiter zu präsentieren, um damit indirekt die eigenen Leistungen im Streit mit dem Gegner zu erhöhen. Wenn es aber nicht Tiberius war, wer oder was trieb die Germanen dazu, Arminius zu ermorden?

Blinde Blutlust und Barbarei soll es nicht gewesen sein. Althistoriker wie Alexander Demandt glauben eher daran, dass Arminius Opfer der germanischen Innenpolitik wurde. Der klassische Königsmord also? Der Historiker Reinhard Wenskus meinte in den 1960er Jahren noch, dass Arminius ein Königssohn war und mit seinen Erfolgen gegen die Römer auf den Germanenthron zusteuerte. Aber die Quellen schweigen. Kein antiker Autor schmückt Arminius, Flavus, Inguimer oder Segimer mit dem Titel »rex«. Von blauem Blut keine Spur. Doch auch wenn Arminius von Geburt keinen Anspruch auf den höchsten Rang bei den Germanen hatte, versuchte er ihn sich zu verschaffen. Die Stämme überzeugte er mit seinem Schwert, eine Portion Charisma mag hinzugekommen sein. Dass er letztlich scheiterte, wird weder an mangelndem Fingerspitzengefühl für Politik noch an der Unregierbarkeit des gemeinen Germanen gelegen haben. Das großgermanische Schiff und sein Steuermann zerschellten an der Adelsopposition. So war es in Böhmen, wo Marbod von einem Adeligen gestürzt wurde; so war es bei den Stämmen der Geten und der Quaden. Noch 442 n. Chr. verschaffte sich der Vandalenkönig Geiserich die Herrschaft, indem er den Stammesadel in einem Blutbad massakrierte. Die Franken, welche die folgenden Jahrhunderte prägten, waren dafür berüchtigt, dass bei Hof für jeden König ein Dutzend Dolche geschmiedet waren. Alexander Demandt über die Germanen: »Das Problem des Königtums war nie das Volk, sondern immer der Adel.«

Velleius Paterculus hinterlässt als einziger Augenzeuge einen Eindruck von Arminius: »Arminius, ein junger Mann von edlem Geschlecht, tapferer Hand, schnellen Sinnes, gewandten Geistes, mehr als Barbaren das sonst sind. Arminius, des Stammesfürsten Segimers Sohn, ein Jüngling, aus dessen Augen geistiges Feuer strahlte, der unser steter Begleiter auf den früheren Feldzügen gewesen war und neben dem römischen Bürgerrecht den Rang eines römischen Ritters hatte, machte sich des Feldherrn schläfriges Wesen zunutze. Er dachte sehr richtig, dass niemand leichter zu überwältigen sei, als der, der nichts fürchtet, dass nichts öfter des Elends Beginn gewesen sei als das Gefühl der Sicherheit.« Arminius wurde 37 Jahre alt, davon soll er zwölf Jahre »an der Spitze seines Volkes« gestanden haben, wie Tacitus berichtet. Von der Fürstengeisel zum Spitzenpolitiker Germaniens – die Karriere des Cheruskers muss den Vergleich mit dem Werdegang des Varus nicht scheuen. Bis in den Tod ähneln sich die Wege der Männer, deren letzte Stunde in Hinterhalten in Germanien schlug.

Arminius war tot, Rom begann erst hinter der Rheingrenze. Die Geschichte Germaniens aber ging weiter. Als letzter Nachfahre des Segimer führte Italicus die Cherusker an. Er war von hoher Geburt. Sein Vater war Flavus, Bruder des Arminius, seine Mutter war die Tochter des Actumerus, eines Anführers des Chattenstammes. Damit war Italicus der letzte lebende Verwandte des ermordeten Arminius. Wie Vater und Onkel war auch er in Rom erzogen worden und trug einen römischen Namen. Die Cherusker baten 47 n. Chr. den römischen Kaiser Claudius, er möge ihnen Italicus als Anführer schicken. Wer aber unter den Cheruskern gehofft hatte, der Kampfgeist des Arminius könnte in seinem Neffen weiterleben, täuschte sich. Kaiser Claudius sandte einen durch und durch romtreuen jungen Mann nach Germanien. Nicht noch einmal wollte sich der mächtigste Mann der Welt von einem Barbaren hinters Licht führen lassen. Die Germanen ihrerseits wollten von einem romtreuen Regenten nichts wissen. Italicus führte zwar dank römischen Geldes und der Überzeugungskraft einer römischen Leibwache die Cherusker an, die benachbarten Stämme aber ließen sich weder mit Goldmünzen noch Eisenschwertern davon überzeugen, sich dem Marionettenhäuptling anzuschließen. In Germanien herrschte nicht Italicus, sondern Krieg. Mal vertrieben die Chatten den letzten Cherusker, mal kehrte er mit Hilfe der Langobarden zurück. Was Arminius als Keimzelle eines Germanenreiches in den sumpfigen Boden der Germania magna gepflanzt hatte, verkümmerte unter der Streitlust einzelner Gruppen. Um 100 n. Chr. bemerkt Tacitus, dass von dem Cheruskergeschlecht nichts mehr existiere als ein elender Haufen.

Drachentöter und Nibelungenkönig?

An Arminius haftet ein Verdacht. Einer populären Theorie zufolge soll das Schicksal des Cheruskerführers die Vorlage für das Nibelungenlied geliefert haben. In der Hauptrolle: Arminius selbst, als Siegfried. Was auf den ersten Blick wie eine Fantasie anmutet, steht wenigstens mit einem Bein auf historischem Fundament. Niemand kennt den wahren Namen des Cheruskerfürsten. Arminius hieß er von Geburt an jedenfalls nicht. So nannten ihn erst die Römer. Wer war Arminius wirklich?

Eine heiße Spur zur wahren Identität des Arminius führt zu seinen nahen Verwandten. Sein Vater hieß Segimer. Es mag eine germanische Tradition gegeben haben, nach der auch der Spross einen Namen bekam, der mit der Vorsilbe Seg begann. Von dort ist es nicht weit zu Siegfried, dem legendären Recken mit Tarnkappe, übermenschlichen Kräften und unerschöpflichen Reichtümern. Ist Siegfried Arminius?

Mit Sicherheit war der Bezwinger der Römer schon zu Lebzeiten eine Legende und lieferte durch seine Taten Erzählstoff. Bei Tacitus ist nachzulesen, dass die germanischen Stämme noch in den Tagen des römischen Schriftstellers, also im 2. Jahrhundert n. Chr., Lieder über die Taten des Arminius sangen. Darin, so Tacitus, würden die Taten des Arminius gerühmt und sein früher und tragischer Tod beklagt. Eines dieser Lieder soll gemäß der Siegfriedtheorie die Zeiten überdauert, sich im Laufe der Jahrhunderte weiterentwickelt haben und verfremdet worden sein, bis es im Hochmittelalter als Nibelungenlied niedergeschrieben und in der Neuzeit wiedergefunden wurde. Demnach war Arminius der Drachentöter. So wenig belegbar der Gedanke ist, so populär kam er daher.

Zunächst hätschelten Deutschnationale die Idee zu Beginn des 19. Jahrhunderts. Der Burschenschafter Karl Ludwig Sand schrieb um 1820: »Will uns die deutsche Kunst einen erhabenen Begriff von Freiheit bildlich geben, so soll sie unsern Hermann, den Erretter des Vaterlandes darstellen, stark und groß, wie ihn das Nibelungenlied unter dem Namen Siegfried nennt, der kein anderer als unserer Hermann ist.« Sand aber war kein Historiker, sondern ein politisch Radikaler. Getrieben von schwärmerischer Freiheitsliebe, stach er kurz nach der Niederschrift dieser Zeilen den Dichter August von Kotzebue nieder, den er für einen Reaktionär hielt. Am 20. Mai 1820 starb Karl Ludwig Sand in Mannheim auf dem Schafott. Die Idee, Siegfried sei Arminius, aber lebte weiter.

Die Suche nach den Nibelungen führte sowohl namhafte Forscher, wie den Germanisten Adolf Giesebrecht 1834, als auch deutschtümelnde Dilettanten auf die Spur des Arminius. Nach Ende des Zweiten Weltkriegs blieb der zweifelhafte Urgermane fast 20 Jahre lang unter den Trümmern Nachkriegsdeutschlands begraben. Erst in den 1960er Jahren wagten wieder Historiker, den Staub von Arminius-Siegfried zu fegen und die noch lange nicht abgeschlossene Debatte frisch poliert ins Leben zu rufen.

In Wien zog der Altgermanist Otto Höfler Parallelen: Die Sage von Siegfried und dem Drachenkampf entspreche dem Sieg des Arminius über die Römer. Der mächtige Drache stehe, so Höfler, als Symbol für das Römische Reich. Was im Sagentext »funkelnde Schlange« genannt werde, sei vom Heerzug des Varus abgeleitet, dessen gepanzerte Soldaten sich in einer Reihe von sechs Kilometern durch den germanischen Forst schleppten, als Arminius losschlug. Der historische Sieg sei im Liedgut der Germanen ins Märchenhafte verzerrt worden. Jahrhundertelang wurde gefiltert, ausgeschmückt und weitererzählt. Schließlich sei die Sage von Siegfried herausgekommen. Diese Theorie baute Höfler in vielen Publikationen aus. Tatsächlich fand der Forscher zu seinen Behauptungen mutmaßliche Beweise.

Einer davon war der Hildesheimer Silberschatz. In diesem 1868 entdeckten Fund römischen Tafelsilbers am Rhein sahen Höfler und seine Anhänger einen handfesten Beleg für die Theorie, Arminius und Siegfried seien ein- und dieselbe Person. Tatsächlich stammen die 69 Stücke römischen Tafelsilbers aus der Zeit des Kaisers Augustus und damit aus dem historischen Umfeld der Varusschlacht. Merkwürdig war, dass der Schatz in zwei Teilen vergraben worden war – nach Meinung der Archäologen nicht als versteckte Reichtümer, sondern als Opfergabe an die Götter. Otto Höfler ergänzte, darin die Dankopfer der beiden germanischen Anführer Arminius und Inguimer erkennen zu können. Gemäß Höflers Überzeugung, Arminius und Siegfried seien dieselbe Person, polierte der Wiener Wissenschaftler das Römersilber zum sagenhaften Nibelungenschatz auf, jenen Reichtümern, die im Nibelungenlied von Hagen von Tronje im Rhein versenkt werden.

Die Fantasien der Lokalforscher blühten auf. Bestärkt durch die Theorien des Ordinarius Otto Höfler geisterte der Verdacht durch Deutschland, die Varusschlacht sei bei Hildesheim geschlagen worden und das Silber sei das persönliche Tafelsilber des Varus, durch Germanen dem Tross entrissen und den nordischen Göttern geopfert. Wer genau hinsah, der bemerkte, dass in das Tafelsilber militärische Auszeichnungen eingearbeitet waren, die weit unter dem Rang des Statthalters Varus lagen. Ein solches Geschirr hätte der Kaisergünstling allenfalls für den Polterabend genutzt. Getafelt hätte er davon nicht.

Es kam noch kurioser. Im Hort des Drachen aus der Siegfriedsage warteten Brustpanzer und Schwert auf den Helden. Der Lindwurm selbst trug einen »Schreckenshelm« auf dem Kopf. Mit diesem Arsenal fanden Arminius-Anhänger weiteres Belastungsmaterial, mit dem sie die literarische Identität des Cheruskerführers entlarven wollten. Helme, Schwerter, Harnische – die hatten auch die Römer getragen, während die Germanen meist in Leder und Stoff kämpften. Das wertvolle Eisen muss nach der Varusschlacht auf dem Gelände gelegen haben wie in jenem Drachenhort, an dem sich Siegfried schadlos hielt – Literaturanalyse durch Altmetall.

Der »Schreckenshelm« des Drachen passt wie angegossen auf die Geschichte mit der Tarnkappe. Zu dieser mutierte der Kopfschutz im Laufe des literarischen Reifeprozesses, den das Nibelungenlied über Jahrhunderte durchmachte. Die Tarnkappe soll – so ein weiteres Argument für das Inkognito des Arminius als Siegfried – das Hut gewordene Talent des Arminius darstellen, sich vor den Römern im Wald verbergen zu können. Lüfteten Höfler und seine Anhänger tatsächlich eines der am besten gehüteten Geheimnisse der Geschichte?

Moderne Geschichtsforscher winken ab. »Reine Fiktion«, kommentiert der Mainzer Historiker Peter Arens Siegfrieds Kampf gegen den Lindwurm, die Tarnkappe und das Bad im Drachenblut. »Abseitig«, nennt Volker Gallé, Ethnologe und Vorsitzender der Nibelungenlied Gesellschaft Worms die Vorstellungen Höflers, »weil man davon ausgehen muss, dass die moderne Phantasie einer mündlichen Überlieferung von Arminius' Sieg als antirömischer Mythos eine Erfindung der Neuzeit seit dem Humanismus und der Wiederentdeckung des Tacitus ist.« Grundsätzlich hält der Wormser Historiker die Suche nach wahren Wurzeln lebhafter Legenden für zweifelhaft: »Alle Mythen und Sagen sollen aus historischen Bezügen herzuleiten sein. Das ist Unfug.« Gallé verweist überdies auf die

Biografie des Wiener Altgermanisten Höfler, in der neben Mitgliedschaften in der NSDAP und der SA sowie der Mitarbeit am SS-Ahnenerbe auch Schmähschriften gegen Kollegen aus dem Akademischen zu finden sind, so etwa eine »antisemitisch rassistische Denunzierung des Literaturwissenschaftlers Friedrich Gundolf«, wie sie der Germanist Peter Wiesinger nennt. Auch der Wiener Historiker Herwig Wolfram meint, an Höflers Gleichung Arminius-Siegfried das »Odium deutschnationaler Rhetorik« zu bemerken. Der Weg zur Herkunft des urdeutschen Helden verliert sich im Morast der Ideologie.

Der Germane aus dem Osten

Möglich, dass Arminius ein Einwanderer war. Sein Name wird bei Cassius Dio und Tacitus »Armenius« geschrieben. Dahinter, so mutmaßte die Forschung lange, mag sich ein bei den Römern üblicher Beiname verbergen, der die Herkunft eines Mannes anzeigte – ein Brauch, der bis in die Neuzeit üblich war und heute noch in vielen Nachnamen wiederzufinden ist. So erscheint es wie eine historische Absurdität, dass ausgerechnet Arminius, der mutmaßliche Befreier Germaniens, der Held romantischer deutscher Ideale und Idol des Nationalsozialismus, ein Mann aus dem Orient gewesen sein könnte.

Die Möglichkeit ist realistisch. Zur Zeit des Augustus war das ehemalige Persien von den Römern bereits besetzt und in Teilen zu Vasallenstaaten umfunktioniert worden, die zwar autark regierten, aber von Rom abhängig waren. Viele Adelige aus solchen Gebieten strömten ins römische Heer, wo sie eine steile Karriere und das begehrte römische Bürgerrecht erwarteten – wenn sie lange genug überlebten. Die Römer empfingen diese Männer mit offenen Armen. Sie brauchten viele Hunderttausend Mann, um das immer weiter wachsende Imperium zu kontrollieren und auszudehnen, mehr Männer, als das römische Kernland hergab. Vor der Heeresreform des römischen Politikers Marius waren stets die römischen Bauern und Landarbeiter zu den Waffen gerufen worden, als aber nach Schlachten mit schweren Verlusten die Felder nicht mehr bestellt werden konnten, stand das mächtige Rom am Rand einer Hungerkatastrophe. Seither blieben die Schuster bei ihren Leisten, die Bauern beim Pflug,

und die Legionen füllten sich mit Berufssoldaten. Um genug davon zu bekommen, versprach das Heer seinen Soldaten Kost, Logis und eine sichere
Rente. Wer nach zwanzig Jahren Dienst seinen Abschied nahm, ging aufs
Altenteil und bekam ein Stück Land, oft in jenen Gebieten, die er zuvor
erobert hatte. Dass auch Arminius von solchen Verlockungen angezogen
worden sein könnte und seine Heimat Armenien verließ, ist vorstellbar.
Irgendwann mag er den Marschbefehl in den wilden Norden erhalten
haben, wo er als Germanenheros in die Geschichte einging – Emigranten-
schicksal eines Mannes aus dem Kaukasus.

Mancher Lateiner schüttelte den Kopf. Im 19. und frühen 20. Jahrhundert war es undenkbar, dass der Held der Deutschen und das Modell für
eines der höchsten Denkmäler Nordeuropas gar kein Germane gewesen
sein soll. Ein Gegenargument lautete: Die Römer nannten Arminius so,
weil er eine Zeit lang für die Eroberung Armeniens zuständig gewesen
war. Das allerdings ist nur eine halbe Wahrheit. Richtig daran ist, dass
Feldherren im Dienste Roms Beinamen bekamen, die ihre Verdienste
anzeigten. Demnach hätte Arminius tatsächlich »der Armenier« heißen
können, weil er im Kaukasus große Schlachten geschlagen hatte. Falsch
ist hingegen die lateinische Form des Beinamens. Aus der Zeit des römischen Kaisers Marc Aurel ist ein solcher Beiname mit der passenden
Hintergrundgeschichte überliefert. Allerdings heißt dieser mit einem Na-
menszusatz Geehrte nicht Arminius, sondern Armeniacus. Eins zu Null
für die Auswanderertheorie.

Die Germanisten ließen nicht locker. Der deutsche Althistoriker
Ernst Hohl zog das altgermanische Wort »Irminsul« aus der Schublade.
Daraus leitete er den germanischen Namen »Irmin« ab, um schließlich auf »Armin« und dessen lateinische Entsprechung »Arminius« zu
kommen. Die »Irminsul« war eines der größten Heiligtümer der Sachsen, vielleicht eine gewaltige Säule aus Holz oder ein hochgewachsener
Baum, der im 8. Jahrhundert nach Christus von Karl dem Großen zerstört wurde. Tatsächlich ähneln sich Heiligtum und Heldenname, und
auf Hohls Argumenten schien Arminius wieder heimzukehren nach
Germanien. Heute aber ist die Sprachwissenschaft einstimmig der Ansicht, dass der Name Arminius aus keiner germanischen Wurzel und
von keiner sächsischen Säule ableitbar ist. Zu klar hat die Forschung
die Herleitung uralter Worte zwischenzeitlich benennen können und

Zweifel ausgeräumt. Arminius ist Latein – harte Worte lassen sich nicht beugen.

Das gilt auch für Hermann. Zwar ist das Hermanns-Denkmal über den Wipfeln des Teutoburger Walds mit diesem Namen etikettiert, doch auch ein Hermann trieb zur Zeit der Varusschlacht nirgendwo im germanischen Wald sein Unwesen. Der Name stammt von Martin Luther. Der Reformator und Bibelüberetzer war für seine Wortgewalt bekannt, und sein Ansinnen, dem einfachen Mann klipp und klar die Bibel zu erklären, hat Luther zu einer Meisterleistung angetrieben, die noch heute Vergleichbares sucht. Neben der Bibel entdeckte der Reformator zu Beginn des 16. Jahrhunderts auch andere Baustellen, an denen Latein gesprochen wurde, wo doch Deutsch die Sprache der Stunde war. Luther mag sich gefragt haben: Wie kann ein Befreier Germaniens wie Arminius einen lateinisch klingenden Namen tragen? Was bei der Bibel Recht war, war beim Germanenrecken billig. Martin Luther oder einer seiner Anhänger verdeutschte Arminius und machte Hermann daraus. Aus der Luft griff der Übersetzer den neuen Namen nicht. Er leitete ihn ab vom Lateinischen »dux belli«, dem Kriegsführer oder – vereinfacht – Heer-Mann. Luther war bekennender Arminius-Verehrer: »Wenn ich ein poet wer, so wollt ich den zelebrieren. Ich hab ihn von hertzen lib.« Mit der Neutaufe auf Hermann hat es der Reformator geschafft, seinem Liebling ein Denkmal zu setzen. Heute ist der Name Hermann verbreiteter als der in lateinischen Quellen überlieferte Arminius.

Auch Hermann wurde im 19. Jahrhundert auf Echtheit geprüft. Dem Germanenhelden einen solchen Namen nachweisen zu können, muss der Traum vieler Deutschnationaler gewesen sein. Die Germanistik fühlte Hermann auf den Zahn, fand aber heraus, dass eine Rückführung des Namens keineswegs zu Arminius gelangte, sondern zu dem Namen Chairomannus. Arminius blieb Lateinisch – aus der Traum vom deutschen Namen.

Teil 2

Rätselhaftes Gemetzel am Ende der Welt

Kapitel 3

Als die Römer frech geworden …

Varus' letzte Stunde war Arminius' großer Augenblick. Aber der Ort, an dem die Germanen triumphierten, ist bis heute nicht bekannt. 700-mal glaubten vermeintliche Entdecker, das Rätsel gelöst zu haben. Heute gilt das niedersächsische Kalkriese als vielversprechender Kandidat – aber damit sind einige nicht einverstanden. Die Wahrheit über die Varusschlacht liegt vielleicht verborgen in den Beschreibungen, die über das Ringen zwischen Römern und Germanen berichten.

Varus reiste mit großem Gefolge. Drei Legionen zogen vom Sommerlager an der Weser zurück ins befestigte Legionslager Haltern an der Lippe. Zu einer Legion gehörten unter dem Regime des Kaisers Augustus 6 000 Soldaten. In Friedenszeiten waren es maximal 4 500. Im Fall der Varusschlacht gehen Forscher heute davon aus, dass 4 000 Legionäre eine Legion bildeten. Schließlich verhielten sich die Germanen in jenen Tagen ruhig, und Soldaten waren teuer. Die Römer kochten auf Sparflamme. Überdies kam auf jeden Legionär ein Zivilist. Das mochten Frauen gewesen sein und Händler, Handwerker und Sklaven. Insgesamt schoben sich etwa 22 000 Menschen in einer zehn Kilometer langen Kolonne durch die Wälder – eine kleine Völkerwanderung in Großgermanien.

Unterwegs geschah Geschichte. Was sich auf dem Weg von der Weser zum befestigten Legionslager Haltern abspielte, erschütterte die Weltpolitik so nachhaltig, dass es bis heute einer der großen Forschungsgegenstände der Altertumswissenschaften ist. Die Quellen aber sind dürftig. Sie erzählen eine Geschichte von Verrat und Tod.

Der Zug des Varus mitten durch das Herz der Germania magna in ein

Sommerlager war kein Wochenendausflug, sondern eine Unverfrorenheit gegenüber den Germanen. Um 9 n.Chr. waren die schlimmsten Schlachten um Germanien bereits geschlagen, es gab zwar keine Sieger, aber die Waffen schwiegen, und die kampfesmüden Krieger tauschten statt Hiebe lieber Waren mit den Römern. In dieser Ruhe klirrten die Kettenpanzer der marschierenden Römer besonders laut.

Das war Absicht. Der Historiker Gustav Adolf Lehmann ist der Ansicht, Varus marschierte ins Kernland der Cherusker, um den östlich der Weser siedelnden Elbgermanen die Macht Roms unter die Nase zu reiben. Diese Stämme waren mit dem Marbodreich alliiert und gehörten damit zu den Sorgenkindern des Kaisers Augustus. Dessen Devise hieß Abschreckung durch Schwerterrasseln. Doch das ist nur einer der möglichen Gründe für die Reise. Ebenso gut mag Varus auch einen Flecken im germanischen Forst gesucht haben, um einen neuen Stützpunkt der Römer weit im Osten errichten zu können, doch fehlt es der Idee an historischen Belegen. Heute ist der Ort des Sommerlagers unbekannt, für die Suche nach dem Varus-Schlachtfeld aber von entscheidender Bedeutung.

Einige für Varus wichtige Faktoren lassen sich rekonstruieren: Bei der Wahl des Lagerplatzes war das Weserufer erste Wahl. Nur über den Fluss konnten 22 000 Menschen mehrere Monate lang versorgt werden. Der jährliche Bedarf einer Legion an Nahrung lag bei 1500 Tonnen Getreide. Wer diese Zahl auf drei Legionen umrechnet, die drei Monate überleben müssen, kommt auf etwa 1200 Tonnen Getreide. Damit aber füllten nur die Soldaten die Mägen, wer zum Tross gehörte, hungerte noch. Über Flüsse und Wege muss sich eine Versorgungslogistik aus Schiffen, Karren und Zugtieren die Weser hinaufgearbeitet haben. Dass das Getreide offenbar säckeweise und unbeschadet in den Kochtöpfen des Varus landete, ist ein weiterer Beleg dafür, dass zwischen Germanen und Römern ein Stillhalteabkommen galt. Das sollte sich ändern.

Das Sommerlager war eine Falle. Das jedenfalls meinen zwei antike Autoren. Cassius Dio schreibt über die Germanen: »Vielmehr empfingen sie Varus, als ob sie alle seine Forderungen erfüllen wollten, und sie lockten ihn so weit vom Rhein weg in das Gebiet der Cherusker und bis zur Weser.« Ins selbe Horn stößt Velleius Paterculus, der beklagt, die Germanen hätten sich an Varus gerächt, weil er ihre Kultur nicht genug geachtet habe, die er »nur durch das Recht zähmen könne. Mit diesem Vorsatz drang er mitten in Germanien ein [...].« Dennoch wird Varus nicht kopflos in den Wald gerannt sein. Der Weg vom Rhein an die Weser war kein Trampelpfad, sondern eine bedeutende und wichtige Heerstraße. Archäologischer Beweis: der Posten auf der Sparrenberger Egge. Auf der Höhe bei Bielefeld fanden Wissenschaftler Reste eines Römerturms aus augusteischer Zeit. Von dem Bergkamm aus öffnet sich ein weiter Blick nach Norden. Der Historiker Wilm Brepohl erklärt: »Die Wachtposten hatten keinen Verteidigungszweck, sondern dienten der Überwachung von Grenzen und Straßen wie auch der Nachrichtenübermittlung.« Varus reiste demnach auf vermeintlich sicheren Wegen. Das entspricht auch seinem wohl überlegten Vorgehen bei der Krise in Jerusalem. Um einen solchen Mann in die Falle zu locken, benötigten die Germanen eine List, die sich gewaschen hatte.

Nachdem sie einige Zeit an der Weser verbracht hatten, brachen die Römer das Lager wieder ab. Es war September, Zeit, wieder in die Lippelager und an den Rhein zurückzukehren. Als Vertrauter des Varus muss Arminius von dem Umzug rechtzeitig Wind bekommen haben. Vorstellbar, dass er persönlich mit Varus über einer Marschroute gebrütet hatte. Ob dem Cherusker bei dieser Gelegenheit die Idee eines Überfalls kam oder ob er den Moment bereits seit der Kindheit herbeigesehnt und geplant hatte, ist praller Stoff für die Literatur. Archäologie und Geschichtsforschung aber präsentiert sich der entscheidende Augenblick dürftig überliefert.

Erst die Person des Segestes verschärft die Dramaturgie der antiken Texte. Wie der Antagonist eines Bühnenstücks schleicht er bei Tacitus, Florus und Velleius Paterculus in das Zelt des Varus und flüstert dem Statthalter ins Ohr, Arminius wolle ihn in einen Hinterhalt locken. Überdies rät Segestes dem Varus, »ihn selbst, Arminius und die übrigen Großen gefangen zu nehmen«. Varus aber schlägt alle Warnungen in den Wind, der sich bereits zu einem Sturm zusammenbraut.

War Varus zu sorglos? Bei Velleius Paterculus findet sich das Urteil über Segestes, er sei ein »treuer Mann jenes Volkes mit angesehenem Namen« gewesen. Heute sehen das einige Historiker anders. Wilm Brepohl hält die Figur des Segestes für »ausgesprochen dubios«. Vor der Varusschlacht biederte sich Segestes bei den Römern an, dennoch kämpfte er auf Seiten der Germanen, so lang es für ihn von Vorteil war. Beim Triumphzug des Germanicus soll er 17 n. Chr. jubelnd durch Rom stolziert sein, während sein Sohn Segimund, seine Tochter Thusnelda und sein Enkel Thumelicus von den Römern in Ketten hinterhergezerrt wurden – sein Verhalten bescheinigt Segestes einen nur wenig integren Charakter. Aus diesem Grund mag auch Varus den Worten des Segestes nicht getraut haben. Er gab den Marschbefehl.

Es ging nach Westen. Die Römer marschierten entlang der Heerstraße durch regennasse Wälder. Von Varus unbemerkt, rumorte es im Unterholz. Dann kam der Statthalter vom rechten Weg ab. Drei Legionen, Tross und Hilfstruppen erhielten den Befehl, die von Stützpunkten bewachte Strecke zu verlassen. Der Treck schlug sich in den Wald und gelangte damit auf unsicheres Terrain. Bei der Umleitung wird Arminius seine Hand im Spiel und seine Worte in Varus' Ohr gehabt haben. Welche Überzeugungskünste der Cherusker brauchte, um Varus auf die falsche Fährte zu locken, ist ein Rätsel. Laut Cassius Dio tischte Arminius dem Varus ein Lügenmärchen von rebellierenden Germanen auf, die am besten sofort zu unterdrücken seien. An dieser Stelle verlor nicht Varus, sondern der antike Schriftsteller die Orientierung. Kaum vorstellbar, dass der erfahrene römische Militär beim kleinsten Anzeichen eines Aufstands zur Waffe griff. Varus war zu unbeweglich. Wie eine Schnecke kroch sein Zug durch den Wald und war gegen Überfälle ungeschützt. Trotz tausender Soldaten: Krieg war ein Risiko und Varus ein vorsichtiger Stratege. Vermutlich hätte er die Nachricht eines Rebellennests an den Rhein getragen und von dort einen Trupp entsandt, um die Lage wieder auf romfreundliches Niveau zu bringen. Solche Manöver gehörten zum kleinen Einmaleins der Kriegskunst und werden von Tacitus beschrieben, der berichtet, wie später Germanicus seinen Untergebenen Stertinius gegen die Brukterer schickt. Trotzdem verließen die Römer die Heerstraße und bogen ab, um in den Tod zu gehen.

Über Irrtum und Irrweg des Varus grübeln viele. Wenn der Statthalter tatsächlich keine wild gewordenen Germanen zur Räson rufen wollte, warum verließ er dann die ausgetretenen Pfade? Es muss einen guten Grund gegeben haben. Gewitzte Historiker wittern ein Kultfest unterm Sternenzelt. Dort hing nach der Berechnung Wilm Brepohls der Vollmond, überdies soll Tagundnachtgleiche geherrscht haben, und sogar der römische Kaiser hatte Geburtstag (am 23.9.). Ein Festtag für Germanen und Römer gleichermaßen. Zu diesem Ereignis wäre alles zusammengeströmt, was in Germanien Rang und Namen hatte. Die mächtigsten Häuptlinge auf einem Fleck – diese Gelegenheit hätte sich Varus nicht entgehen lassen. Bei dem religiösen Stelldichein hätten die Waffen geschwiegen, Varus hätte gute Aussichten gehabt, unbeschadet in die Versammlung platzen und mit drei Legionen in seinem Rücken zeigen zu können, was die Germanen erwartete, wenn sie nicht weiterhin Ruhe gaben. Der Umweg muss für Varus ein geringer Nachteil gewesen sein angesichts der Geltung, die er sich als Vollblutpolitiker von dem Auftritt versprach. Errare humanum est.

Das Kultfest heizte die Stimmung der Germanen und die Fantasie von Schlachtfeldtheoretikern an. Wer dem Festgedanken folgt und mit Varus in jenen entlegenen Winkel Westfalens wandert, findet sich mitten in einer heiklen Situation wieder. Tausende römischer Legionäre marschieren waffenstarrend zwischen germanischen Gläubigen ein, die im Begriff sind, ihren Göttern zu huldigen. Opferzeremonien mögen verpatzt, von Rauch und Rausch Beseelte aus der Trance gerissen worden sein. Was hatten die Römer hier zu suchen? Arminius, noch an der Seite des Varus reitend, rieb sich die Hände. Es war ihm gelungen, die Priester der Germanen gegen die Römer aufzubringen, eine gesellschaftliche Klasse, die mehr Einfluss auf die Häuptlinge hatte als er selbst. Was jetzt noch fehlte, war der Aufruf der Geistlichen, zu den Waffen zu greifen.

Das Szenario ist ein Dunstbild, jeder Hinweis auf ein Kultfest ein Phantom. Mancher erkennt dessen Schemen darin, dass die Germanen laut Tacitus Legionäre und Waffen nach der Schlacht an heilige Bäume genagelt haben sollten – vielleicht um die Götter für das gestörte Ritual um Verzeihung zu bitten. Zwar stehen solche Vermutungen auf dem dünnen Eis der Deutungslust. Für Wilm Brepohl aber sind es die Hinweise wert, dass ihnen nachgegangen wird. Dem ehemaligen stellvertretenden Kulturdezernenten des Landschaftsverbandes Westfalen-Lippe springt Rudolf Aßkamp zur Seite. Als Leiter des LWL-Römermuseums Haltern arbeitet Aßkamp genau über der Stelle, an der einst Varus wirkte. Gegenüber dem *Westfalen-Blatt* lobte der Museumsleiter die Idee Brepohls, der erstmals überzeugend die Frage habe beantworten können, wie 5 000 Germanen unbehelligt von den Römern an einem Ort haben zusammenkommen können.

Römer und Germanen trafen aufeinander. Die Frage, wie viele Menschen am Schicksalsort aufeinandertrafen, beschäftigt Militärhistoriker noch immer. Die Zahlen schwanken beträchtlich. Rechnete der Historiker Johannes Norkus 1963 noch 31000 Legionäre inklusive Tross zusammen, so schrumpfte diese Zahl mit steigender Erkenntnis. In seinem Büro in Kalkriese geht Geschäftsführer Joseph Rottmann im Jahr 2007 von 22000 Menschen aus. Und die Germanen? Geschätzte 5000 Krieger sollen in einem Stamm jener Zeit gelebt haben, gemessen an den historischen Quellen. Brepohl ist der Meinung, die Versammlung des von ihm vermuteten Kultfestes »wird vier Stämme umfasst haben«, die im Zusammenhang mit der Varusschlacht erwähnt werden. Also kämpften 20000 Germanen gegen 22000 Feinde, von denen einige tausend Händler und Handwerker waren. Demnach ist es kein Wunder, dass die Römer untergingen. Aber diese Rechnung wackelt.

Der Historiker Ernst Künzl stellt fest, dass die demographischen Angaben der Römer über die Germanen dürftig sind und meist aus Kriegsberichten stammen. Die aber, so Künzl, hatten einen Zweck zu erfüllen: »Es ist anzunehmen, dass der römische Sieger bis zur Zahl von 5000 getöteten Feinden relativ sorgfältig zählen ließ, weil dies die Mindestmarge für einen Triumph war.« Im Fall der Varusschlacht konnte zwar von einem Triumph keine Rede sein, in den Schreibstuben der Antike aber saßen Traditionalisten, denen es Bedürfnis war, den Römern auch im Fall einer Niederlage einen respektablen Untergang auf den Leib zu schreiben. Dazu gehörte auch eine stattliche Anzahl an Feinden. Aus den Quellen plätschert Widersprüchliches. Wie viele Germanen tatsächlich auf Varus warteten, wird sich niemals herausfinden lassen.

Krieg ist keine Frage von Mathematik. Anzunehmen, dass Arminius Bedenken hegte, mit leicht bewaffneten Bauernkriegern gegen drei Legionen von Berufssoldaten anzutreten. Er kannte die Schlagkraft der Legionäre, aber als römischer Offizier auch ihre Achillesverse: die Formation. Das römische Heer beherrschte wie kein anderes Heer der Antike die Kunst des Manövers, die Soldaten schlossen sich auf Zuruf zu tausendmal einstudierten Aufstellungen zusammen, bildeten die berühmte Schildkröte, um sich bei Belagerungen mit einem Wall aus Schilden gegen Pfeilbeschuss zu sichern, oder rückten in der Triplex vor, der dreifachen Schlachtreihe. Derartig aufgestellt, waren die Einheiten fast unüberwindbar. Aber die römische Kriegstechnik hatte die Rechnung ohne den Wald gemacht.

Der Weg war eng. Schon bevor Varus von der Heerstraße abbog, konnten Legionen und Tross nur in lockerer Marschformation hintereinanderherziehen. Für solche Fälle gab es im römischen Militär eine vorgeschriebene Reihenfolge: Vorhut – erste Legion – Tross der ersten Legion – zweite Legion – Tross der zweiten Legion – dritte Legion – Tross der dritten Legion – Nachhut. Dieser Art der Reisegruppe drückten Strategen den Stempel »agmen impeditum« auf – für den Kampf verhindert. Auf den Trampelpfaden abseits der Marschroute muss sich auch diese Ordnung noch aufgelöst und Tross und Truppe vermischt haben. Zenturionen bummelten neben Köchen, Dekurionen stapften neben Schreinern. Cassius Dio weiß zu berichten: »Sie führten auch wie im Frieden viele Wagen und Lasttiere mit, ferner folgten ihnen nicht wenige Kinder und Frauen und zahlreiche Trossknechte; auch dies trug zur Auflösung der Marschordnung bei.« Das von seinen Feinden gefürchtete disziplinierte Heer hatte sich in einen bunten Haufen verwandelt.

Vom Vorreiter bis zum Nachzügler soll der verlorene Zug mehr als 14 Kilometer lang gewesen sein. Das schätzt der Althistoriker Johannes Norkus, der die Legionsstärken hochrechnet und eine dicht gedrängte Kolonne vermutet. Auch Arminius wird sich nicht verschätzt haben. Er wusste: Wenn die Spitze des Zuges zum Halten kam, vergingen Stunden, bis die Hinteren aufgeschlossen hatten. Bei einem Überfall würden Befehle nur vereinzelte Truppenteile erreichen. Bis diese manövrierfähig waren, verstrich wertvolle Zeit, und die wollte der Germane nutzen.

Dass die Disziplin der Römer beim Marschieren schon mal auf der Strecke blieb, belegt eine Schilderung des Tacitus über den Bataveraufstand von 79 n. Chr.: »Die Soldaten hielten sich nur vereinzelt bei ihren Feldzeichen auf, führten ihre Waffen auf Fahrzeugen mit und trieben sich herum, wo es ihnen passte.« Ähnlich salopp mag es auch auf dem Septembermarsch des Varus zugegangen sein. Es regnete, die Ausrüstung war schwer, die Germanen friedlich. Auf einem Gewaltmarsch war jeder gern bereit, seinen Speer oder Schild für eine Zeit auf einem Karren ablegen zu können. Freihändig ging man besser.

In dieser Situation schlugen die Germanen zu. Wie sich die Schlacht im Detail abspielte, ist in den antiken Quellen nur dürftig überliefert. Nach Meinung des britischen Offiziers und Kalkriese-Entdeckers Tony Clunn war es die beste Wahl des Arminius, nicht die Spitze des Zugs anzugreifen:

»Nicht von vorne, wo die 17. in seliger Unwissenheit blieb, sondern an den Flanken in der Mitte der langen Kolonne.« Ob die Germanen tatsächlich das militärisch Optimale wählten, lässt sich nur erahnen. Cassius Dio, der aus zeitlich großem Abstand zur Schlacht schreibt, berichtet ebenfalls von zersprengten Kolonnen und führt dem Leser das Geschehen in dramatischer Plastizität vor Augen: »Während die Römer gegen die Elemente kämpften, kreisten die Barbaren sie von allen Seiten gleichzeitig ein, sie stahlen sich durch das stärkste Dickicht, da sie mit allen Pfaden vertraut waren und unvermutet selbst aus den dichtesten Wäldern hervorkamen. Anfangs schleuderten sie ihre Speere aus einiger Entfernung, dann aber, als niemand sie angriff und viele verwundet waren, kamen sie näher heran. Die Römer marschierten nicht in geordneter Formation, sondern waren zerstreut inmitten der Wagen und des bewaffneten Trosses. Das bedeutete, dass sie ihre Kräfte nicht auf einen Punkt konzentrieren konnten, und da sie überall von ihren Gegnern überwältigt wurden, erlitten sie viele Verluste und konnten keine Gegenangriffe durchführen.«

Das scheint den Germanen zunächst genügt zu haben. Varus brachte Ordnung in den verschreckten Haufen, zog Tross und Legionen so weit zusammen wie möglich und ließ ein Lager aufschlagen, »dann verbrannten sie die Mehrzahl der Wagen und alles andere, was sie nicht unbedingt brauchten«, weiß Cassius Dio. Varus muss geahnt haben, dass er mit einem einzigen Scharmützel nicht davonkommen würde. Laut Tacitus ließ er einen Platz abstecken, der »auf die Arbeit von drei Legionen« hinweist, Wall und Graben sollen die notdürftige Befestigung geschützt haben. Dann wird den Römern nichts übrig geblieben sein, als zu warten. Vorstellbar ist, dass Varus Kundschafter aussandte, um Hilfe zu holen. Ernsthafte Hoffnung wird er sich nicht gemacht haben. Wer in den Wald lief, kam vermutlich nicht lebendig wieder heraus. Selbst wenn es einem einzelnen Mann gelungen wäre, bis an den Rhein vorzustoßen, hätte ein Entsatzheer Tage benötigt, um zum Tatort zu marschieren. Die Römer waren auf sich allein gestellt.

Mehrere Tage tobte die Schlacht. Über die Kampfhandlungen schweigen die meisten Quellen. Einzig Cassius Dio begleitet den langsamen Untergang der eingeschlossenen Legionen. Seine Worte liegen bei der Suche nach dem Schlachtfeld auf der Goldwaage: »Anderntags ging der Marsch in etwas besserer Ordnung weiter, und sie erreichten, freilich nicht ohne blutige Verluste, sogar freies Gelände. Von dort aus gerieten sie aber wieder in Wälder, und hier mussten sie sich gegen die Angreifer wehren, wobei sie aber gerade die schwersten Verluste erlitten. Denn auf engem Raum zusammengepresst, damit Schulter an Schulter Reiter und Fußvolk den Feinden entgegenstürmen könnten, stießen sie vielfach aufeinander oder gegen die Bäume. Als der vierte Tag graute, befanden sie sich immer noch auf dem Marsch, und erneut überfielen sie heftiger Regen und starker Wind, die sie weder weitergehen, noch festen Stand finden, ja nicht einmal mehr die Waffen gebrauchen ließen. Sie konnten sich nämlich nicht mehr mit Erfolg ihrer Bögen und Speere oder der ganz und gar durchnässten Schilde bedienen.«

Noch die letzten Zaudernden schlossen sich jetzt dem Germanenheer an. Die Meldung vom Erfolg gegen die Römer erreichte Bauern, Handwerker und Händler, die sich in Windeseile in Krieger verwandelten, um vor Ort mitzukämpfen. Alle Lücken, welche die Römer in die Reihen der Angreifer geschlagen hatten, füllten sich. Cassius Dio weiter: »So konnten die Barbaren ihre Gegner leichter umzingeln und niedermachen. Varus und die übrigen hohen Offiziere erfasste darüber Angst, sie möchten entweder lebendig in Gefangenschaft geraten oder von ihren grimmigsten Feinden getötet werden – sie waren ja alle schon verwundet –, und das ließ sie eine zwar schreckliche, aber notwendige Tat wagen: Sie begingen Selbstmord. Als sich die Kunde davon verbreitete, leistete vom Rest der Leute, selbst wenn einer noch bei Kräften war, keiner mehr Widerstand, vielmehr ahmten die einen das Beispiel ihres Feldherren nach, während die anderen selbst ihre Waffen wegwarfen und sich vom nächstbesten niedermachen ließen; denn Flucht war unmöglich, wie sehr sie einer auch ergreifen wollte.« Arminius hatte die Römer geschlagen. Die Germanen hatten ihre Version der Geschichte von David und Goliath.

Augenzeugen gab es keine. Zwar überlebten einige Flüchtende den Kampf, aber sie waren Soldaten, keine Schriftsteller. Ihre Berichte, so genau sie gewesen sein mögen, reisten nach Rom und von dort durch die Zeit, um Jahre und sogar Jahrzehnte später von Tacitus, Florus und Velleius Paterculus und – im folgenden Jahrhundert – von Cassius Dio aufgeschrieben zu werden. Was daran erfunden ist, lässt sich nur erahnen. Heute versucht sich mancher Erbe der antiken Geschichtsschreiber an Details und projiziert persönliche Fantasien auf ein Ereignis, dessen exakter Verlauf für immer verloren ist. So schreibt Hermann Kesting 1965 von der »Manneszucht« des Arminius und der »Schlaffheit« des Varus. In seinem Buch *Arminius* malt sich Kesting die Not der Römer aus, weil »die Weiber und Kinder in ihrer Ermüdung und aus Angst über die Finsternis und Kälte immerfort nach den erwachsenen Männern riefen.« »Tubabläser« blasen den Römern einen Marsch, die Germanen verschwinden daraufhin erschrocken im Wald. Zum Leidwesen der Römer aber nur vorübergehend. Der Militärkapelle mag die Puste ausgegangen sein.

Die Lust am Martialischen steckt besonders in den Schlachtbeschreibungen moderner Autoren. Der US-Historiker Peter Wells lässt es sich nicht nehmen, die Einschläge aufzuzählen: »Einige [Speere] trafen in die Gesichter der Soldaten, andere in ihre Hälse, wieder andere in Arme und Beine. [...] Die Schmerzensschreie der Getroffenen beim Eindringen der Speerspitzen ins Fleisch übertönten bald die schwächeren Geräusche des Aufprallens auf Rüstungen und Schilde.« In dasselbe Horn stößt Tony Clunn, Entdecker des Schlachtfelds von Kalkriese: »Männer fielen und wurden durch andere ersetzt, Körper türmten sich aufeinander, der Boden wurde ein blutiger Morast, glitschig unter den Füßen. [...] Kämpfende Männer, lautes Gebrüll, Aufregung und die Hitze der Schlacht ließen das Blut schneller pulsieren, manches spritzte aus zerschnittenen Adern, aus leblosen Gliedern, ergoss sich auf den Boden. Flammenzungen loderten in den Nachthimmel, als Fackeln in die Menschenmasse geworfen wurden.« Auch in Zeitschriften notieren Journalisten, Kriegsberichterstatter gleich, jedes vorstellbare, aber fiktive Detail. Jürgen Petschull und Susanne Utzt fabulieren in *National Geographic*: »Rachelüstern, blutdurstig, mordlustig fallen sie über die Römer her, schlagen und stechen ihre Gegner nieder, hacken ihnen Arme, Beine und Köpfe ab.«

Aus den Reihen echter Kriegsberichterstatter rekrutiert sich Erik Durschmied, der für die BBC und die CBS unter anderem in Vietnam, Irak und Afghanistan unterwegs war. In seinem Buch *Als die Römer im Regen standen* untersucht Durschmied den »Einfluss des Wetters auf den Lauf der Geschichte« und verquirlt ein in den antiken Quellen geschildertes Gewitter mit seinen Erfahrungen an den Fronten der Gegenwart. Die beiden Bemerkungen des Cassius Dio über einen Sturm findet Durschmied für seine Darstellung brauchbar. Er schreibt: »Plötzlich brach das Gewitter los. Der Himmel schien in Flammen zu stehen, und die Blitze rissen für Sekundenbruchteile gespenstische Bilder von bläulichen Bäumen aus der Schwärze, gefolgt von ohrenbetäubendem Donner. Der Sturm war von ungeheurer Stärke. Die Römer rissen die Schilde schutzsuchend über ihre Köpfe und beteten zu ihren Göttern. Die Erde schien zu beben. Von den Naturgewalten zu Tode erschreckt, schrien Frauen, und alte Männer fielen auf die Knie. Nie zuvor hatten sie so etwas erlebt. Krachend fuhren die Blitze nieder. Wer unter die Bäume geflüchtet war, wurde von den umstürzenden Stämmen erschlagen oder vom Blitz getroffen. Ein Hagelschauer brach los; Hagelkörner, groß wie Spatzeneier, hämmerten auf die Helme der Legionäre. Die lederbespannten Schilde, die sie schützend über ihre Köpfe hielten, waren bald so nass und schwer, dass die Männer sie schließlich entkräftet sinken ließen. In Panik geratene Pferde warfen ihre Reiter ab und sprengten auf der Flucht den Pfad entlang, wobei sie alles und jeden niedertrampelten. Verstörte Soldaten knieten am Boden und flehten ihre Götter um Hilfe an.« Die Germanen lässt Durschmied den Regen willkommen heißen, sie stürzen sich auf den Feind: »Arminius rief aus, was alle dachten: ›Im Namen Thors!‹« Die Grenzen des historisch Darstellbaren sind bisweilen beliebig ausdehnbar.

Grausamkeit ist keine Erfindung der Gegenwartsliteratur. Zwar schweigen die antiken Autoren über die Gemetzel während der Schlacht. Dafür schlagen sie bei der Beschreibung der Folgen erbarmungslos zu. Lucius Annaeus Florus, einer der vier Gewährsmänner des Ereignisses, hält sich bei den Darstellungen der Folter auf, welche die Besiegten über sich ergehen lassen müssen. Nach Schmerzensschreien der Römer und Hohngelächter der Germanen setzt Florus schließlich das Schicksal der Legionsadler ans Ende des Textes und damit an den Höhepunkt des Berichts. Die Textstruktur ist unmissverständlich: Der Verlust der Standarten wiegt schwerer als Leid und Tod der Legionäre. »Selbst der Leichnam des Konsuls, den die Soldaten aus Ehrfurcht begraben hatten, wurde wieder ausgegraben. Feldzeichen und zwei Legionsadler besitzen die Barbaren noch heute; bevor der dritte in die Hände der Feinde fallen konnte, riss ihn der Standartenträger ab, steckte ihn in die Öffnung seines Wehrgehenks und verbarg sich so im blutigen Sumpf«.

Für die Römer besonders schlimm: die Schande. Die Namen der 17., 18. und 19. Legion, jener Abteilungen, welche die Germanen vernichteten, wurden nie wieder vergeben. In römischen Militärakten aus der Zeit nach der Varusschlacht ist die 16. Legion verzeichnet und die 20. Legion, dazwischen klafft eine Lücke des Aberglaubens. Die Zahlen 17., 18. und 19. bedeuteten Unglück, und das konnten die römischen Kaiser nicht gebrauchen. Ähnliche Auslassungen des Aberglaubens wegen sind bis heute üblich, so etwa in den USA beim Bau von Hochhäusern, in denen das 13. Stockwerk nicht gezählt wird, weil es mit der angeblichen Unglückszahl 13 dem Gebäude Gefahr bringen könnte. Hokuspokus ist unsterblich.

Großes Ereignis mit vielen Lücken – mit den offenen Fragen an die Varusschlacht ließen sich ganze Kataloge füllen. Warum schickte Varus keine Kundschafter voraus? Möglich, dass diese Kundschafter Getreue des Arminius waren und Varus falsche Auskünfte gaben; möglich, dass die Germanen die Kundschafter abfingen und bestachen; möglich, dass die Kundschafter die Germanen nicht bemerkten. Von allen Möglichkeiten ist eine so wahrscheinlich wie die andere und keine einzige historisch belegbar. Das Puzzle Varusschlacht lässt sich nur mit Hilfe der Fantasie vervollständigen.

Urknall der deutschen Geschichte oder viel Lärm um Nichts

Die Varusschlacht schwächte die Römer, aber sie vertrieb sie nicht. Seit dem 19. Jahrhundert gilt das Ereignis als Endpunkt der römischen Expansion im Norden, als Befreiungsschlag der unterdrückten Germanen und »Urknall der deutschen Geschichte«, wie es das Deutsche Historische Museum in Berlin noch heute etikettiert. Tatsächlich schmerzte die Niederlage. Doch die Römer waren viel zu mächtig, um sich sofort aus dem Staub zu machen. Die Verluste der Varusschlacht waren schlimm, aber Rom blieb Rom, eines der mächtigsten Reiche der Weltgeschichte.

Es gab Auswirkungen. Das Römerlager in Haltern wurde noch im Jahr der Schlacht aufgegeben. Von überhasteter Flucht aber keine Spur. Im Gegenteil: Wie archäologische Entdeckungen im Umfeld des heutigen Römermuseums Haltern vermuten lassen, packten die Römer sorgfältig zusammen, bevor sie das große Lippelager aufgaben. Möglicherweise planten sie sogar die Rückkehr an die Lippe. Das lassen Hortfunde vermuten, so etwa ein Schatz mit so vielen Münzen, wie sie ein Legionär in einem Jahr verdienen konnte, oder eine Kiste mit 3 000 Geschützpfeilen.

Im Jahr 9 n. Chr. war für Rom das letzte Wort an der Lippe noch nicht gesprochen.

Der Schock war von kurzer Dauer. Schon ein Jahr nach der Niederlage
ersetzten die Römer die verlorenen Legionen am Rhein und verstärkten
das Truppenkontingent. Wo vorher sechs Legionen den Barbaren die Stirn
geboten hatten, standen nun acht im Feld – fast ein Drittel der römischen
Armee drängte sich an der Rheingrenze zusammen. Die Botschaft an die
Germanen war deutlich: Rom ließ sich nichts gefallen.

Zwar ließen die Germanen die Römer noch immer nicht bis zur Weser
kommen, an jenen Fluss, den der Kaiser gern als Grenze gesehen hätte.
Aber das bedeutet nicht, dass allein germanischer Kampfgeist und Frei-
heitswille die Legionen aus der Germania magna vertrieben habe. Viel
größere Wunden als germanische Holzspeere rissen die Kosten der Ger-
manenkriege. Der Kaiser stand vor leeren Kassen. Die Rheingrenze in
der alten Form zu halten war wegen des ungünstigen Flussverlaufs teuer.
Die Versuche, die Grenze an die Weser zu verschieben, waren wegen der
Kämpfe gegen widerspenstige Germanen nun allerdings ebenso teuer.
Vermutlich wussten die Strategen vom Tiber längst, dass hier nichts zu ge-
winnen war. Laut Tacitus waren die Kämpfe nach der Varusschlacht nicht
länger von der Idee des Gebietsgewinns motiviert: »Krieg war zu dieser
Zeit nur noch gegen die Germanen zu führen, mehr um die Schande zu
tilgen, die mit dem Verlust des Heeres unter Quinctilius Varus verbunden
war, als aus dem Bestreben, das Reich zu erweitern, oder wegen der Aus-
sicht auf entsprechenden Gewinn.« Das letzte Wort sprach der römische
Senat. Dem neuen Kaiser Tiberius, der nach dem Tod des Augustus seit
14 n. Chr. Imperator war, machten die Senatoren einen Strich durch die
Rechnung. Kein Geld mehr, kam 17 n. Chr. die Nachricht aus der Kurie. Ob
Tiberius wollte oder nicht, er musste die Rheingrenze akzeptieren. Die
Welt der Römer hörte künftig am Ufer des Flusses auf.

Woran war Rom gescheitert? Für die Deutschen stand seit der Romantik fest, dass es einzig und allein Arminius und sein zäher Haufen gewesen waren, die mit heldenhafter Hybris, mit germanischer Gerissen-
heit und handgeschmiedetem Schwert in der Faust die Besatzer haben
ausbluten lassen – in körperlicher wie finanzieller Hinsicht. Gewinner
waren die Germanen, das ist gewiss. Unklar ist hingegen, ob es die Germanen auf der linken oder auf der rechten Rheinseite waren. Rom ließ

fortan die Finger von Germania magna. Die frei gewordenen Ressourcen an Männern, Geld und Energie steckte das Reich hingegen in die Entwicklung des anderen Ufers. Hier wuchsen kleinen Lagern Siedlungen an die Seite, aus denen bald Städte entstanden: Nijmegen, Xanten, Köln, Bonn, Koblenz und Mainz. An der Mosel kam später Trier hinzu, das sich sogar zur Kaiserstadt mauserte und es an Bedeutung mit Rom aufnahm. In den Mauern dieser Metropolen tobte das pralle Leben. Die Germanen auf der rechten Rheinseite schauten zu – der Ostblock der Antike.

Die römischen Legionäre hatten noch immer schwer zu schuften. Sie tauschten die Waffen gegen Hammer und Beil und bauten den Limes, 550 Kilometer lang, mit 600 Wachtürmen und über 60 Kastellen, kein Bollwerk, sondern eine gewaltige Kontrollanlage. Zwischen den Türmen ruckelten die Handelskarren der Germanen hindurch, die von Osten kamen, um zum Luxusshopping ins Römerland überzusetzen. Die wenigen übermütigen Barbarenhaufen, die sich die Kriegerhörner am Limes abstoßen wollten, müssen klanglos untergegangen sein, da sie in den historischen Quellen nicht einmal in Nebensätzen erwähnt werden. Erst um 260 n. Chr. drängten die Alemannen so stark gegen die Grenze, dass die Römer zurückwichen. Arminius und seine Schlachten werden zu diesem Zeitpunkt allerdings vergessen gewesen sein. Eine Kontinuität zwischen den Ereignissen zu konstruieren, gliche der Beschwörung einer historischen Chimäre.

Der Rhein blieb die politische Grenze, die Strömung trennte auch die Kulturen. Bis heute, meint Peter Wells. Der US-Historiker erkennt mit dem unverbrauchten Blick eines Fremden auf Deutschland: »Die Menschen westlich des Rheins sind traditionell eher Weintrinker, während jene in den östlichen Gebieten traditionell Bier trinken.«

Was wäre gewesen, wenn Varus den Überfall überlebt hätte? Die meisten Historiker zucken angesichts solcher Fragen die Achseln. Ein launiges Gedankenspiel wagt Lewis H. Lapham in seinem Aufsatz »Furor Teutonicus« von 1999. Darin beschwört der US-Journalist ein Szenario herauf, in dem die Römer das rechtsrheinische Germanien erobern. Während sein Landsmann Wells auf Weinanbau schwört, lässt Lapham die Römer »Obstgärten bis nach Berlin« anlegen. Dann »hätte sich das derart erstarkte und vergrößerte Reich vielleicht den Mongolen in den Weg gestellt, Moskau an der Freiheit Roms teilhaben lassen und im Aureus eine frühe Entsprechung des Euro geschaffen.«

Geschichte hat zu viele Schichten, um sich wie ein Baukasten benutzen zu lassen. Angenommen, Varus hätte gesiegt: Alles hätte auch in diesem Fall so kommen können, wie es geschehen ist, und Rom hätte vielleicht trotzdem die rechte Rheinseite aufgegeben, weil der Krieg gegen die Germanen den Senat teuer zu stehen kam – auch ohne Arminius. Andererseits hätten die Römer vielleicht tatsächlich die Provinz bis zur östlichen Elbe ausgedehnt und aus dem gefürchteten Land des Regens, der Wälder und Sümpfe eine nach ihrem Verständnis bewohnbare Gegend geformt, mit Städten, Straßen und römischer Kultur. Die Antworten sind beliebig. Der Wein, den Peter Wells auf der rechten Rheinseite vermisst, hätte es allerdings auch in dieser Variante der Geschichte nicht gegeben – ihm fehlt es dort nicht an römischer Vergangenheit, sondern an Licht und Wärme.

Der Legionär hat's schwer

Den Erfolg der römischen Expansion verdankten Senatoren und Kaiser einer straff organisierten Militärmaschine: der römischen Legion. Zu keiner Zeit waren die Römer eine Seemacht. Zwar bemühten sie sich, mit ihren wendigen Kriegsschiffen das Mittelmeer zu kontrollieren, und besaßen die größte Kriegsflotte der Antike. Die bedeutenden Schlachten aber fochten die Fußsoldaten zu Land aus.

Herzstück des römischen Militärs war die Legion. Sie umfasste zehn Kohorten und entsprach einer historisch schwankenden Größe von 3600 bis 6000 Mann. Je nach politischer Lage standen mehr oder weniger Soldaten im Dienst der Republik und des Reichs. Unter den Militärtribunen des 2. Jahrhunderts v. Chr. dienten acht Legionen, zu Beginn der Kaiserzeit um 27 v. Chr. waren es bereits 28 Legionen. Jede dieser Einheiten trug eine Zahl und einen Namen, um sie einfacher zu organisieren. Auf Rüstungen erhaltene Prägungen wie »III Gallica« oder »II Parthica« liefern noch heute eindeutige Hinweise, wo die Träger der Panzer einmal gelebt und gekämpft haben. Auf diese Weise lassen sich jene Lücken in der römischen Militärgeschichte schließen, welche die Schriftquellen offen gelassen haben.

Obwohl sich die Stärke der römischen Truppen im Lauf der Geschichte mehrfach änderte, blieb die Struktur des Heeres gleich. Die kleinste Einheit einer Legion war das Contubernium, eine Gruppe von acht bis zehn Männern, die sich ein Zelt, einen Packesel und einen Satz Essgeschirr teilten. Auf welch engem Raum diese Soldaten zusammenlebten, zeigen heute Rekonstruktionen römischer Legionärszelte. Diese aus Ziegenleder zusammengenähten Behausungen waren nicht einmal mannshoch und boten gerade so viel Raum, dass die Soldaten auf Tuchfühlung aneinander liegend darin schlafen konnten.

Zehn Contubernien bildeten eine Zenturie, die aus 80 bis 100 Mann bestehen konnte und von einem Zenturio angeführt wurde. Als kleinste zu befehlende Kampfeinheit schickten die römischen Feldherren die Kohorte in die Schlacht. Die Kohorte setzte sich aus sechs Zenturien zusammen, zehn Kohorten wiederum bildeten die Legion. Wie viele Menschen sich hinter diesen Begriffen verbargen, verdeutlichen die Texte Gaius Julius Cäsars, der das Heer in seinen detaillierten Kriegsbeschreibungen auf 64 000 Mann schätzt, von denen 50 000 die eigentlichen Legionen bildeten.

Das Leben unter der Standarte war hart. Zu Beginn der römischen Republik waren die Soldaten keine professionellen Kämpfer, sondern Bauern unter Waffen. Lag die Tiberrepublik im Krieg, rüstete sich die Landbevölkerung, um ihre Heimat zu verteidigen. Mit diesem Prinzip sparte Rom jahrhundertelang die Ausgaben für ein stehendes Heer – bis der zweite Punische Krieg gegen Karthago 218 bis 201 v. Chr. so hohe Verluste forderte, dass die Ländereien Roms verwaisten und nicht genug Arbeiter für Aussaat und Ernte aufzutreiben waren. Da Rom auch weiterhin an seiner gewalttätigen Expansionspolitik festhalten wollte, begann der Senat, ein Berufsheer aufzustellen.

Vielen Römern bot die Karriere im Heer die einzige Alternative zu Armut und Hunger. Das Militär garantierte Essen, Kleidung und Unterkunft, zu Zeiten der Republik für 16 Jahre, im Kaiserreich blieben die Legionäre 26 Jahre in der Armee. Für damalige Verhältnisse ein ganzes Leben.

Nur einen Teil dieser Zeit verbrachten die Soldaten im Feld. Wochenlang marschierten sie von einem Kriegsschauplatz zum nächsten. Reiten durften nur wenige. Der einfache Soldat ging zu Fuß, und der steckte in einer Sandale. Was im warmen Südeuropa als luftiger Schuh angenehm war, muss für die in Germanien stationierten Legionäre eine Qual gewesen sein. Gegen die Kälte mögen sich die Soldaten Leinen um die Füße gewickelt haben, überliefert ist der Fuß einer Soldatenstatue in England, der in einer Art Socken steckte. Aber es gab perfidere Fußwärmer: Nägel. Sie hielten das Leder der Sandalen zusammen. Ihre stumpfen Enden sollen in die Fußsohlen der Legionäre gedrückt haben. Die Soldaten scheinen recht gern auf Nägeln gegangen zu sein. Das fand der Experimentalarchäologe Marcus Junkelmann heraus, als er 1985 mit einer Truppe im Legionärskostüm über die Alpen wanderte. Die Freiwilligen behielten trotz zugiger Sandalen warme Füße. Daran hatten zum einen die Nägel Schuld, deren Köpfe ähnlich einer Fußreflexzonenmassage die Sohlen stimulierten. Zum anderen walkten die Lederriemen der Sandalen die Haut an der Oberseite der Füße und brachten das Blut zum Zirkulieren. In solchen Lederschlappen wurde den Legionären der Boden unter den Füßen heiß. Trotzdem scheinen die Füße die Achillesferse der Legionäre gewesen zu sein. Marcus Junkelmann berichtet über seine Erfahrungen: »Schwierigkeiten hatte ich, wie alle, mit den Füßen. Nach längeren Märschen auf gepflasterten Straßen gab es zwar kaum konkret zu lokalisierende Übel wie Blasen, wohl aber ein peinsames allgemeines Brennen der Sohlen.« Mitmarschierer Wolfgang Jenkewitz: »Vor allem erforderten diese genagelten ›caligae‹ eine besondere, ganz ungewohnte Technik des Gehens, die geübt sein wollte. Besonders auf abschüssigen asphaltierten Strecken musste man höllisch aufpassen und die Fußsohlen immer gleichmäßig von oben aufsetzen, um auf den Nägeln nicht auszurutschen.« Der damals 30-jährige Karlheinz Höld erinnert sich: »Mit Grauen denke ich an die Nachtwachen zurück, in denen wir mehr mit Regen, Sturm und Kälte als mit der Müdigkeit zu kämpfen hatten und wir genau wussten, dass das Strohlager im Zelt feucht und klamm sein würde.«

Ein römischer Soldat hatte allen Grund, sich warm anzuziehen. Wenn sich eine Legion dauerhaft niederließ, waren es die Soldaten, die in monatelanger Arbeit das Lager errichteten. Dazu gehörten Arbeiten im Steinbruch, das Ausheben von Gräben, das Errichten von Wehranlagen und das Anlegen von Straßen und Brücken. Veteranen konnten sich auf passive Posten wie Leibgarde-Dienste zurückziehen. Eine ehrenhafte Entlassung nach Erfüllung der kompletten Dienstzeit beinhaltete eine Abfindung, die für einen einfachen Römer ein kleines Vermögen ausmachte, sowie ein Stück Land, auf dem der Veteran sich als Bauer zur Ruhe setzen konnte. Viele Veteranen kehrten nicht nach Italien zurück, sondern verbrachten in den besetzten Gebieten ihren Lebensabend. Bis dahin aber war es ein weiter, gefährlicher und unbequemer Weg.

Der einfache Legionär ging zu Fuß. Auf den meist tagelangen Märschen und im Kampf trug er als Rüstung eine wollene Tunika und darüber ein Kettenhemd, das in der Kaiserzeit durch einen Bandpanzer ersetzt wurde. Hinzu kamen ein rechteckiger Schild (Scutum), ein oder zwei Speere (Pilum) und das Schwert (Gladius). An einem Holzkreuz befestigt trug der Legionär das übrige Gepäck auf dem Rücken – mit Zelt, Schlafrolle und Essgeschirr etwa 30 Kilogramm. Hinzu kam das Gewicht des Eisenhelms. Zwar bot er Schutz in der Schlacht, wurde aber meist als unbequem empfunden. Bei Ausgrabungen in Palästina fiel Archäologen die hohe Zahl römischer Legionärshelme auf, die ohne Waffen, Knochen oder andere Zeichen eines Kampfes im Boden lagen. Die Vermutung der Forscher: Im Jüdischen Krieg mussten die Legionäre mehrfach bei Belagerungen Wochen oder Monate die Hitze der Levante erdulden. Die Temperaturen unter den Eisenhelmen müssen so unerträglich gewesen sein, die Helme so heiß und schwer, dass die Soldaten sie einfach liegen ließen oder fortwarfen.

Die Römer waren bis an die Zähne bewaffnet. Neben Schild, Brustpanzer und Helm trugen sie ein Arsenal bei sich, das den Stand der damaligen Kriegstechnik widerspiegelte und den römischen Legionär in eine Kampfmaschine verwandelte. In der Hand hielten die Soldaten das Pilum, einen bis zu zwei Meter langen Wurfspeer. Speere kannten auch die Germanen, aber nur aus Holz. Der Clou am Pilum: Spitze und obere Hälfte der Waffe waren aus Eisen. Ein Treffer richtete verheerenden Schaden an, zugleich verbog sich der Schaft und machte das Pilum unbrauchbar. Der Feind konnte die Einwegwaffe nicht zurückschleudern. Erwünschte Nebenwirkung: Traf das Pilum einen Schild und blieb stecken, behinderte es den Schildträger durch hohes Gewicht dermaßen, dass dieser seinen Schutz fallen lassen musste. Dann ging es Mann gegen Mann.

Nur wer das römische Bürgerrecht besaß, konnte Legionär werden. Dennoch waren die römischen Herrscher nicht wählerisch bei der Rekrutierung schlagkräftiger Einheiten. Ein Teil der römischen Militärmaschine setzte sich aus sogenannten Auxiliartruppen, Hilfskontingenten, zusammen. In diesen kämpften die Krieger unterworfener Völker im Namen der römischen Sache. Oft schwangen dabei Germanen gegen Germanen und Gallier gegen Gallier das Schwert. In anderen Fällen marschierten die Hilfstruppen mit den römischen Legionen in Länder, von deren Existenz sie nie zuvor gehört hatten. Daker aus der Walachei kämpften in Großbritannien, Germanen vor Jerusalem und Kelten in Nordafrika. In Cäsars Heer kämpften Bogenschützen aus Kreta und Schleuderer von den Balearen. In Cäsars Kavallerie ritten die equites alariae, die Reiter auf den Flügeln. Hinter diesem Namen verbarg sich eine aus Numidern, Spaniern, Galliern und Germanen bestehende Einheit, die in Schwadronen zu je drei Dekurien unterteilt waren. Als Pferdeknechte und Treiber dienten in der Regel Sklaven. Das System war praktisch, stand aber auf tönernen Füßen. Die Helfershelfer der Römer waren Söldner. Was sie antrieb, war Geld, was ihnen fehlte, Motivation. Aus der gesamten Bandbreite der in der Geschichte geschlagenen Schlachten sind viele Fälle überliefert, in denen das aus Söldnern bestehende Heer rasch das Handtuch warf, sobald die Lage ernst wurde. In den napoleonischen Kriegen war Desertion ein so häufiges Phänomen, dass der Schlachtplan einen Prozentsatz Fahnenflüchtige im Vorfeld einrechnen musste. Woran das lag, ist bekannt: Die meisten Deserteure waren Ausländer oder nicht ausreichend in die Gesellschaft integriert. Wer aber den Tod vor Augen hat, braucht einen guten Grund, ihm ins Gesicht zu sehen. Die Germanen, die unter römischer Standarte in die Varusschlacht gerieten, hatten diesen Grund nicht. Sie kämpften gegen Männer aus dem eigenen Kulturraum. In der Rekonstruktion der Varusschlacht gilt deshalb jenes Szenario als wahrscheinlich, in dem einige Hilfstruppen der Römer die Seiten wechselten.

Legionäre fochten nicht nur auf dem offenen Schlachtfeld, sie belagerten auch Städte und Festungen. Dabei kamen Belagerungswaffen zum

Einsatz, die Steine und Pfeile verschossen. Die Römer kannten bereits das Katapult oder kleine Geschütze wie den Scorpio. Daneben führten die Legionen auch Drehkraft- oder Torsionsgeschütze wie die Balliste mit sich. Im Krieg gegen die Germanen blieben solch monströse Maschinen allerdings die Ausnahme. Die Barbaren im Norden bauten ihre Häuser nicht aus Stein, sondern aus Holz, Lehm und Flechtwerk. Überdies war es fast unmöglich, die in Einzelteilen zu tragenden Geschütze durch das kaum erschlossene germanische Hinterland zu schleppen.

Eine effektive Kampfformation bei Belagerungen war der Testudo, die sogenannte Schildkröte. Dabei rückten die Legionäre auf Schulterschluss zusammen und hielten ihre Schilde derart vor, neben und über sich, dass ein lückenloser Panzer die Gruppe umgab. Die so Geschützten waren gegen Pfeilbeschuss immun und konnten in dieser Formation in die gegnerischen Linien stürmen. Ohne diese Schutzmaßnahme wäre ein Teil der Legionäre von den meist hinter den feindlichen Fußtruppen feuernden Bogenschützen getötet worden. Anders als ihr Vorbild aus der Natur war die militärische Schildkröte schnell. Die Legionäre studierten die Choreografie so gut ein, dass sie unter Beschuss in Windeseile zu einer Schildkröte zusammenrücken konnten. Enger Raum und unwegsames Gelände? Die Schildkröte funktionierte immer. Zwar liegen über den Verlauf der Varusschlacht keine Berichte vor. Doch selbst im Schlamm Germaniens werden die Legionäre versucht haben, sich mit der Schildkröte gegen die vom Himmel regnenden Speere und Steine zu schützen.

Eines der wichtigsten Merkmale des römischen Heers war die Standarte – ein langer Stab, an dem die Insignien der Macht befestigt waren: das Adlerwappen als Zeichen der Herrschaft, ein Rutenbündel als Zeichen des Rechts zur Züchtigung und ein Beil als Zeichen des Rechts zu Töten. Diese Feldzeichen dienten nicht allein dazu, die Erfolge der Legionen sichtbar zu machen, sie hatten auch einen praktischen Nutzen im Feld. Jede Legion, jede Kohorte und sogar jede einzelne Zenturie verfügte über ihre eigene Standarte, die von einem hohen Offizier, dem Signifer, geführt wurde. Der Signifer unterschied sich von seinen Kameraden durch Tierhäute und -köpfe, die er über der Uniform trug. In der Schlacht dienten die Standarten als Mittel, die Soldaten zusammenzuhalten, da sie über den Köpfen der Kämpfenden gut sichtbar waren. Besondere Bedeutung kam dem Legionsadler zu, der die größte und wichtigste Standarte schmückte und stets aus kostbarem Metall, meist Silber, geschmiedet war. Die Adlerstandarten wurden von einem Offizier, dem Aquilifer, getragen, der als Zeichen großer Stärke mit einem Löwenfell geschmückt war. Der Verlust des Legionsadlers im Feld galt den Legionären als Einbuße der Ehre. Einige Kämpfe der Römer drehten sich ausschließlich um die Zurückeroberung zuvor verlorener Feldzeichen. Wie schmerzlich die Niederlage der Römer in der Varusschlacht gewesen sein muss, lässt sich daran messen, dass die Germanen nicht ein, sondern gleich drei Feldzeichen erbeuteten. Die Ehre aller Römer war in den Morast getreten.

Kapitel 4

Prof. Varus versus Dr. habil. Arminius

Wo schlug Arminius die römischen Legionen? Bei mehr als 700 Vorschlägen zum Schlachtort standen nahezu alle Gemeinden des westfälischen Raumes bereits unter Verdacht, auf dem geschichtsträchtigen Boden gewachsen zu sein. Bei der Beweisführung spielten neben der Wissenschaft auch Geld, Einfluss und Forscherneid tragende Rollen.

In der Schreibstube des Tacitus schwitzten die Sklaven. Der römische Redner und Jurist war Schriftsteller mit Leib und Seele. Nichts liebte er mehr, als in seiner Villa umherzugehen und zu diktieren. Selbst den Griffel in die Hand zu nehmen – das wäre einem römischen Autor nie in den Sinn gekommen. Schreiben war Sklavenarbeit. Denken aber war das Metier des Herrn von Welt. Tacitus diktierte.

Von den Germanen erzählte er. Germanien selbst hat Tacitus nie gesehen. Auf den Straßen Roms und bei den Soldaten, die in Germanien Krieg geführt hatten, hatte er manches aufgeschnappt, was der durchschnittliche Römer für Irrsinn hielt. Demnach torkelten die Germanen häufig volltrunken durch den Tag: »Nach dem Waschen nehmen sie Speise zu sich. Jeder hat seinen besonderen Sitz und seinen eigenen Tisch. Dann begeben sie sich an die Geschäfte und nicht weniger häufig zu Gelagen, und zwar bewaffnet. Tag und Nacht ununterbrochen fortzuzechen ist für keinen eine Schande. Bei den – wie unter Trunkenen natürlich – häufig vorkommenden Streitigkeiten geht es selten nur mit Schimpfreden ab, häufiger mit Totschlag und Wunden.« Laut Tacitus huldigten die Stämme aus dem Norden »dem Würfelspiel merkwürdigerweise in voller Nüchternheit, als wenn es sich um ein ernsthaftes Geschäft handelte. Dabei sind sie in Bezug auf Gewinn und Verlust von einer so blinden Leidenschaft besessen, dass sie, wenn sie alles andere verspielt haben, mit dem letzten entscheidenden Wurf um die Freiheit und ihren eigenen Leib kämpfen.« Solche Texte gehören zu den frühesten Zeugnissen der Völkerkunde und waren in Rom der letzte Schrei. Laut trug der Autor sie vor, auf dem Forum oder bei Gelagen der besseren Gesellschaft, bei denen es kein bisschen weniger deftig zuging als in den Hütten der Germanen. Dennoch schüttelte es die römischen Damen in asiatischer Seide, wenn sie über die germanischen Frauen zu hören bekamen: »Sie tragen auch Tierfelle.« Die Männer im Publikum mögen gestaunt haben, dass bei einem so wilden Volk wie den Germanen der Ehebruch kaum vorkommen sollte. Tacitus wusste: »Seine Bestrafung erfolgt auf der Stelle und ist dem Gatten überlassen. Mit abgeschnittenen Haaren, entkleidet, stößt sie (die Ehefrau) der Gatte in Gegenwart der Verwandten aus dem Haus und treibt sie mit Schlägen durch das Dorf.« Solche Texte waren im antiken Rom Publikumsrenner. Kein Wunder, dass Tacitus nachlegte.

Noch in hohem Alter – Tacitus soll fast einhundert Jahre alt geworden sein – diktierte er den Schreibsklaven Erstaunliches, Pikantes und Informatives in die Feder. Sein Alterswerk sollte sein Schaffen krönen, also nahm sich Tacitus eines Sujets an, das schon andere Römer berühmt gemacht hatte: der Geschichtsschreibung, in diesem Fall der Historie seiner Landsleute. Ein Mammutwerk wollte zu Papyrus gebracht werden. Die Schreibsklaven bestellten Gänsekiele bündelweise und Tinte in Fässern.

Tacitus ließ die literarischen Muskeln spielen. Die *Annalen*, zu Deutsch Jahrbücher, erzählten die Geschichte des Römischen Reiches von der Zeit des Kaisers Augustus bis zur Herrschaft des Kaisers Nero. Darin beschrieb der Autor auch die Geschehnisse der Varusschlacht. Für diesen Zeitraum von etwa 50 Jahren nahm sich Tacitus viel Raum. Als das Werk abgeschlossen war, füllte es 16 Bände. Träte heute ein Autor mit einem solchen Werk an einen Verleger heran, würde ihm Größenwahn bescheinigt werden. In der Antike war es aber durchaus üblich, viel zu schreiben. Schon Herodot, der als Vater der Geschichtsschreibung gilt, füllte neun Bücher, die unter einem einzigen Titel erschienen – wie erfolgreich Herodot war, zeigt sich aber nicht an der Textmenge, die er schrieb, sondern daran, dass seine Schriften vom 5. Jahrhundert v. Chr. bis heute zu den Glanzleistungen der Geschichtsschreibung zählen.

Das Buch in seiner heutigen Form war noch nicht erfunden. Gedanken ließen sich nur auf Papyrus festhalten. Dieses Material kam in Rollen. Aus den Pflanzenfasern des Zyperngrases ließen sich meterlange Streifen pressen und mit dem Saft der Pflanze verleimen. Da die Technik des Buchbindens noch nicht bekannt war, rollten die Schriftkundigen den Papyrus auf Walzen. Der Leser legte die Walzen vor sich hin und drehte sie derart, dass der Text von der rechten auf die linke Walze rollte. Wie ein Filmstreifen lief die Schrift von der einen zur anderen Seite. Einer populären Theorie zufolge soll der Begriff »Wälzer« für ein übergewichtiges Buch aus der Tradition der Papyrusrollen abzuleiten sein.

Papyrus war nicht für die Ewigkeit. Hatten die gepressten Fasern einige Jahre als Schriftbahnen gedient, gingen sie aus dem Leim. Viele Rollen gingen verloren, zerrissen oder verbrannten bei den zahlreichen Feuersbrünsten in den antiken Städten. Erst im 4. Jahrhundert n. Chr. verlängerte sich das Haltbarkeitsdatum von Texten, als die Menschen begannen, auf Pergament zu schreiben. Diese aus Schafhäuten hergestellte Schreibunterlage erhielt ihren Namen nach ihrem größten Exporteur, dem Reich von Pergamon. Das Schreibleder ließ sich nicht nur mehrfach beschreiben und wieder ausradieren, es wurde überdies auch kaum brüchig, konservierte die Farben und überdauerte die Jahrhunderte. Ein Geschenk für die Geschichtswissenschaft, aber ein Geschenk mit Pferdefuß: Das Material war teuer. Für eine Seite Pergament starb ein Schaf. Um den Rohstoff für ein Buch zu erhalten, war eine ganze Herde fällig. Das waren mehr Tiere, als sich die meisten Menschen leisten konnten. Schreiben und Lesen blieben Privilegien der Reichen.

Die Texte des Tacitus schafften den Sprung vom Papyrus auf Pergament. Noch Jahrhunderte nach dem Tod des Autors müssen seine Schriften so beliebt gewesen sein, dass jemand es für wert befand, sie abzuschreiben. Bald darauf waren die Tage des alten Rom gezählt. Die Barbaren berannten die Grenzen des kränkelnden Reiches, Staatsmänner rangen um die Macht im Innern und brachten den Koloss Rom endgültig ins Wanken, bis der Riese schließlich stürzte. Im 4. Jahrhundert n. Chr. war vom Glanz des antiken Rom kaum noch etwas zu spüren, Byzanz wurde neuer Machtfaktor, die Einwohner der alten Städte hatten anderen Sorgen, als sich um den Erhalt von Pergament zu kümmern. Die Zeit deckte die Schriften des Tacitus zu.

In Europa begann das, was die Geschichtsschreibung heute das »Dunkle Zeitalter« nennt – nicht etwa, wie oft behauptet wird, weil es in diesen 500 Jahren besonders gewalttätig zuging, sondern vielmehr, weil die Menschen das Schreiben verlernten und vergaßen, und die Historiker ohne Berichte von Zeitgenossen im Dunkeln tappten: Die Völkerwanderung zerrte an den Nerven Europas, die Hunnen verwüsteten die alte Welt, das Adelsgeschlecht der Merowinger stach sich gegenseitig nieder, die Franken schmiedeten Ränke und ein Großreich, Karl der Große ließ sich 800 n. Chr. zum Kaiser krönen und zog einen Schlussstrich unter Jahrhunderte voller Chaos. Das Mittelalter begann.

Wie die Texte des Tacitus diese Wirren überdauerten, weiß niemand. Gewiss ist, dass noch in den Glanztagen Roms Statthalter und Provinzadel nördlich der Alpen auf Luxus Wert legten. In den römischen Villen von Köln, Augsburg, Orange und Paris protzten die Reichen mit Marmorbädern, italienischem Wein und prallen Bibliotheken. Schon damals galt der Trugschluss: Wer gebildet sein will, muss eine große Büchersammlung besitzen. Bücher aber gab es nur in Italien. So reisten die Texte des Herodot, des Tacitus und vieler griechischer Kollegen der antiken Dichtkunst, Philosophie und Wissenschaft vom Tiber an den Rhein, die Seine und den Ebro. Als in Rom das Licht eines Weltreichs erlosch, behielten die Pergamente im Exil ihre Leuchtkraft.

Der Glanz war stark genug. Jahrhundertelang faszinierte er die wenigen Europäer nördlich der Alpen, die noch lesen konnten. Das waren meist Mönche. In den Klöstern lernten schon die Novizen die Kunst des Schreibens. Jede Hand wurde benötigt, um die Bibel zu kopieren und das Wort Gottes zu verbreiten. Der ein oder andere Abt wird auch die antiken Texte geschätzt und Kopien in Auftrag gegeben haben. Im Scriptorium, der Schreibstube eines Klosters, verdarben sich Generationen von Schreibern die Augen beim schummrigen Talglicht und schrieben sich die Finger und – an den viel zu kleinen Stehpulten – den Rücken krumm.

Ein Buch abzuschreiben, kostete Zeit. Davon war in den Klöstern reichlich vorhanden. Zwei Jahre an einer Bibel zu arbeiten war üblich. Entsprechend waren Bibel, Gesangbücher, Stundenbücher und auch die antiken Texte lederne Luxusobjekte und Einzelstücke für die Gebildeten des Mittelalters. Das einfache Volk aber vergaß die Römer. Varus, Arminius und die große Schlacht mögen noch in Legenden und Schauermärchen fortgelebt haben. Der Boden der Tatsachen aber war leergefegt.

Dann begann jemand, die Krümel aufzulesen. Die Menschen der Renaissance hatten im 15. Jahrhundert genug von Rittertum und Reiterspielen, von gregorianischen Gesängen und gotischen Kathedralen. Sie besannen sich auf die antiken Kulturen. Plötzlich stand die Philosophie Platons hoch im Kurs, wollten die Reichen in Bauwerken wie in antiken Villen leben, predigten Priester am liebsten unter hohen, antikisierenden Kuppeln, bosselten Bildhauer wie Michelangelo so lebendig wie die alten Meister Griechenlands und Roms. Die Antike hatte Konjunktur.

Am Tiber und am Arno lechzten die Reichen wieder nach den alten Texten, aber die Schriften waren verschollen. Über den einen oder anderen Titel wird noch gemunkelt worden sein, und manchem alten Folianten mögen Geheimniskrämer Zauberkräfte angedichtet haben. In den Buchregalen aber herrschte Flaute, allenfalls Geistliches war auffindbar, von altem Wissen keine Spur. In dieser Not erblühte ein eigenartiger Beruf in Rom und Florenz: Handschriftenjäger. Jeder, der sich auf die Kunst des Spionierens und Bestechens verstand und ein Buch von einem Papierfetzen unterscheiden konnte, gab sich als weltmännischer Bücherexperte aus, trat bei Fürsten und Bischöfen auf und versprach sensationelle Funde – ein entsprechendes Trinkgeld vorausgesetzt. Im Zuge dieser Scharlatanerie landeten mehr kuriose Fälschungen in den Händen der Büchersüchtigen als begehrte Originale, darunter ein angeblicher Brief Alexanders des Großen, den der große Makedone seltsamerweise auf Französisch verfasst hatte. Einige dieser selbst ernannten Experten aber nahmen ihren Auftrag ernst und krempelten für Prestige und einen Beutel voller Dukaten die europäische Geschichte um.

Zu den berüchtigtsten Experten seiner Zunft zählte der Handschriftenjäger Gian Francesco Poggio Bracciolini. Er war Dichter und Gelehrter, arbeitete zunächst als Schreiber und stieg auf zum Sekretär der römischen Kurie – ein Posten, den er länger behielt als fast jeder seiner Vorgesetzten. Poggio Bracciolini verwaltete die Papiergeschäfte von immerhin acht Päpsten. Der Heilige Stuhl war aber nicht nur Arbeit-, sondern auch Auftraggeber des gewitzten Schriftexperten und schickte den Sekretär durch Europa, um Handschriften von Bedeutung ausfindig zu machen, aufzukaufen und – wenn nötig – zu stehlen. Dabei unterschied der Handschriftenjäger nicht zwischen geistlichen und weltlichen Interessen an alten Schriften. Gern wird er dem Papst literarische Leckerbissen aus der Fremde mitgebracht haben. Aber auch die Fürsten der italienischen Renaissance, allen voran die Medici, interessierten sich für alte Texte. Poggio Bracciolini war der Meister seiner Zunft. Von Varus und seinen verlorenen Legionen wird nicht einmal er etwas gehört haben. Dass trotzdem ausgerechnet der Sekretär des Papstes die Geschichte um den Untergang der römischen Legionen wieder ans Tageslicht zerrte, war Zufall und nur eine Merkwürdigkeit in einer Kette seltsamer Ereignisse.

Blattschuss eines Bücherjägers

Der Schatz des Tacitus lag in Montecassino. Das Kloster in Mittelitalien stand auf einem Berg und war ein Schlaraffenland für Handschriftenjäger. In den zugigen Scriptorien kopierten Mönche seit dem frühen Mittelalter Text um Text und sammelten die Preziosen in prall gefüllten Buchregalen. Berühmtheit erlangte Montecassino im 20. Jahrhundert durch den Roman *Der Name der Rose*, den der italienische Wissenschaftler und Schriftsteller Umberto Eco in dem legendären Kloster spielen lässt und in dem er der dortigen Schreibkultur großen Platz einräumt. 1427 war auch Gian Francesco Poggio Bracciolini bei seinen Reisen auf Montecassino und die dort lagernden Schätze aufmerksam geworden – und noch etwas stach dem Papstsekretär ins Auge: Das Kloster war arm und heruntergekommen. Einem Freund schrieb er von Gras und Moos, das auf den Fensterbänken wuchs, aber auch von einem Tacitusband, den er in der Bibliothek Montecassinos gefunden habe. Empfänger dieses Briefes war der italienische Humanist Niccolo Niccoli. Was die beiden Männer ausgeheckt haben, um an die Schrift zu kommen, lässt sich nicht rekonstruieren. Es existieren kaum Belege über zwielichtige Transaktionen zwischen den reichen Florentinern und Römern und den verarmten Mönchen. Einzig eine kurze Passage in einem Brief Niccolis an Poggio Bracciolini spricht Bände: »Wenn ich die Schriften von Cornelius Tacitus erhalte, werde ich sie gut verstecken – denn ich kenne ja das übliche Lied: ›Woher stammen sie und wer brachte sie hierher? Wer erhebt den Anspruch, ihr rechtmäßiger Besitzer zu sein?‹ Aber mach Dir keine Sorgen: nicht ein Wort wird über meine Lippen kommen.«

Einfach aus dem Regal ziehen konnte Poggio Bracciolini die Pergamente nicht. Die Bibliotheken und Klöster wussten von den Machenschaften der Bücherjäger und wehrten sich. Kostbare Bände wurden an die Kette gelegt und überdies mit einem Fluch versehen. In der Bibliothek des Klosters San Pedro in Barcelona ist noch heute folgende Inschrift zu lesen: »Wer Bücher stiehlt oder ausgeliehene Bücher zurückbehält, in dessen Hand soll sich das Buch in eine reißende Schlange verwandeln. Der Schlagfluss soll ihn treffen und all seine Glieder lähmen. Laut schreiend soll er um Gnade winseln, und seine Qualen sollen nicht gelindert werden, bis er in Verwesung übergeht.«

Verwünschungen und Verbrechen hin oder her – Tacitus war wiedergeboren. Was da den Besitzer gewechselt hatte, waren die *Annalen* 11–16. Wo aber waren die ersten Bände? Gab es vielleicht noch weitere ab Band 17? Die Bücherjägerszene wurde unruhig.

Tacitus blieb verschollen. Zwar überdauerte der meistgesuchte Text der Renaissance die Jahrhunderte im Kloster Corvey, im Herzen Westfalens, aber davon ahnte niemand etwas. Dass das Werk dort trotz des florierenden Schwarzmarktes für alte Handschriften so lange unbeachtet blieb, ist ausgerechnet Gian Francesco Poggio Bracciolini zu verdanken. Der schrieb 1420 in einem Brief an Niccoli: »Beim Kloster Corvey in Deutschland hast Du keinen Grund für irgendwelche Hoffnungen [...] Also gib die Idee auf.« Wie Poggio Bracciolini zu dieser Fehleinschätzung kam, weiß niemand. Aber dem Urteil des Königs der Bücherjäger vertrauten alle.

So ließ die große Entdeckung bis 1508 auf sich warten. Poggio Bracciolini war schon fast 50 Jahre tot. Seine Leidenschaft aber lebte fort. Einer seiner geistigen Erben reiste zu Beginn des 16. Jahrhunderts durch Deutschland und stieg in den großen Klöstern ab, um sich dort umzusehen. Weder Name noch Auftraggeber des Mannes sind bekannt, vermutlich aber handelte er im Namen des Papstes. Mit dessen Empfehlungsschreiben in der Tasche mögen sich dem Unbekannten Tür und Tor in die Schatzkammern der Klöster geöffnet haben. Nur so ist zu erklären, dass eines Tages im Kloster Corvey eine Lücke im Buchregal klaffte. Bis zu diesem Tag hatte dort ein Foliant die Jahrhunderte überdauert, in den ein Mönch 600 Jahre zuvor einen lateinischen Text in mittelalterlicher Majuskelschrift hineingemalt hatte. Es waren die verloren geglaubten Bände eins bis sechs der *Annalen* des Tacitus. Die Bibliothekare Europas waren aus dem Häuschen.

Zunächst aber sah der Band nicht das Licht der Öffentlichkeit. Stattdessen gelangte er in die Hände von Papst Leo X., jenem Mann, mit dem Martin Luther den Ablassstreit vom Kirchenzaun brach, jenem Mann, dessen Familienname Giovanni de Medici war – und die Medici gehörten seit Jahrzehnten zu den am besten zahlenden Kunden der Handschriftenjäger. Ob Leo X. tatsächlich jenen Unbekannten ins Kloster Corvey schickte, um dort nach Texten zu fahnden, lässt sich nicht beweisen. Ein Indiz aber spricht dafür: 1515 ließ der Papst die *Annalen* des Tacitus mit der noch jungen Drucktechnik vervielfältigen und schickte ein kostbares Exemplar nach Corvey, zusammen mit einer großen Summe Geld, welche die Mönche für den entstandenen Schaden entschädigen sollte. Auch Päpste haben vielleicht ein schlechtes Gewissen.

Der wiederbelebte Varus

Die *Annalen* des Tacitus waren ein Schatzkästchen der Geschichte. Juwel um Juwel zogen die Leser aus den Zeilen und machten große Augen, als sie lasen, was mit den mächtigen römischen Legionen in einem deutschen Wald passiert sein sollte. Tacitus beschrieb jedoch nicht die Varusschlacht selbst, sondern ihre Nachwirkungen sechs Jahre später. Zu dieser Zeit, 15 n. Chr., war der römische Feldherr Germanicus durch das rechtsrheinische Gebiet gezogen, um einen Aufstand germanischer Stämme niederzuschlagen.

»Während des Mordens und Plünderns fand er den Adler der neunzehnten Legion, der unter Varus verloren gegangen war. Dann führte er sein Heer weiter bis zu der äußersten Grenze der Bructerer (Anm.: eines germanischen Stammes), und das ganze Gebiet zwischen den Flüssen Amisia und Lupia, nicht weit entfernt vom Teutoburger Wald, in dem, wie es hieß, die Überreste des Varus und seiner Legionen unbegraben lagen, wurde verwüstet. Nun erwachte in dem Caesar das Verlangen, jenen Soldaten und ihrem Heerführer die letzte Ehre zu erweisen, wobei das ganze anwesende Heer von schmerzlichem Mitgefühl erfüllt war wegen der Verwandten und Freunde, kurz, wegen der leidvollen Kriege und des menschlichen Loses. Caecina wurde vorausgeschickt, um die entlegenen Waldgebiete zu durchforsten und über das sumpfige Gelände und den trügerischen Moorboden Brücken und Dämme zu führen. Und nun betraten sie die Unglücksstätte, grässlich anzusehen und voll schrecklicher Erinnerungen. Das erste Lager des Varus wies an seinem weiten Umfang und der Absteckung des Hauptplatzes auf die Arbeit von drei Legionen hin. Dann erkannte man an dem halb eingestürzten Wall und dem niedrigen Graben, dass die zusammengeschmolzenen Reste sich dort gelagert hatten. Mitten in dem freien Feld lagen die bleichenden Gebeine zerstreut oder in Haufen, je nachdem die Leute geflohen waren oder Widerstand geleistet hatten. Dabei lagen Bruchstücke von Waffen und Pferdegeripp, zugleich fanden sich an Baumstämmen angenagelte Köpfe. In den benachbarten Hainen standen die Altäre der Barbaren, an denen sie die Tribunen und die Centurionen der ersten Rangstufe geschlachtet hatten. Die Leute, die diese Niederlage überlebt hatten und der Schlacht oder der Gefangenschaft entronnen waren, erzählten, hier seien die Legaten gefallen, dort die Adler von den Feinden erbeutet worden, sie zeigten, wo Varus die erste Wunde erhalten, wo er mit seiner unseligen Rechten sich selbst den Todesstoß beigebracht habe; wo Arminius von der Tribüne herunter eine Ansprache gehalten habe, wie viele Galgen für die Gefangenen, was für Martergruben er habe herstellen lassen, wie er die Feldzeichen und Adler übermütig verhöhnt habe. Und nun setzte das hier befindliche römische Heer, sechs Jahre nach der Niederlage, die Gebeine von drei Legionen bei, in trauriger Stimmung und zugleich in wachsendem Zorn auf den Feind, ohne dass jemand erkannte, ob er die Überreste von Fremden oder von seinen eigenen Angehörigen in der Erde barg. Und es war, als ob sie alle zusammengehörten, als ob sie Blutsverwandte seien. Das erste Rasenstück zur Errichtung des Grabhügels legte der Caesar, so erwies er den Gefallenen den ersehnten Dienst und nahm teil an dem Schmerz der Anwesenden.«

Zeilen, die Geschichte schrieben: Die für unbesiegbar geltenden römischen Legionen waren vernichtet worden – von Barbaren. Für die italienische Renaissance mag dieser Bericht den Stellenwert einer Anekdote gehabt haben. Als die Kunde von der Varusschlacht allerdings deutsche Ohren erreichte, setzte sich eine Propagandamaschinerie in Gang, die bis heute auf Touren ist.

Im 16. Jahrhundert begann, nach heutigem Geschichtsverständnis, die Neuzeit. Das Mittelalter hatte endgültig ausgedient, selbst in Burgund, der letzten Hochburg des Rittertums, hängten die Herrscher das Heldenpathos an den Nagel, die letzten Unverbesserlichen wirkten in ihren Ritterrüstungen wie Schießbudenfiguren. Deutschland begann, sich von einem Flickenteppich aus 300 Fürstentümern in Richtung eines Nationalstaates zu entwickeln. Im Dreißigjährigen Krieg bildeten sich Schweden und Frankreich als Großmächte heraus, Friedrich Wilhelm von Brandenburg, der Große Kurfürst, legte im 17. Jahrhundert mit dem Aufstieg Preußens den Grundstein für das Entstehen einer deutschen Großmacht. Unter den ewig uneinigen deutschen Stämmen keimte zum ersten Mal so etwas wie ein Nationalgefühl. Als Napoleon Anfang des 19. Jahrhunderts Deutschland besetzte, brach sich diese bis dahin zaghafte Strömung gewaltsam Bahn. Im Kampf gegen die Franzosen erwachten Deutschtümelei, Germanentum und Nationalismus im Bildungsbürgertum. Politiker, Künstler und Literaten schrieben den Geist der deutschen Nation in Gedichte, Romanen, Reden und auf die Fahnen. Die Revolutionen von 1848 brachten das Nationalgefühl zum Überkochen. Schwarz-Rot-Gold wehte in Köpfen und über Barrikaden. Im Taumel des Freiheitskampfes erinnerten sich die Deutschen an Arminius. In verzerrten Geschichten dichteten sie dem Cheruskerführer an, was zu jedem echten Deutschen gehören sollte: Opfermut und Vaterlandsliebe, Freiheitsstreben und moralische Integrität, Schlachtenruhm und Vasallentreue. Dass die Germanen sich seinerzeit gar nicht als Volk verstanden hatten, sondern nur von den Römern als solche bezeichnet worden waren, wusste niemand. Arminius stand für Freiheit. Der Text des Tacitus wurde zum Erinnerungswerk an die Geburtsstunde der Deutschen – mit dem Geburtshelfer aus Rom aber waren einige nicht einverstanden.

Fauler Zauber in alten Quellen

Im Zeitalter der zankenden Nationen gönnten die erhitzten Kontrahenten einander nichts. So lautstark Deutschland den Mythos des Arminius feierte, so lauthals verlachten ihn Frankreich und England. Sogar in der akademischen Arena versammelten sich die Wissenschaftler zum Kampf um die Legende. John Wilson Ross, britischer Historiker, veröffentlichte 1878 eine Schrift, in der er in 18 Kapiteln zu beweisen versuchte, dass die Texte des Tacitus Fälschungen sind. Damit mag Ross eine Debatte unter Althistorikern losgetreten haben, sein eigentliches Ansinnen aber galt der Demontage des deutschen Nationalgefühls. Tatsächlich rüttelten seine Argumente wie ein Erdbeben an den Grundfesten des Germanenmythos.

Die *Annalen* des Tacitus sind in der Antike nicht bekannt. Ross weist in seiner Beweisführung darauf hin, dass die Schriften von keinem Autor der römischen Vergangenheit erwähnt werden. Das ist ungewöhnlich, denn Tacitus war ein Mann von Welt und seine Texte galten als literarische Leckerbissen. Ross ruft eine Reihe von Experten in den Zeugenstand: Aus der Antike lässt er Plinius und Tertullian auftreten, aus dem frühen Mittelalter ruft er den spanischen Geschichtsschreiber Orosius und den römischen Bischof und Dichter Sidonius Apollinaris auf, er sucht bei dem römischen Staatsmann Cassiodorus. Stets findet der Brite Tacitus erwähnt oder zitiert, stets sind es Passagen aus den *Historien* oder der *Germania*. Ein Text aus den *Annalen* hingegen fehlt.

Gegenargumente fegt Ross vom Tisch. Einige Passagen in den Texten des Sulpicius Severus, der im 5. Jahrhundert einer der bedeutendsten Kirchenschriftsteller war, ähneln den Texten der *Annalen* aufs Wort. Hier aber, so Ross, habe nicht Sulpicius bei Tacitus abgeschrieben. Vielmehr habe ein dreister Fälscher der Renaissance sich bei Sulpicius und anderen lateinischen Meistern bedient und von dort zusammenkopiert, bis die *Annalen* fertig waren. Überhaupt: *Annalen*. Den Titel habe es nie gegeben. Das Werk, wenn es denn überhaupt als echt angesehen werden dürfe, heiße *Ab excessu divi Augusti* (Vom Tod des göttlichen Augustus an), erst seit es in der Renaissance wieder auftauchte, sei von den *Annalen* gesprochen worden, so Ross. Entsprechend sind für den Briten alle Argumente blanker Unsinn, nach denen die *Annalen* unter diesem Titel schon in mittelalterlichen Schriften entdeckt worden sein sollen.

Ross war sich seiner Sache sicher: Die einzige Geschichte, welche die *Annalen* wirklich erzählten, ist nicht die Geschichte des Römischen Kaiserreichs, sondern ein Bericht von Betrug und Korruption. Von den Zuständen des 15. Jahrhunderts zeichnet der Brite ein düsteres Bild: »Die Versuchung war groß, literarische Fälschungen zu produzieren, insbesondere von den besten Schriftstellern der Antike. Schuld daran waren die Päpste in ihrem Bemühen, altes Wissen wiederzuentdecken, und die Prämien und Gefälligkeiten für jene versprachen, die handgeschriebene Manuskripte irgendeines antiken griechischen oder römischen Autors heranschafften. Von überall her tauchten Manuskripte auf, wie von Zauberhand; aus den Bibliotheken von Klöstern, berühmten und obskuren; von den entlegensten Orten: aus den Schächten ausgetrockneter Brunnen mit Schneckenschleim verschmiert, wie etwa die Historien des Velleius Paterculus; oder aus Mansarden, kämpfend mit Spinnweben und Staub, etwa wie die Gedichte des Catull. Solange die Entdeckung nur echt antik aussah, ging sie als alter Klassiker durch; und der letzte Zweifel an der Authentizität wurde ausgeräumt, wenn die Funde nur als Fragmente auftauchten.«

Holly Haynes, Tacitus-Expertin der Gegenwart, ist Dozentin an der Universität von New York: »Ich finde die Theorien von Ross unterhaltsam. Glaubwürdig sind sie nicht.« Heute stehen die *Annalen* auf sicherem Fundament, an dem zwar geforscht, aber nicht gerüttelt wird. Bei der Suche nach Ort und Umständen der Varusschlacht wird der römische Bestseller sogar besonders gern zitiert. Rainer Wiegels von der Universität Osnabrück weiß dafür einen guten Grund: »Anders urteilt Tacitus aus der Distanz desjenigen, der die Geschichte der römischen Germanienpolitik über einen Zeitraum von nahezu einem weiteren Jahrhundert nach der Varusniederlage beurteilt, vielleicht ein für ein historisches Urteil adäquater zeitlicher Abstand, nicht zu nahe an den Ereignissen als solchen, aber auch nicht zu weit entfernt, um die Folgen nicht (mehr) beurteilen zu können.«

Quellen, die zu üppig sprudeln

In Westfalen und im Niedersachsen der Gegenwart sind seit Beginn des 20. Jahrhunderts wieder Legionen unterwegs. Scharen von Heimatforschern und Wissenschaftlern suchen nach dem Ort der Varusschlacht und liefern sich Kämpfe, die es an verbaler Heftigkeit bisweilen mit dem antiken Gemetzel aufnehmen können. Bei allen Diskussionen liegen vier Texte auf dem Tisch: Neben den *Annalen* des Tacitus legt Velleius Paterculus einen Bericht vor. Er lebte als einziger zur Zeit der Varusschlacht und kämpfte als Offizier noch kurz vor der Katastrophe persönlich in Germanien. Ob auch der dritte im Quellenbunde, Lucius Annaeus Florus, jemals Germanien sah, weiß niemand. Er kam aus Spanien und lebte in Rom. Zwischenzeitlich soll er zwar gereist sein, ob er dabei in Germanien eine Halt einlegte, ist allerdings nicht überliefert. Gewiss ist, dass Florus mit einem zeitlichen Abstand von etwa 100 Jahren über die Episode im Teutoburgiensis Saltus schrieb. Den großzügigsten Raum für den Bericht der Varusschlacht und ihrer Folgen gönnte sich Cassius Dio, der allerdings auch mit der größten Distanz zum Geschehen schrieb. Als Senator und Konsul gehörte Cassius Dio zur römischen Aristokratie und nahm sich um 230 n. Chr. zehn Jahre Zeit für die Recherche seiner Version der römischen Geschichte. Die Suche nach Material muss fruchtbar gewesen sein. Das Werk füllte 80 Bände. Kein anderer Autor verliebte sich bei der Schilderung der Varusschlacht in so viele Details, die heute allerdings wegen der großen zeitlichen Distanz des Autors von Wissenschaftlern nur mit Vorsicht zu genießen sind..

Vier Autoren, vier Geschichten – so wie sich bei den vier Evangelisten die Berichte über das Leben Jesu Christi unterscheiden, legen auch die Berichte der Varusschlacht-Chronisten den Schwerpunkt der Erzählung jeweils anders. Aber ähnlich wie bei den Evangelisten gibt es auch Parallelen in den Texten des Tacitus, des Florus, des Cassius Dio und des Velleius Paterculus – mögliche wahre Kerne unter einer Kruste aus Legenden.

Zunächst: Gelände und Wetter. Ungünstiger hätten es die Römer nicht treffen können, darin sind sich alle Autoren einig. Die Legionäre waren »eingeschlossen in Wälder und Sümpfe«, schreibt Velleius Paterculus. »Nichts war grausamer als dieses Gemetzel in Sümpfen und Wäldern«, stimmt Florus ein, und Tacitus beschwört »trügerischen Moorboden« und »entlegene Waldgebiete« herauf. Noch plastischer lässt Cassius Dio die Leiden der Legionäre im germanischen Dauerregen erscheinen: »Inzwischen kam auch ein starker Regen und Sturm auf, was die Marschierenden weiterhin voneinander trennte, und der Boden, um die Wurzeln und Stämme her schlüpfrig geworden, machte jeden Schritt höchst unsicher; Bruch und Sturz der Baumwipfel sorgten für weitere Verwirrung.« Beim Ausmalen von Land und Wetter trägt Cassius Dio allerdings zu dick auf. Dem Griechen bescheinigen die meisten heutigen Historiker eine Tendenz zur Übertreibung. Das liegt zum Teil an der Übersetzung – Cassius Dio schrieb Griechisch. Andere Schwulstigkeiten entlarven Beobachter vor Ort. So sollen die Germanen beim ersten Angriff auf Varus aus »dichtem Gebüsch« hervorgestürmt sein. Wie die Archäobotanik verrät, wuchsen im Großraum der Varusschlacht zu dieser Zeit allerdings hauptsächlich Buchenwälder, »die im Allgemeinen keinen direkteren Unterbewuchs zulassen«, so der Historiker Wilm Brepohl. Im Dickicht der antiken Quellen muss die Textkritik bisweilen mit dem Buschmesser arbeiten.

Einstimmigkeit unter den Schreibmeistern herrscht auch bei der Suche nach dem Sündenbock. Das ist Varus. In den Augen der vier Geschworenen soll der Statthalter als Politiker auf der ganzen Linie versagt haben. Florus bescheinigt dem Varus mangelndes Feingefühl: »Aber es ist schwieriger, eine Provinz zu halten als sie zu schaffen. Sie werden gewonnen durch bewaffnete Gewalt, aber durch das Recht gehalten. [...] Denn die Germanen waren eher besiegt als gebändigt; und unter dem Feldherrn Drusus respektierten sie unsere Lebensart mehr als unsere Waffen. Nach seinem Tod begannen sie die Gier und den Hochmut nicht weniger als die Grausamkeit des Quinctilius Varus zu verabscheuen. [...] Er wagte es, einen Landtag abzuhalten, und erließ unvorsichtige Edikte, gerade so, als ob er der Gewalttätigkeit der Barbaren mit den Ruten des Lictors und der Stimme des Herolds aufhalten könne.« In dieses Horn stößt auch Velleius Paterculus: »Aber das Schicksal war schon stärker als die Entschlusskraft des Varus und hatte die Klarheit seines Verstandes völlig verdunkelt.« Tacitus beschuldigt Varus, er habe den Germanen »nicht nur Befehle erteilt, als wenn sie tatsächlich römische Sklaven wären, sondern er trieb sogar von ihnen wie von Unterworfenen Steuern ein.« Der Schuldige an dem Dilemma war somit identifiziert. Das Urteil lautete: Blamage über den Tod hinaus.

An Arminius lässt die versammelte antike Schreibstube ebenfalls kein gutes Haar. Verständlich, er war der Feind Roms und hatte »die tapferste Armee von allen« besiegt. Gelungen war dies, so Velleius Paterculus, durch »die betrügerische List des Feindes und die Ungunst des Schicksals«. Florus bescheinigt Arminius schlechten Stil, indem er den »Hohn der Barbaren« hervorhebt und ihn als unerträglich bezeichnet. Cassius Dio kleckst noch den Vorwurf der Feigheit auf das Bild des Übeltäters: »Zuerst schossen sie nur aus der Ferne, dann aber, als niemand sich wehrte und viele verwundet waren, rückten sie näher an die Gegner heran.«

Damit sind die Gemeinsamkeiten erschöpft. Je jünger ein Text, desto größer ist die Wahrscheinlichkeit, dass sein Urheber abgeschrieben haben könnte. Velleius Paterculus konnte als Zeitgenosse des Varus nur auf mündliche Berichte zurückgreifen. Cassius Dio aber lagen alle drei vorhergehenden Versionen der Geschichte vor. Kein Wunder also, dass sein Bericht am weitesten ausgreift und Details bringt, welche die anderen drei Autoren nur vereinzelt kannten oder von denen sie – obwohl zeitlich näher am Ereignis – gar nichts wussten. Heute bleiben viele Diskussionen um die Varusschlacht in einem Streit um den Glauben an die Zeilen dieser vier Männer stecken. Wo die Quellen trübe werden, gibt einzig die Archäologie noch Hoffnung, den Schlachtort doch noch zu finden.

Irrweg in den Teutoburger Wald

Im 19. Jahrhundert suchte noch niemand gezielt nach Münzen im Dreck. Der Metalldetektor der Biedermeierzeit war der Zufall. So meldete ein adeliger Entdecker 1873, er habe »goldene Solidi aus der Zeit des Augustus « gefunden. Einen solchen besitzt meine Schwägerin, die Gräfin Caroline Münster-Langelage [...] Eine, ganz unübertrefflich erhaltene, ist ca. 30 bis 40 Schritt von meiner jetzigen Wohnung vor einigen Jahren in meinem Gemüsegarten beim Graben zum Vorschein gekommen«.

Varus erschien den Deutschen beim Pflügen auf dem Acker, beim Aufräumen des Speichers, am Stammtisch und in der Gelehrtenstube. Seit dem 16. Jahrhundert sind 700 Orte als Schlachtfeld identifiziert worden, von denen wenigstens 699 Vorschläge falsch sein müssen. Der südlichste liegt bei Augsburg, der nördlichste an der Nordseeküste. Im Brennpunkt der meisten Varusjäger aber stand der Teutoburger Wald.

Dort verortete Tacitus den Untergang der Legionen. »Teutoburgiensis Saltus« heißt das im lateinischen Text der *Annalen*. Der Fall scheint klar zu liegen: Im Teutoburger Wald begegnete Varus seinem Schicksal. Aber in dem rätselhaften Forst verfangen sich Historiker im Dickicht der Ungereimtheiten. Der Höhenzug an der nordöstlichen Grenze des Münsterlands trägt heute zwar den Namen »Teutoburger Wald«, hieß aber noch vor 400 Jahren ganz anders.

»Osning« sagten die Deutschen bis zum 17. Jahrhundert zu einem Teil der westfälischen Hügel, einer schmalen Sandsteinrippe. Warum sie das taten, ist bis heute nicht ganz geklärt. Vermutlich geht der Name auf einen Fluss namens Osna zurück, der im Namen Osnabrücks wiederzuentdecken sein soll. Dort fließt heute zwar nur die Hase, allerdings halten Stadtgeschichtler eine Verwandtschaft der Namen Osna und Hase für möglich. Der Osning verschwand von der Landkarte 1672, als in Paderborn Fürstbischof Ferdinand von Fürstenberg die *Annalen* des Tacitus las. In den lateinischen Zeilen machte der Domherr die Entdeckung, dass die Varusschlacht im »Teutoburgiensis Saltus« geschlagen worden sein soll. Überdies nennt Tacitus ein Gebiet »zwischen den Flüssen Amisia und Lupia« – der Ems und der Lippe. Bei Detmold gab es zudem die Überreste einer alten germanischen Fluchtburg, auf welcher der Geistliche die Teutoburg in den Himmel der Vorzeit ragen sah. Dem Fürstbischof waren das Hinweise genug. Davon überzeugt, dass nur der Osning als Schlachtort in Frage kam, nannte Fürstenberg den Höhenzug kurzerhand in Teutoburger Wald um – eine Taufe mit Folgen.

Der Teutoburger Wald entwickelte sich zum Magneten für Hobbyhistoriker und Schatzsucher. Die Varusschlacht bekam das Ettikett »Schlacht im Teutoburger Wald« verpasst. Wie ein Marktforschungsinstitut bei einer Umfrage 2007 herausfand, ist dieser Begriff heute populärer als die Konkurrenten »Varusschlacht« oder »Arminiusschlacht«. Wo der Teutoburger Wald des Tacitus jedoch lag, ist eine Frage der Interpretation. Die meisten Befragten deuten auf das – heute – gleichnamige Hügelland, andere tippen auf das benachbarte Weserbergland, mancher, der es genau zu wissen meint, grenzt den »Teutoburgiensis Saltus« sogar auf das westliche Weserbergland ein. Historiker sehen bis heute den Teutoburger Wald vor lauter Bäumen nicht.

Die Spur führt ins tiefste Latein des Tacitus. Der erwähnt den Tatort als einziger antiker Autor, als er die Feldzüge des Germanicus schildert: »Die Brukterer [...] wurden [...] geschlagen. Von dort aus wurde das Heer in die entlegensten Teile des Bruktererlandes geführt und das gesamte Gebiet zwischen Ems und Lippe verwüstet, nicht weit entfernt vom Teutoburger Wald.« Im Originaltext lautet der entscheidende Nebensatz »haud procul teutoburgiensis saltus« – drei Wörter Latein und ein Wort ein Einwanderer aus dem Wortschatz der Germanen.

Was ist eine Teutoburg und wo lag sie? Die Vermutung, der Begriff sei auf einer Burg gebaut, lag im 17. Jahrhundert noch nahe, doch weisen ihn Historiker heute in weite Ferne. Burgen im herkömmlichen Sinn baute 9 n. Chr. noch niemand, sie ließen noch bis zum Mittelalter auf sich warten. Dennoch gab es Befestigungen, meist Höhenlagen, welche die Bewohner mit Ringwällen aus Holz, Stein und Erde sowie mit Gräben wehrhaft zu machen verstanden. Eine solche Anlage lag fünf Kilometer vom heutigen Detmold entfernt und ragte 386 Meter über das umliegende Land auf. Von der Kuppe des Hügels bietet sich bis heute ein Blick auf die benachbarten Wälder. Hierher zogen sich die Menschen der vorrömischen Eisenzeit zurück, wenn Gefahr drohte. Zeugnis davon legen zwei Ringwälle ab, deren Überreste sich erhalten haben. Ob die Erbauer allerdings Germanen waren, ist zweifelhaft. Erst seit dem 2. und 1. Jahrhundert v. Chr. beginnt jener Prozess, der den Stämmen des nördlichen Mitteleuropas eine einheitliche Kultur und Sprache überzieht. Jene Menschen, welche die Ringwälle bei Detmold aufbauten, werden für den Titel »Germane« nur ein Schulterzucken übrig gehabt haben. Möglich ist, dass die Nachfahren der Erbauer in den Wällen lebten und kämpften. Ob sich hingegen noch die Cherusker in die zu ihrer Zeit bereits uralte Verteidigungsanlage zurückzogen, ist umstritten. Irgendwann verfielen die Wälle, in der Neuzeit bekam die gesamte Anlage den Namen Grotenburg (Große Burg), die beiden Ringwälle nannten Einheimische Großer und Kleiner Hunnenring. Damit versuchte allerdings niemand eine Verbindung zu den Hunnen zu ziehen, die diese Region Europas nie erreicht haben. Vielmehr leitet sich der Name von Hünenring ab, an dem der Verdacht klebt, es habe hünenhafter Menschen bedurft, etwas derart Mächtiges zu errichten. 1875 setzte der Bildhauer Ernst von Bandel dem Hügel das Hermannsdenkmal auf, dessen Sockel mitten in einem der Hünenringe steht. Überdies opferten die Verursacher des Denkmals Steine aus dem Ringwall, um Baumaterial für den Sockel des kupfernen Hermanns zu bekommen. Wer heute Groteburg sagt, meint den gesamten Hügel. Seit Fürstbischof von Fürstenberg dem Teutoburger Wald seinen Namen gab, ist die Groteburg auch als Teutburg bekannt und steht im Verdacht, Ort der Varusschlacht gewesen zu sein – eine Scharade aus der Bischofskammer.

Die Geschichte ihres Namens setzt die Groteburg als Kandidatin für den »Teutoburgiensis Saltus« schachmatt. Wenn aber nicht auf der waldreichen Kuppe, wo dann? Wilm Brepohl weist darauf hin, dass Tacitus in seinen Texten an keiner Stelle erläutert, wo der Ort gelegen haben könnte. Das Publikum des antiken Schriftstellers aber waren nicht die ortskundigen Germanen, sondern die Römer. Schlussfolgerung: Entweder muss der Leser den aus dem Germanischen abgeleiteten Begriff »teutoburgiensis« gekannt haben oder Tacitus setzte Wissen voraus, das seine Zielgruppe gar nicht besaß.

Wurzelziehen am Wortstamm hilft weiter. In »Teutoburg« steckt »Teuto«. Das mag auf den Stamm der Teutonen verweisen, den es tatsächlich einmal gab. Allerdings gingen die Teutonen im Kampf gegen die Römer schon 102 v. Chr. in der Schlacht bei Aquae Sextiae, heute Aix-en-Provence, unter – einhundert Jahre vor dem Zusammenprall von Varus und Arminius. Auch die Geographie gerät angesichts der Teutonen ins Schleudern. Sie lebten ursprünglich an der Elbmündung und zogen von dort nach Süden, wo sie Gallien verwüsteten – Teile des heutigen Frankreich. Im Teutoburgiensis Saltus hatte sich vermutlich kein Teutone verfangen und die Zeiten überdauert.

Ort und Stamm haben die ersten Silben gemeinsam. »Theudo« bedeutet »Volk«. Im »Teutoburgiensis Saltus« stand demnach eine Volksburg. Daran mag Wilm Brepohl nicht glauben. Für den Historiker steckt in »Theudo« auch das Verb »deuten«, so jedenfalls steht es im etymologischen Wörterbuch: »Die Bedeutung dieses Verbs kann danach etwa ›vor dem versammelten Volk erklären, für das Volk verständlich machen‹ lauten.« Brepohl zählt Deut um Deut zusammen und kommt in der Summe zu der Meinung, das solle »ursprünglich wohl auf den Priester hinweisen, der aus dem Opferbefund dem gläubigen Volk den Willen der Gottheit verdeutlicht.« Hier findet der Historiker seine Theorie bestätigt, nach der die Varusschlacht in der Nähe eines germanischen Heiligtums geschlagen worden sei. Allerdings kümmert sich Brepohl wenig darum, dass er die Aussagen über Priester und Opferbefunde aus Kluges Etymologischem Wörterbuch in einer Ausgabe von 1960 zitiert. Aus der aktuellen Auflage des Standardwerks der deutschen Sprachforschung ist dieser Absatz jedoch schon lange verschwunden.

Während die einen vor dem Rätsel Teutoburg stehen, irren andere durch den Saltus. Die lateinische Vokabel bedeutet übersetzt Schlucht, Waldtal, Pass und Engpass, in einer anderen, zu vernachlässigenden Bedeutung auch Sprung. Zu viele Bedeutungen, um den Jägern der verlorenen Schlacht auf die Sprünge zu helfen. Mancher erkennt die Schlucht in den Felsen des Osning, mancher den Engpass am Wiehengebirgsrand von Kalkriese. Der Hamburger Wirtschaftsdozent Siegfried Schoppe erkennt in »saltus« einen ebenso germanischen Begriff wie in »teutoburgiensis«: das Salz. Das soll, so Schoppe, im germanischen Salt geheißen und in dieser Form im Angelsächsischen überlebt haben. Das Salz der germanischen Erde findet der Varusforscher in Bad Salzuflen, in deren Nähe seiner Meinung nach die Schlacht geschlagen worden sein müsse. Schönheitsfehler in dieser Theorie ist die Grammatik, nach der Tacitus nicht »saltus«, sondern »salto« hätte schreiben müssen. Das räumt Schoppe ein und findet auch dafür eine Erklärung: »Oder Tacitus schrieb richtig ›salto‹ und die Kopisten in den Scriptorien verbesserten ihn zu ›saltu‹.« Nicht nur die Grammatik vermag Worte zu beugen.

Wasserdichtes Latein hingegen ist »haud procul«. Was die Lateinfibel mit »unweit, nicht fern, in der Nähe« übersetzt, kann gelegentlich auch »näher« bedeuten – kleiner Unterschied mit großer Wirkung. Was meinte Tacitus mit seiner ungefähren Angabe? Viele Forscher erkannten in der Entfernungsmarke »haud procul« die Möglichkeit, den Ort der Varusschlacht zu finden, indem sie einen Radius um »Teutoburgiensis Saltus« zogen, der nicht größer war als »haud procul«. Auf der Suche nach der Algebra der Geschichte rechnete der Historiker Hermann Neubourg nach und veröffentlichte in seinem Band *Die Örtlichkeit der Varusschlacht* 1887 die Erkenntnis: Tacitus benutze den Begriff »haud procul« etwa zehnmal in seinen Texten. Wo sich eine Entfernung rekonstruieren lasse, so Neubourg, gehe sie meist nicht über vier Kilometer hinaus. Ein Jahr später gab Paul Höfer seine Meinung bekannt, nach der »haud procul« im Höchstfall einen römischen Tagesmarsch bedeuten konnte und das, so rechnen Militärhistoriker, waren nicht mehr als 18 Kilometer. Aber sosehr die Rechenschieber rotierten, alle Zahlenspiele nützten nichts. Zwar lässt sich ein Kreis von vier oder achtzehn Kilometern auf jeder Landkarte ziehen, doch bleibt der Mittelpunkt des Radius ein Rätsel. Der »Teutoburgiensis Saltus« entzieht sich nach wie vor den Fangnetzen der Varusjäger.

Tacitus wirft den Teuto-Detektiven einen weiteren Krumen Geografie vor die Füße. Germanicus soll das Land zwischen Ems und Lippe verwüstet haben, das in der Nähe des viel beschworenen »Teutoburgiensis Saltus« lag. Hoffnungsschimmer am Schlachtfeldhorizont – die Region zwischen

Ems und Lippe grenzt die möglichen Orte ein, an denen die drei Legionen untergegangen sein könnten. Wer an Tacitus glaubt, für den sind damit alle Überlegungen Unsinn, nach denen die Schlacht in der Rheingegend oder am Neckar getobt haben soll. Doch das Land, an dessen Grenzen Ems und Lippe fließen, ist groß. Beide Flüsse entspringen in der Nähe von Paderborn, Lippstadt beziehungsweise Rheda-Wiedenbrück und fließen in der Nähe ihrer Quellen bisweilen nur neun Kilometer voneinander entfernt. Dann aber öffnet sich eine geografische Schere zwischen den Flussläufen. Dort, wo einst die Brukterer lebten, haben sich Ems und Lippe bereits auf eine Distanz von 65 Kilometern voneinander entfernt. In diesem Großraum gleicht der Ort der Varusschlacht einer Stecknadel im Heuhaufen. Doch möglicherweise sind die Angaben des Tacitus weniger relevant, als mancher meint.

Angenommen, Tacitus schrieb tatsächlich mit einem Blick auf die Landkarte – er wäre kaum in der Lage gewesen, einen geografischen Punkt so exakt zu benennen, wie es heute Menschen bei einem Blick in den Atlas gewohnt sind. Die Kartografie steckte im 1. Jahrhundert n. Chr. noch in den Kinderschuhen, und die Kartenzeichner Roms rätselten über die Möglichkeiten des Maßstabs. Zwar hatten die Griechen schon zwei Jahrhunderte zuvor festgestellt, dass die Erde eine Kugel ist, und sogar den Erdumfang annähernd genau berechnet. Für die Römer aber war das nebensächlich. Sie verflachten die Erde wieder zur Scheibe und zeichneten ihre Karten so, dass sie Wegenetze darauf erkennen konnten – der praktische Nutzen hatte Vorrang vor wissenschaftlicher Genauigkeit. Aber trotz der Verwendung von Gradnetzen blieben die meisten Flächen auf den Landkarten der römischen Antike weiß. Erkennbare Städte, Flüsse und Küsten waren zwar an den Straßen, an denen sie lagen, eingezeichnet. Ob sie aber in zwei oder fünf Tagesreisen erreichbar waren, ließ sich nicht immer ablesen. Wer nicht auf einer eingezeichneten Straße unterwegs war, dem half eine römische Karte nichts. Den Römern scheint dieser Lapsus nichts ausgemacht zu haben. Die Offiziere notierten weiter geografische Beobachtungen vor Ort und gaben sie an die Kartografen weiter. Diese zeichneten noch 250 Jahre nach der Varusschlacht Karten so ungenau wie je zuvor. Ein Exemplar, das sich erhalten hat, ist die Tabula Peutingeriana, eine Karte, welche die wichtigsten Heerstraßen im spätrömischen Reich von den Britischen Inseln bis nach China verzeichnet. Zwar verfügte das

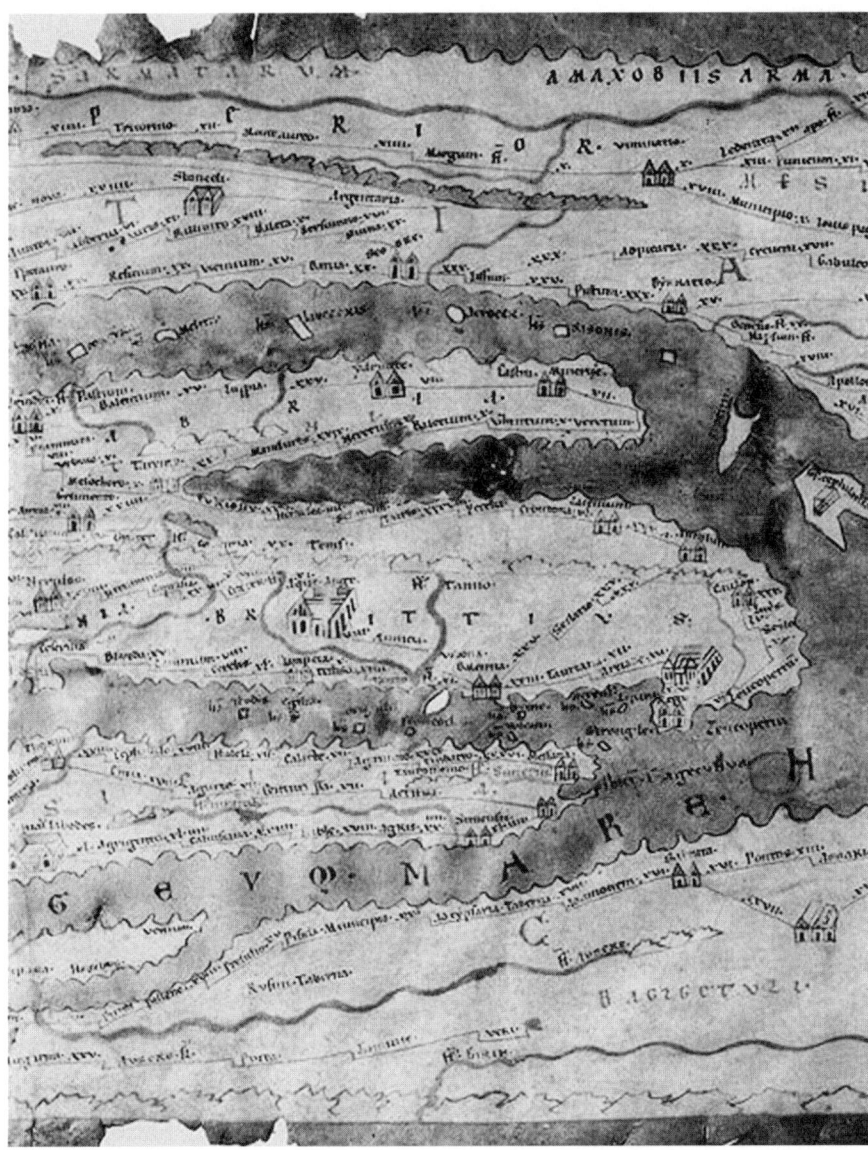

Die Tabula Peutingeriana ist eine der wenigen in Kopien erhaltenen römischen Landkarten. Sie stammt aus dem 3. Jahrhundert n. Chr. Der Ausschnitt zeigt die Spitze des
italienischen Stiefels.

Riesenwerk bereits über Entfernungsangaben in römischen Meilen. Allerdings hatten es Mönche im Mittelalter wegen seiner Größe in zwölf Teile zerschnitten. Heute fehlen die Tafeln mit den westlichen Regionen. Nicht mehr auffindbar sind damit auch die römischen Ansichten der rechtsrheinischen Gebiete und damit die Vorlagen des Tacitus bei der Verortung der Varusschlacht.

Grabstein im Zeugenstand

Der härteste Beweis ist in Stein gemeißelt. Auf dem Grabstein des römischen Offiziers Marcus Caelius wird die Varus-Katastrophe buchstäblich. Die in den Kalkstein getriebene Widmung ist Latein und lautet übersetzt: »Dem Marcus Caelius, dem Sohn des Titus, aus dem Stimmbezirk Lemonia, aus Bologna, dem Hauptmann der 1. Kohorte der 18. Legion, 53 Jahre alt. Er ist gefallen im Krieg des Varus. Es wird erlaubt sein (seine) Gebeine hier zu bestatten. Publius Caelius, der Sohn des Titus, aus dem Stimmbezirk Lemonia, sein Bruder, hat (diesen Stein) gemacht.« Im Klartext: Der trauernde Bruder eines verstorbenen römischen Offiziers errichtete einen Gedenkstein und forderte die Nachwelt auf, den Leichnam an dem für ihn reservierten Ort zu begraben. Als Publius Caelius den Stein aufstellte, gegenüber der Mündung der Lippe in den Rhein, beim heutigen Xanten, hatte er offenbar Nachricht vom Tod des Marcus Caelius erhalten. Der Körper aber fehlte. Der Grabstein war ein Kenotaph, ein Grabmal ohne Leiche. Die lag vermutlich in einem Wald des rechtsrheinischen Germanien.

Der Tote sollte niemals unter seinem Denkmal ruhen. Germanicus ließ die Leichen der Gefallenen am Ort der Varusschlacht bestatten. Die Überreste an den Rhein zu transportieren hätte eine grausige Logistik vorausgesetzt, die auch nicht geplant war, da Germanicus gegen die Germanen zog und die Heimkehr seiner Truppen noch nicht im Sinn hatte. So blieb der Grabstein ein Mahnmal, das vermutlich in der Nähe des Legionslagers Xanten stand. Mit dem Untergang des Reiches geriet auch der Stein in Vergessenheit. Bevor er in der Neuzeit wieder auftauchte und Zeugnis von der Varusschlacht ablegte, ging er auf die Reise.

Die Römer in Xanten hatten das Legionslager gegenüber der Lippemündung angelegt. Als sich Rom zurückzog und die letzten Tage der

Antike im Sturm der Völkerwanderung versanken, blieben die Menschen des Nordens mit den Überresten einer Hochkultur zurück, die sie nicht zu nutzen wussten. Zwar blieben viele Künste und Kniffe der Römer im linksrheinischen Gebiet erhalten, so etwa der Weinanbau, aber für die Atriumshäuser mit echt römischer Architektur interessierte sich zu Beginn des frühen Mittelalters kaum noch jemand. Wie wenig die Mittel- und Westeuropäer für das Erbe der Römer übrig hatten, fanden Archäologen unter anderem in England, wo römische Mosaiken Brandspuren aufwiesen – die eingewanderten Angeln, Jüten und Sachsen hatten ihre Feuerstellen auf den antiken Kunstwerken entfacht. Pragmatiker oder Kulturbanausen – Mönche griffen sich den Grabstein des Marcus Caelius, als sie nahe dem alten Römerlager ein Kloster bauten. Das Denkmal fand Verwendung in einer Wand, vielleicht war den Geistlichen sogar daran gelegen, an die Geschichte des Ortes zu erinnern. Zwischen Mönchen und Mörtel überdauerte das Denkmal die Jahrhunderte. 1620 aber war es mit der Ruhe vorbei. Der Stein wechselte Besitzer und Ort. Er gehörte fortan dem »Edlen Herren Wesseln vom Loe. Herrn zu Wissen«. Der behielt das Kunststück aber auch nicht lange, sondern trat es an Prinz Moritz von Nassau-Oranien ab. Dieser Staatsmann war zugleich Feldherr. Angesichts seiner militärischen Leistungen wird er sich den großen Strategen der Antike verbunden gefühlt haben. Die Renaissance hatte die Schlachten Alexanders des Großen, Julius Cäsars und des Augustus wieder bekannt und populär gemacht. Überdies tobte in Europa der Dreißigjährige Krieg, eine Zeit, in der Feldherren Götter waren.

Als Moritz von Nassau-Oranien den Bau seines Grabmals in Auftrag gab, ließ er den Caeliusstein in die Umfassungsmauer seiner Gruft in Kleve einsetzen – der Adelige war davon überzeugt, von waschechten Römern abzustammen. Als der Fürst 1679 starb, wurde aus dem Kenotaph ein echter Grabstein, auch wenn Zueignung und Verstorbener nicht zueinander passten. Glück des Grabmals: Die Gruft in Kleve bekam mehr Besuch als das Kloster in Xanten, und so dauerte es nur weitere fünf Jahre, bis der Stein erstmals schriftlich erwähnt wurde. Kein Schmuck für die Ewigkeit: Wind und Wetter setzten dem Caeliusstein zu, der unter freiem Himmel in einer halbrunden Anlage eingefasst war. Hinzu kam »mutwilliges Gesindlein«, wie eine zeitgenössische Quelle berichtet. Den Bewunderern antiker Kunst stach der leicht verwitternde Kalkstein bald ins

Auge. Zwecks Renovierungsarbeiten hämmerten Handwerker die Antiquität frei und trugen sie zusammen mit anderen Kandidaten für die Restaurierung in die »Schwanenburg«, das Schloss der Fürsten von Kleve. Das war 1792. Angesichts des schlechten Zustandes des Caeliussteins mögen die Konservatoren erschrocken sein. Sie behielten das Denkmal und mit ihm alle weiteren Kostbarkeiten aus dem Fürstengrab im Museum. Vor der Verwitterung gerettet, drohte dem Caeliusstein nun der Krieg. Unter Napoleon besetzten die Franzosen das Rheinland und karrten mehr Kulturgüter nach Paris, als die französische Hauptstadt verkraften konnte. Vielleicht war das der Grund, weshalb die Schwanenburg vor dem unfreiwilligen Kulturtransfer verschont blieb. Überliefert ist ein Kommentar des französischen Verantwortlichen, der Stein hätte an seinem Fundort mehr Wert als in Paris. Unangetastet stand der Caeliusstein auch die folgenden 20 Jahre im Klever Museum und ließ den Trubel der rheinländischen Geschichte an sich vorüberziehen. 1814 zog das Kunststück ins Rheinländische Museum nach Bonn um, wo es seither seinen ruhigsten Platz gefunden hat.

Kulturbarbaren, Kriegsherren und Kunstsammler – der Caeliusstein überstand alles. Heute ist er das einzige archäologische Dokument, das nachweislich mit der Varusschlacht in Verbindung gebracht werden kann. Alle anderen Entdeckungen materieller Kultur – Metallbeschläge, Knochengruben, Waffenreste – liefern nur Indizien. Auf dem Denkmal aber ist »Bellum Varianum« in Stein gehauen. Das Vermächtnis des Marcus Caelius ist ein Beweis für die Varusschlacht, die Stiftung des Kenotaphs ein Geschenk für die Geschichtsforschung und seine abwechslungsreiche Reise ein Beispiel dafür, wie viel Glück ein historisches Zeugnis braucht, um die Jahrhunderte zu überdauern.

Auf dem Steckenpferd zur Schlachtfeldjagd

Vier Texte und ein Grabstein – nicht viel, um damit in einem Gebiet von der halben Größe eines Bundeslandes nach den Überresten eines 2 000 Jahre alten Ereignisses zu suchen. Die Versuche sind Legion. Als erster meinte Georg Spalatin, den Ort der Schlacht gefunden zu haben. Der Theologe tippte 1535 auf einen Wald bei Duisburg und verfasste gleich eine ganze

Der Caeliusstein ist das einzige archäologische Zeugnis aus dem Umfeld der Varusschlacht. Alle schriftlichen Quellen sind mit zeitlichem Abstand zum Ereignis verfasst worden.

Biografie über Arminius unter dem Titel *Von dem thewrern Deudschen Fürsten Arminio: ein kurtzer auszug aus glaubwirdigen latinischen Historien: durch Georgium Spalatinum zusammen getragen und verdeutscht.* Belege für seine Theorie konnte Spalatin allerdings keine beibringen. Seine Meinung geht deshalb zwar als erster Ortungsversuch in die Geschichte der Varusforschung ein. Ernst nahm diesen Versuch jedoch niemand. Der Historiker Jacques Ridé geht hart mit Spalatin ins Gericht: »Eine ungeschickte Handhabung der Quellen, von denen unser Historiograph sich nicht genug zu lösen weiß und die er manchmal durcheinander bringt, fehlerhafte Übersetzungen; abstruse Entsprechungen für lateinische Wörter, Widersprüche, Übertreibungen, eine Neigung zur stilistischen Weitschweifigkeit, ein umständlicher Satzbau [...]«. Spalatin sei »weder ein schöpferischer Kopf noch ein profunder Geist«, meint Ridé. Tatsächlich klafft manche Lücke in der Pioniertat. Spalatin datiert die Varusschlacht ins Jahr 11 n. Chr. und beziffert die Gefallenen auf 50 000 Römer, »welchs alles genugsam anzeigung gibt, das diese Varianerschlacht den Römern uber die massen wehe getan hat«. Noch mehr Theologen griffen zum Echolot und suchten nach der historischen Untiefe, diesmal weiter östlich in Westfalen. Der Kaplan Johannes Cincinnius war 1539 der erste, der auf die Geografie der Tacitustexte pochte und vorschlug, zwischen Ems und Lippe das Schlachtfeld zu suchen. Diese Idee mag damit zusammenhängen, dass der Humanist selbst aus Lippstadt kam. Die Varusschlacht hatte ihren ersten Heimatforscher. Cincinnius lag überdies daran, seinen Landsleuten nahezubringen, was in den erst kurz zuvor wieder entdeckten Texten des Tacitus über den germanischen Befreiungskampf überliefert war. So war Cincinnius der Erste, der die Ereignisse aus dem Lateinischen ins Deutsche übersetzte. Was Luther für die Bibel, war der Kaplan von der Lippequelle für Tacitus, und wie der große Reformator schaute auch Cincinnius dem Volk aufs Maul. Er schrieb seine Version der Varusschlacht in westfälischer Mundart.

Dass zunächst ausgerechnet Geistliche das weltliche Geschehen beim »Teutoburgiensis Saltus« finden wollten, ist eine Merkwürdigkeit der Geschichte. Die Zeit war reif für die Erinnerung an die deutsche Vergangenheit, und dieser Aufgabe gingen in erster Linie die Humanisten nach. Diese Intellektuellen des 16. Jahrhunderts aber standen in den Kanzeln der Kirchen und saßen in den Bibliotheken der Klöster. Noch wusste niemand, dass die Konstruktion einer historischen Kontinuität von den Germanen zum 16. Jahrhundert eine Absurdität war. Sogar Luthers engster Mitarbeiter Philipp Melanchthon begab sich auf die Suche und meinte 1559, die Varusschlacht am Osning gefunden zu haben. Seither bleibt der Kalksteinfelsen der am häufigsten verdächtigte Ort bei der Suche nach dem Gemetzel zwischen Römern und Germanen.

Einspruch erhob ein Belgier. Der flämische Kartograph Abraham Ortelius hatte eigene Ansichten der Welt und projizierte sie auf seine Landkarten, die er im Dienst von König Philipp II. herausgab. Auf der Karte »Belgii Veteris« zeichnete Ortelius 1584 den »Teutoburgiensis Saltus« in der Nähe von Doetinchem ein. Der Ort liegt heute in den Niederlanden und gehört zur Provinz Gelderland. Das Kastell Aliso wollte Ortelius am Ufer der Issel wissen. Während der Kartograf die meisten Landmarken auf der Karte nach seiner Interpretation der Angaben des Tacitus einzeichnete, ist der Grund für seine Verortung des Lagers Aliso bis heute rätselhaft. Möglicherweise, so eine populäre Theorie, kannte Ortelius Ende des 16. Jahrhunderts noch mündliche Überlieferungen über ein verschwundenes Römerlager in den Niederlanden. Doch die Idee stimmt mit keiner wissenschaftlichen Untersuchung überein. Jegliche Archäologie der Region blieb bis heute ergebnislos.

Mochten die Flamen noch so sehr auf die Niederlande deuten, für die Deutschen blieb der Osning der Hauptverdächtige. Von Melanchthon aufmerksam gemacht, befragten die Westfalen die Region nach einem Alibi. Der Arzt Philipp Clüver schrieb sich 1616 in die Reihe der Varusforscher ein. In seinem Werk *Drei Bücher über das alte Germanien* stellte der Mediziner als erster Teutberg und Groteburg, auf denen sich später das Hermannsdenkmal erheben sollte, als Bezugspunkte des Tacitus vor. Erneut verknüpften sich Geschichte und Lokalkolorit. Clüver kam aus Detmold, der nebulöse Germanenhügel erhob sich vor seiner Haustür.

Fürstenberg, Bischof und Freiherr in einer Person, spendete dem Teutoburger Wald 1669 schließlich das Sakrament der Taufe. Auf allen Landkarten der Region war der Osning künftig ausradiert und durch den neuen Titel ersetzt. Herausgeber der meisten Karten war Fürstenberg selbst, der damit für die Verbreitung seiner persönlichen Ansichten über historische Geografie sorgte.

Bis zu diesem Zeitpunkt war die gesamte Erforschung der Region von der guten Stube aus erfolgt. Der ein oder andere Varussucher mag das Haus verlassen und noch eine Wanderung über den Osning auf sich genommen haben, um seine – meist vorgefassten – Theorien anhand von Landmarken bestätigt zu finden. An Ausgrabungen aber dachte niemand. Archäologie war zu Beginn des 18. Jahrhunderts noch keine Wissenschaft. Was der Boden zufällig an Altertümern preisgab, legten Forscher begeistert zu anderen Antiquitäten in die Vitrinen. Von Fundzusammenhängen, Interpretation des Fundumstandes oder Dokumentation der Verhältnisse am Fundort hatte jedoch noch niemand gehört.

Allerdings hatte schon 1660 der Bentheimer Geistliche Johan Picardt eine erste Zusammenstellung der archäologischen Funde Niedersachsens veröffentlicht. Picardt konzentrierte sich auf das Offensichtliche: Großsteingräber, deren Funktion er zwar erkannte, deren Baumeister er jedoch für Riesen hielt. Bei den Beschreibungen der niedersächsischen Kleinfunde war Picardt der Erste, der von römischen Münzen in der Region wusste. Obwohl das Buch des Geistlichen heute ein wertvolles Zeugnis über die meisten für den Straßenbau abgeräumten Großsteingräber ist und als Pionierleistung der Altertumsforschung Niedersachsens gilt, gelang es dem Geistlichen in seinen Tagen noch nicht, Forscher für die Archäologie zu begeistern. Erst ein halbes Jahrhundert später, 1716, nahm ein anderer Niedersachse die Fahne der Archäologie wieder auf.

Zacharias Goeze war Leiter des Ratsgymnasiums in Osnabrück. Als der Rektor von römischen Münzfunden beim Landgut Barenau hörte, stutzte er, ließ sich die Münzen zeigen und veröffentlichte eine Dokumentation, in der er die Münzen in republikanische und kaiserzeitliche Stücke kategorisierte. Ohne selbst schon an den vielgesuchten Schlachtort zu denken, wurde Goeze Bahnbrecher der Varusforschung in Kalkriese.

Die Münzen stachelten die Forscher an. Als nächster hörte Justus Möser 1735 den Schlachtlärm in den Solidi des Augustus toben. Der Staatsmann und Geschichtsforscher aus Osnabrück meinte, die Truppen des Germanicus hätten die Münzen verloren, als sie sich auf dem Rückweg an den Rhein befanden. Die Varusschlacht brachte Möser mit den Brotkrumen der Antike jedoch nicht in Verbindung. Dafür beschwor er das Ende des Varus »unterm Düstrupper Berg an der Hase« herauf. Dort, wo heute Osnabrück-Voxtrupp liegt, standen im 18. Jahrhundert zwei Großsteingräber der Jungsteinzeit. Zwar hatte schon Johan Picardt erkannt, dass die gewaltigen Steinbauten Gräber waren, nach der landläufigen Meinung aber waren es Altäre. Von der Jungsteinzeit hatte auch noch niemand gehört. Was alt war, war germanisch. So glaubte auch Justus Möser an Opfersteine der Germanen und meinte, am Düstruper Berg eine Passage des Tacitus in die Realität überführen zu können. Der antike Autor hatte geschrieben: »In den benachbarten Hainen standen die Altäre der Barbaren.«

Trotz solch mächtiger Zeugnisse der Frühzeit blieben einige Heimatforscher immer wieder an den kleinen Münzen von Barenau kleben. Das Gut in der Nähe Kalkrieses war 1789 auch Johann Eberhard Stüve verdächtig, der in seiner *Beschreibung und Geschichte des Hochstifts und Fürstentums Osnabrück* die Varusschlacht als Erster mit den Barenauer Münzen in Verbindung brachte. Dann wurde es etwa 100 Jahre lang still um die Münzfunde. Das mag am nüchternen Kleingeld gelegen haben. Heimatforscher erwarteten Schwerter, Skelette, Monumente und Myhten, wie sie Justus Möser in den Großsteingräbern meinte gefunden zu haben. An einer Hand voll Münzen schienen nur wenige interessiert zu sein. Der Heimatforscher Hermann Hartmann schüttelte 1880 verständnislos den Kopf und schrieb: »Bei den verschiedenen Hypothesen, welche man über Wege und Schlachtfelder des Varus und Germanicus aufstellt, hat man, um diese zu stützen, sich bis dahin vergebens nach nennenswerten Münzfunden aus der Zeit des Augustus umgeschaut. Hier, wo man sie mit Händen greifen kann, bekümmert sich Niemand darum.«

So blieb es. Der Schlachtort wanderte zwischen den Heimatorten seiner Erforscher kreuz und quer durch die Region. Einmal sollte er in Unna liegen, dann in Bochum, dann in Lütgendortmund. Ein anderes Mal fand die Schlacht bei Oldenburg im Moor statt, wo Friedrich Kurt von Alten glaubte, Bohlenwege der Römer ausmachen zu können. Jene »Langen Brücken« (Pontes Longi) sollen die Römer zwischen Rhein und Ems angelegt haben, auf ihnen müssen auch, so die Meinung vieler Varusjäger, die Truppen der verlorenen Legionen marschiert sein. Während Oldenburg im Westen für sich als Schlachtort warb, verwies der Zeichner, Dichter und Landbaumeister Wilhelm Tappe etwa gleichzeitig auf Paderborn und legte den Schlachtort damit an seinen bislang östlichsten Punkt. Tappe hatte 1820 Grabhügel bei Paderborn entdeckt, in denen er Landmarken für den Untergang des Varus zu erkennen meinte. Zwar setzte sich diese Idee in Gelehrtenkreisen nie durch, doch das hielt Tappe nicht davon ab, den Entwurf für das erste Hermannsdenkmal zu Papier zu bringen. Das Bogentor mit Statue blieb jedoch, wie die Grabhügeltheorie, eine Skizze.

Theodor Mommsen hatte von dem Trubel um die Varusschlacht als Erster die Nase voll. Der Berliner Historiker und spätere Literatur-Nobelpreisträger beklagte sich 1885 über Privatforscher, die »verdrießlichen Ortsgelehrten«, die »mit den beliebten patriotisch-topographischen Zänkereien die kleinen und großen Klatschblätter [...] füllen und durch Kirchthurmscontroversen die unbefangenen Zuschauer [...] erheitern.« Mommsen zählte lieber Münzen. Seine Schrift *Die Örtlichkeit der Varusschlacht* ignorierte fast alle Vorschläge zum Schlachtort, die in den 100 Jahren zuvor auf niedersächsischem Boden gewachsen waren. Für Mommsen war Barenau der Schlachtort. Wie sich herausstellen sollte, hatten sich Römer und Germanen tatsächlich genau dort ein Gefecht geliefert, wo es der Berliner vermutete. Aber davon wollte in Mommsens Tagen niemand etwas wissen. Der historische Verein in Osnabrück winkte ab, legte Münzen und Worte auf die Goldwaage und bescheinigte Mommsen ein Fehlurteil – es ist vorstellbar, dass seine Polemik gegenüber der Heimatforschung Mommsen die Akzeptanz verwehrte. Ebenso gut mag es für die Historiker in Osnabrück und Münster unerhört gewesen sein, dass ein Berliner zu wissen glaubte, was Generationen von Ortskundigen übersehen haben sollten. So dauerte es noch einmal mehr als 100 Jahre, bis die Ideen Mommsens über das Gut Barenau begannen, Keime auszutreiben.

Kapitel 5

Die kleinen Funde von Kalkriese

Ausgrabungen im Osnabrücker Land brachten Anfang der 1990er Jahre eine Handvoll Artefakte ans Tageslicht. Genügen eine Eisenkette, Münzen und eine Gesichtsmaske, um Arminius endlich dingfest zu machen?

Wenn sich Wolfgang Schlüter heute an seine erste Begegnung mit Tony Clunn erinnert, fallen ihm die vielen Folgen ein, die aus dem Treffen erwachsen sollten. Folgen »für die wissenschaftliche Erforschung der römisch-germanischen Auseinandersetzungen in den Jahrzehnten um Christi Geburt«, Folgen »für das kulturelle Selbstverständnis«, Folgen »für die touristische Attraktivität der Region Osnabrück«, Folgen »für viele heute auf die ein oder andere Weise mit dem Projekt ›Kalkriese‹ verbundenen Menschen«. Dabei begann alles ganz unscheinbar mit einem merkwürdigen Hobby und einem Berg Schrott.

Das war im Frühjahr 1987. Damals tauchte ein britischer Offizier im Büro des Stadt- und Kreisarchäologen Schlüter auf und fragte nach einer Genehmigung zur Schatzsuche. Der Mann hieß Tony Clunn und war damals »noch schlank und Leutnant«, erinnert sich Schlüter. Mit dem Metalldetektor wollte Clunn nach römischen Münzen suchen, die schon des Öfteren in der Region um Kalkriese entdeckt worden waren. Von der Varusschlacht war noch keine Rede. Clunn war Hobbyarchäologe und in seiner Heimat England ebenfalls gern mit dem Detektor unterwegs. »Solche Geräte hatten wir in den Ämtern damals noch gar nicht«, sagt Schlüter. Für ihn war Clunn ein Exot, aber er wirkte seriös. »Allein schon die Tatsache, dass er, bevor er etwas unternahm, um eine Genehmigung nachsuchte, sprach für ihn«, sagt Schlüter heute. Er stellte dem Offizier eine

Genehmigung zur Münzsuche aus, drückte ihm Landkarten mit Fund-verteilungen in die Hand und wünschte viel Glück.

Als Stadt- und Kreisarchäologe war Schlüter immer wieder mit den Schändungen geschichtsträchtigen Bodens konfrontiert, den Wunden, die Schatzsucher mit dem Klappspaten nachts in Grabhügel der Bronze-zeit stechen oder mit Spitzhacken in die Fundamente römischer Villen schlagen. Den meisten illegalen Bodenschnüfflern geht es ums Geld. Eine römische Kupfermünze lässt sich schnell versilbern und bringt im On-line-Auktionshaus einen Euro, ein Steinbeil bringt es auf 150 Euro. An der Universität Mainz errechnete der Frühgeschichtler Peter Haupt, dass ein Sondengänger im Monat bis zu 2000 Euro erwirtschaften kann, wenn er regelmäßig Nacht für Nacht in Grund und Boden wühlt. Der Schaden, den die Nacht- und Nebelaktionisten in der Geschichtsforschung anrichten, lässt sich mit Geld nicht aufwiegen.

Tony Clunn blieb auf dem offiziellen Weg. An Wochenenden kämmte er die Felder um Kalkriese ab und wirkte mit seinem Lederhut auf dem Kopf und dem Metalldetektor in der Hand wie ein Wanderer mit einem Spazierstock aus dem Designladen. Den schwenkte der Brite stunden-lang gemächlich über den Boden, während er systematisch die Flächen abging, die ihm vielversprechend erschienen. Das bloße Auge war blind: Seit 1900 betrieben die Bauern der Region Plaggenwirtschaft und deck-ten mit einem etwa 50 Zentimeter mächtigen Humusauftrag den Boden ab. Was darunter lag, wurde gleichsam konserviert wie verborgen. Ohne technische Hilfsmittel ging hier nichts.

Die Arbeit mit dem Suchgerät ist so aufregend wie zermürbend. Stän-dig sendet der Oszillator einen Piepston durch die Kopfhörer, der höher oder tiefer wird, wenn die Schwingungen des Detektors im Boden auf Widerstand treffen. Erreicht der Ton eine tiefe Frequenz, wird der geübte Sondengänger hellhörig. Nun heißt es nachsehen, ob Lohnenswertes im Boden steckt. Tief graben muss der Fündige nicht, die Geräte erreichen kaum Tiefen von mehr als einem Meter. Nur Grobiane bringen sofort den Klappspaten zum Einsatz. Das scharfe Blatt kann eine römische Münze mit dem Konterfei des Kaisers Augustus sofort in Stücke reißen. Stattdes-sen scharrt der umsichtige Sondengänger vorsichtig mit dem Spachtel das Erdreich beiseite, hilft mit den Fingern nach und wühlt solange zwi-schen Wurzeln und Würmern, bis er auf etwas Hartes stößt. In den meisten Fällen entpuppt sich der Schatz als Enttäuschung. Matchboxautos, Metallrohre, Nägel und Getränkedosen aus der Zeit vor der Einführung des Dosenpfands machen den Großteil der Entdeckungen aus. Der Metalldetektor unterscheidet nicht zwischen Schatz und Schrott, Sondengehen heißt, mit Enttäuschungen leben zu können. Nur der Hartnäckige ist erfolgreich.

Tony Clunn musste einstecken: viele Rückschläge und viel Altmetall. »Er ging meist an Wochenenden über die Felder,« so Schlüter, »und brachte mir montags immer seine Ausbeute ins Büro: kistenweise Schrott.« Aber allen Blechbüchsen und Kronenkorken zum Trotz blieb der Brite am Ball. Denn in den Aufzeichnungen Schlüters hatte er einen Hinweis entdeckt und sich mit dem Varusfieber infiziert. Tony Clunn wurde zum Geschichtsdetektiv.

Der britische Offizier begegnete dem deutschen Gelehrten Theodor Mommsen. Der war seit 1903 tot, aber seine Gedanken waren in seinen Schriften durchaus lebendig. Mommsen war auf die römischen Münzen aufmerksam geworden, die von Landarbeitern des Gutes Barenau bei Kalkriese entdeckt worden waren. Er hielt sowohl die Region als auch die Funde für mögliche Hinweise auf die Varusschlacht. Aber Mommsen lebte und dachte in Berlin. Statt selbst die mühselige Kutschfahrt auf sich zu nehmen, schickte der Gelehrte 1884 einen Münzforscher nach Barenau und verließ sich auf dessen Urteil. Nie aber war Mommsen selbst vor Ort, um seinen Geistesblitz zu überprüfen. In diesem Punkt hatte Clunn dem Nobelpreisträger etwas Entscheidendes voraus.

Er habe die Quellen studiert und wolle einen Versuch starten, meinte Clunn. Schlüter blieb skeptisch. Zu Recht. In diesen Tagen war die Varusschlacht ein Treppenwitz der Weltgeschichte, der verlorene Schlachtort ein Tummelplatz für Scharlatane, Schatzsucher und Nationalisten. »Wenn überhaupt«, so Schlüter, »würde er noch römische Goldmünzen des Wiehengebirgshorizonts der zweiten Hälfte des 4. und des frühen 5. Jahrhunderts finden.« Solche Funde gab es wie Sand am Meer, sie wurden noch 300 Jahre nach der Massenschlacht zwischen Römern und Germanen geprägt. Für Wolfgang Schlüter und seine Kollegen war Tony Clunn nur ein weiterer Schatzjäger im Varusfieber, der sich einbildete, etwas entdecken zu können, was Generationen von Forschern verborgen geblieben war.

Aber im Hinterstübchen Clunns tickte es. Der Offizier hatte die Berichte

Mommsens gelesen und war bei dessen Beschreibungen des römischen Münzfundes von Barenau hängengeblieben. Seinerzeit hatte Mommsen die Segel streichen müssen. Für seine Theorie, die Varusschlacht sei am Kalkrieser Berg ausgetragen worden, fehlte es an weiteren Belegen. Erst 1963, Mommsen war selbst bereits ein Stück deutscher Geschichte, tauchte eine einzige Münze dort auf, wo der Nobelpreisträger die Varusschlacht hatte verorten wollen – ein römischer Denar. Tony Clunn und Wolfgang Schlüter machten den Entdecker ausfindig. Der Sohn eines Landwirtes war vor 25 Jahren auf einer Wiese auf die Münze gestoßen. Der Vater erinnerte sich noch lebhaft an jenen Tag und konnte Clunn zeigen, in welchem Teil der Wiese die Münze seinerzeit aufgetaucht war. Das genügte dem Briten.

Mit seinem Detektor »Fisher 1265x« schritt der Brite die Wiese ab, die unter Verdacht stand, Historisches verborgen zu halten. Wie so oft säuberte der Offizier den Boden zunächst von Silberpapieren und Flaschendeckeln, dann summte das Suchgerät in verdächtig tiefen Frequenzen. In seinem Buch *Auf der Suche nach den verlorenen Legionen* erinnert sich Clunn daran, wie er in dem geschichtsträchtigen Moment mit einem Brocken Erde auf einer Wiese Niedersachsens stand: »Kein Signal mehr in dem Loch. Vorsichtig durchsuchte ich die Erde in meiner Hand, konnte zuerst aber nichts darin erkennen, was irgendwie einem massiven Objekt ähnelte, wie es das Signal angezeigt hatte. Ich durchsuchte die Erde noch einmal und dann sah ich es: schwarz, klein und rund! Die feinste Andeutung eines silbrigen Scheins... eine tadellose Silbermünze, geschwärzt von den vielen Jahren ihres versteckten Daseins unter der Erdoberfläche. Der gleiche schwarze Farbton wie der torfige Boden. Ein römischer Denar: das stolze, adlerhafte Antlitz des Augustus auf der einen Seite, und auf der anderen zwei Figuren zu beiden Seiten von Schilden und gekreuzten Speeren stehend. Ich konnte es im ersten Moment kaum fassen und stand da wie angewurzelt.«

Die hartnäckige Recherche machte sich in klingender Münze bezahlt: Tony Clunn fand 1987 an einem Juli-Wochenende 105 Münzen und setzte damit fort, was schon im 18. Jahrhundert mit dem Auftauchen der ersten Münzen in der Region begonnen hatte – mit dem Unterschied, dass der Entdecker diesmal nicht auf Ablehnung und Kritik, sondern auf offene Ohren stieß. Angesichts der Ausbeute packte Wolfgang Schlüter die Unruhe. Er versuchte einen Probeschnitt. Mit einem kleinen Ausgrabungs-Team zog er auf die Wiese, auf der Tony Clunn fündig geworden war, und steckte ein Areal von zehn Mal zehn Metern ab. Obwohl der Historiker fast ohne Anhaltspunkt ins Blaue grub, spuckte der Boden weitere 50 römische Münzen und drei römische Spielsteine aus. Wolfgang Schlüter stand mitten im niedersächsischen Eldorado der Archäologie.

Die Zusammenarbeit zwischen Clunn und Schlüter vertiefte sich, unter anderem auch deshalb, weil der Offizier besser ausgerüstet war als der Archäologe. Clunn: »Ich war ein wenig über den großen, plumpen Metalldetektor amüsiert, den das Grabungsteam einsetzte, sah ich doch auf den ersten Blick, dass es sich um ein Relikt aus dem Zweiten Weltkrieg handelte, mehr für Minen geeignet als für kleine Münzen.« Nach Feierabend brachte der Brite seinen Fisher 1265x mit zur Ausgrabung und fischte aus dem Abraum, dem bereits durchforschten und aufgeschütteten Erdreich, und aus den ausgestochenen Grassoden 30 Münzen, »sehr zur Überraschung des Grabungsteams und zur Freude Dr. Schlüters«.

Nach 14 Tagen war Schluss. Die Wiese war untersucht, die Funde waren üppig. Einen Hinweis auf ein Schlachtfeld gab es allerdings nicht, von der Varusschlacht ganz zu schweigen. Die Archäologen packten die Schaufeln zusammen und Clunn den Detektor wieder aus. Bis zum Frühjahr 1988 blieb der Brite tätig. »Unzählige Tüten voller Funde« erinnert er sich bei Schlüter abgegeben zu haben, viele gehaltvoll gefüllt mit Münzen und Bruchstücken aus Bronze, aber nur eine mit einer echten Überraschung.

Drei kleine Objekte aus Blei fischte Wolfgang Schlüter aus einer der Plastiktütchen. Tony Clunn hatte nicht gewusst, was er von den Objekten zu halten hatte. Schlüter aber war sofort aus dem Häuschen: »Was wie gammelige Minzbonbons aussah, waren Schleuderbleie aus der Römerzeit.« Mit solchen Geschossen griffen Legionäre zur Zeit des Augustus ihre Feinde von Ferne an. »300 Meter Reichweite, auf kurze Distanz tödlich«, erklärt Schlüter. Clunn hatte eine Waffe gefunden. Dass die Schleuderbleie aufgetaucht waren, war seltenes Archäologenglück. Clunn hatte alle drei Exemplare an einem Wochenende an drei verschiedenen Fundorten aufgestöbert. Danach kam nichts mehr. Bis heute sind die drei tödlichen Bleibonbons die einzigen ihrer Art im Fundgebiet Kalkriese. Hätte der Brite die Waffenteile nicht entdeckt, wäre das Areal Kalkriese vermutlich nicht in großem Stil untersucht worden. Archäologie ist eine Tochter des Zufalls.

Noch einmal nahmen Schlüter und ein offizielles Grabungsteam das Zepter der Untersuchung und die Schaufel in die Hand. »Es lohnte sich, weiterzugraben«, erinnert sich Schlüter heute. Splitter römischer Rüstungen und Waffen tauchten auf, eine römische Gesichtsmaske aus Eisen – später das Aushängeschild des Kalkrieser Museums –, eine Axt, Teile einer Trense, Bleigewichte, Gewandschließen, Anhänger, Riemenlaschen, Siegelkapseln – weitere Glücksfälle für die Niedersachsen. »Wenn wir weniger Vorzeigbares gefunden hätten, wäre das Projekt wieder eingestellt worden.« Zu Recht. Archäologie ist Bodendenkmalpflege, und die pflegt das Denkmal im Boden. Ausgrabung aber bedeutet zu zerstören, was die Erde konserviert hat. Zwar dokumentieren die Wissenschaftler jeden Kleinfund, zeichnen und fotografieren Verfärbungen im Erdreich, archivieren und werten aus. Aber wenn Bagger und Bauwagen wieder abfahren, sind die Funde für immer ihrem Zusammenhang entrissen und damit vielleicht an entscheidender Stelle unleserlich geworden. In der Regel rücken Archäologen nur an, wenn ein Bauvorhaben ein Bodendenkmal gefährdet oder eine Entdeckung von hohem wissenschaftlichen Wert ist. Die Kalkrieser Funde waren vielversprechend genug. Von der Varusschlacht aber war noch immer keine Rede.

»In wissenschaftlichen Kreisen war es verpönt, nach der Varusschlacht zu suchen«, sagt Wolfgang Schlüter. »Dennoch haben es Kollegen in Bielefeld und Detmold unter größter Geheimhaltung versucht. Aber für uns war das zu unseriös.« Zu viele Mythen hafteten an dem Ereignis, wer Varus sagte, galt in akademischen Kreisen rasch als Deutschtümelnder und lief Gefahr, seinen Ruf zu verlieren.

Plötzlich aber spukte Varus in allen Köpfen. Hinter jedem Baum schien das Skelett eines Legionärs darauf zu warten, ausgegraben zu werden. Sogar das Gelände sah mit einem Mal anders aus. Was, wenn hier die Germanen auf der Lauer gelegen hätten? Tatsächlich bot die Topografie alle Vorteile für einen Überfall. Funde und Fantasie vermengten sich. »Die Engpasssituation ist in den Quellen nie geschildert worden«, sagt Schlüter. Aber auch wenn die antiken Autoren schweigen – das Gelände war wie geschaffen für einen Hinterhalt. Im Süden erhebt sich der Kalkrieser Berg. An seinem Fuß liegt eine sumpfige Niederung. In den Tagen der Varusschlacht begann gleich dahinter ein Moor, das den Weg nach Norden versperrte. Wer hier passieren wollte, musste zwischen Berg und Morast hindurchmarschieren, ein Engpass von nur 50 Metern. Was heute für Besucher vor Ort wie ein geräumiges Areal wirkt, war für die mehr als 20 000 Menschen der Varusschlacht ein Nadelöhr. Hier könnte Arminius zugeschlagen haben.

Schaufeln, Bagger und Detektoren arbeiteten auf Hochtouren. Je größer die Hoffnungen der Wissenschaftler, umso niederschmetternder waren die Resultate. Aus sechs Grabungsschnitten mit 550 untersuchten Quadratmetern bargen die Forscher einen Spielstein, ein Werkzeug und ein Lot – zu wenig, um an die Varusschlacht zu glauben. Skeptiker winkten bereits ab und verwiesen auf die hohen Kosten der Untersuchung. Dann brachte Schnitt 7 die Wende.

Eine Pionieraxt tauchte auf. Das Eisenbeil konnte als Werkzeug römischer Legionäre identifiziert werden. In dem 170 Meter langen und 5 Meter breiten Schnitt lagen überdies germanische Tonscherben, die in vorchristliche Zeit datiert werden konnten. Zeit und Gerät passten auf die Schlachtfeldtheorie, die Ausgrabung ging weiter – bis zum heutigen Tag.

Noch 20 Jahre nach den Entdeckungen Tony Clunns und Wolfgang Schlüters graben Archäologen jeden Sommer in der Umgebung von Kalkriese. Die drei Schleuderbleie haben Zuwachs bekommen. Annähernd 23 000 Fundnummern haben die Forscher bislang auf Objekte verteilt, die im Kalkrieser Boden steckten. Einige Erdklumpen bargen nichts weiter als in Rost verpuppte Spielzeugautos und Zahnpastatuben, Banalitäten der Moderne, doch mehr als 6 000 Fundstücke gehörten in die Zeit des Varus. Mehr ist zu erwarten, denn erst drei Prozent der Fläche sind untersucht. Die Streuung ist enorm. Bis ins Emsland hinauf taucht römisches Altmetall im Boden auf – immerhin einige Dutzend Kilometer. Möglich, dass die Germanen den fliehenden Legionären stundenlang nachhetzten, um sie niederzumachen. Schlüter hält das für möglich, aber er wägt ab: »Wir können nicht mit Gewissheit sagen, ob diese Stücke von flüchtenden Römern der Varusschlacht stammen oder von normalen Marschlagern, wie sie Germanicus und Caecina mit ihren Legionen später hier aufgeschlagen haben. Auch sie werden Spuren hinterlassen haben.«

Eine millionenschwere Rostlaube

Durch den Nieselregen des Osnabrücker Landes stapft eine Gruppe Museumsbesucher. Über den Köpfen ragt ein Eisenturm 40 Meter rostrot in den bleigrauen Himmel. Aus den Sondierungslöchern Tony Clunns und den Suchschnitten Wolfang Schlüters ist 2004 ein Museum gewachsen.

»Viele Anwohner hätten hier gern ein Fachwerkhaus gesehen«, sagt Ute Bühning vom museumspädadogischen Team, »diese Art von traditioneller Architektur aber wäre dem Ort nicht gerecht geworden.« Die Architekten kamen aus der Schweiz und nutzten als Baumaterial das, was Archäologen hier aus dem Boden gegraben hatten: altes Eisen, vom Zahn der Zeit korrodiert und verklumpt. Entsprechend ist der Bau des Museums Kalkriese riesig, rostig und schmucklos. »Er soll auch ein Mahnmal sein, nicht nur ein gemütliches Museum«, erklärt Ute Bühning. Immerhin gehe es um eine Schlacht, bei der Tausende Menschen starben.

Das Haus aus 600 Tonnen Stahl steht auf Stelzen. Wäre ein Fundament gegossen worden, hätte es den Boden versiegelt und ihn damit für die Archäologie unbrauchbar gemacht. Zwar durchkämmten Forscher den Bauplatz gründlich, bevor Kräne, Rohre und Stahl kamen, aber Untersuchungsmethoden der Zukunft könnten es notwendig machen, das Gelände erneut zu erforschen. Architektur und Archäologie arbeiten in Kalkriese Hand in Hand – ein seltener Glücksfall, da die meisten Bauvorhaben Bodendenkmäler zerstören, statt behutsam mit ihnen umzugehen.

Der Wind fegt unter die Kleidung, die Nässe kriecht die Beine hoch. Es herrscht Varuswetter in Kalkriese. Als die römischen Legionen an dieser Stelle durchmarschiert sein sollen, war es September und es regnete – so wie jetzt. Aber die Besucher pfeifen auf das authentische Römergefühl und sind froh, die Museumstür hinter sich schließen zu können. Sie sind 20 von 100 000 Gästen, die jährlich das Museum besuchen. Die meisten kommen aus einem Einzugsgebiet, das weiter als 50 Kilometer entfernt liegt, vier bis fünf Prozent kommen aus dem Ausland. »Die meisten davon reisen aus Skandinavien, den Niederlanden und Italien an. Aber wir bekommen auch Besuch aus den USA und Japan«, liest Joseph Rottmann aus der Besucherstatistik vor. Der Geschäftsführer des Hauses sitzt in einem Besprechungszimmer, das mit Bauplänen tapeziert ist. Wo jetzt noch Pommes frites und Currywurst in einem Backsteinhäuschen brutzeln,

Rekonstruktion der Eisenmaske von Kalkriese – Die furchteinflößende Verkleidung wird ihre Wirkung bei den Germanen nicht verfehlt haben.

Blick auf das Schlachtfeld heute. Die Rasenkante zeigt den Verlauf des Walls. Innerhalb der Spundwände sind Wall und Moor rekonstruiert.

Die Ausgrabungen in Kalkriese werden noch viele Jahre laufen. Den Archäologen stehen in jeder Saison ehrenamtliche Helfer zur Seite.

Dieser unscheinbare Rostklumpen aus
dem Kalkrieser Boden entpuppte sich ....

...als römischer Gesichtshelm.
Zu welchen Anlässen derartiger Kopf-
schmuck getragen wurde, ist unklar.

Klammer einer Schwertscheide mit Achatschmuckstein. Die Scheide selbst war aus Holz und ist vergangen; Fundort Kalkriese

Diese Pilumspitze verbog vermutlich bei Kampfhandlungen. Die Römer warfen die Eisenspeere in die Schilde der Gegner, wo sie stecken blieben und den Schild unbrauchbar machten. Die Waffe war so geschmiedet, dass sie sich dabei verbog, damit der Feind sie nicht nutzen konnte; Fundort Kalkriese.

Gepanzerte Profis – Die mit starker Rüstung ausgestatteten Römer waren im Kampf Mann gegen Mann schwer zu bezwingen. Aufnahme von den Römertagen in Kalkriese.

Viele Waffenfunde wie diese Lanzen- und Geschossspitzen deuten auf eine antike Schlacht bei Kalkriese. An keinem anderen der über 600 Orte, an dem die Varusschlacht getobt haben soll, sind archäologische Belege entdeckt worden.

Filigrane Metallteile dienten römischen Ärzten für die Versorgung Verwundeter in der Schlacht: Knochenheber, vermutlich für Schädelverletzungen; Fundort Kalkriese.

Sicherheitsnadeln der Antike – Fibeln dienten zur Befestigung von Kleidungsstücken. Diese Fundstücke gehörten vermutlich zur Ausrüstung des römischen Militärs; Fundort Kalkriese.

Die meisten der bei Kalkriese gefundenen Münzen lagen abseits der Hauptkampfzone. Vermutlich haben die Germanen sie bei der Plünderung des Schlachtfelds übersehen.

Der Gegenstempel »VAR« im Gesicht von Kaiser Augustus ist ein Hinweis auf die Herkunft des Geldes aus den Soldkassen der varianischen Legionen.

Rückseite der bei Kalkriese entdeckten Goldmünze. Weltweit sind von diesem Aureus nur drei weitere Exemplare bekannt.

Das erste Hermannsdenkmal des Dichters und Zeichners Wilhelm Tappe schaffte es nicht über das Skizzenstadium hinaus.

Auch der berühmte Bildhauer Karl Friedrich Schinkel beteiligte sich an der Arminius-Euphorie und lieferte einen Gegenentwurf zu Bandels Werk. Schinkels »Hermannsdenkmal« fiel allerdings durch, weil die Waffe des Arminius zum Todesstoß gesenkt war und nicht – wie gewünscht – in einer Geste des Triumphes erhoben.

Das Hermannsdenkmal bei Detmold. Bildhauer Ernst von Bandel benötigte 37 Jahre für die Fertigstellung des Kolosses aus Kupfer und Eisen.

Feststimmung im Rücken des Riesen – Bei der Einweihung des Hermannsdenkmals feierten die Deutschen Bandel, Arminius und sich selbst. Noch heute ist die Bandelhütte (rechts), in der der Bildhauer lebte und arbeitete, zu besichtigen.

Friedrich von Gunkels »Hermannsschlacht« ist das Paradebeispiel für Historien-
gemälde zur Varusschlacht. Stets ist, wie hier, die Schlacht noch in vollem Gange,
die Niederlage der Römer zeichnet sich aber bereits ab.

Die Germanen als siegreiche Lichtgestalten reiten die im Schatten fliehenden Römer nieder. Die Zuordnung heller und dunkler Bildpartien zu Germanen einerseits und Römer andererseits ist ein typischer Topos von Bildern zur Varusschlacht (»Die Schlacht im Teutoburger Walde«, Holzstich nach einer Zeichnung von Hermann Plüddemann, 1855).

Illustrationen von dem Sieg folgenden Greueltaten erinnern in ihrer Darstellung an die zeitgenössischen Bilder der Hexenverfolgung (»Marterung und Hinrichtung der Römer nach der Schlacht«, Kupferstich von Matthäus Merian d. Ä, 1593–1650).

Mancher Maler nahm die Beschreibung der historischen Quellen wörtlich und versetzte die Varusschlacht in eine Kulisse aus tiefen Schluchten (»Tod des Publius Quintilius Varus«, Radierung von G. Mochetti nach einer Zeichnung von Bartolomeo Pinelli, 1781–1835).

wächst demnächst ein Besucherzentrum in die Höhe, um die wachsende Schar von Schlachtfeldtouristen aufzufangen. Die Varusschlacht ist eine Zugnummer.

Das macht sich im Museumsshop bemerkbar, wo die Gäste zur Dauerwurst »Harter Hermann«, zur Keksschachtel »Varus' Versuchung«, zum Kräuterlikör »Kurzer Germane« greifen können oder sich in der Gastronomie mit einem »Varusbeutel – unterwegs mit kleinem Gebäck« versorgen lassen. Auf der »Varusplatte« scheinen die Kulturen der Römer und Germanen endlich vereint, denn darauf serviert der Koch Römermett.

Im Haus selbst ist einem denkwürdigen Moment ein Denkmal gesetzt: Auf drei Monitoren flimmert die nachgestellte Szene, in der Tony Clunn, waschecht mit Metalldetektor und Schlapphut, die drei Schleuderbleie zwischen Ackerschollen findet.

Die meisten Fundstücke sind zwar nicht groß, aber für die Forscher von kolossaler Bedeutung. Im Museum von Kalkriese liegen die metallischen Kleinteile in einem Dutzend Vitrinen entlang einer Schaufläche. »Legionärswand« heißt das. Die Blicke der Besucher huschen über Militärschrott: silberne Beschläge einer Schwertscheide, ein Schildbuckel, die Schnalle eines Militärgürtels, ein Kurzschwert, Teile von Helmen und Brustpanzern, Geschossbolzen, Lanzenspitzen, Dolchklingen – ein Puzzlespiel mit tausend Teilen, aus dem sich der Schemen eines römischen Kriegers zusammensetzen ließe. Auf zwei Haken von der Schließe eines Kettenpanzers sind Zeichen eingeritzt: »M.AII I FABRICII«. Was wie die Buchstabensuppe beim Sehtest aussieht, erzählt Altphilologen eine ganze Geschichte. Wer es versteht, die kryptischen Zeichen zu ergänzen und zu übersetzen, dem stellt sich ein waschechter Legionär mit Namen vor: Marcus Aius aus der 1. Cohorte und der Hundertschaft unter Führung des Fabricius. Niemand weiß, welcher Legion Marcus Aius angehörte. Hätte der Legionär vor 2 000 Jahren nicht nur seine Kohorte und Zenturie genannt, sondern auch die Legion, in der er diente, die Verortung der Varusschlacht nach Kalkriese wäre um einen Hinweis reicher gewesen. So aber weiß niemand, woher Marcus Aius kam oder warum er seinen Namen in das Metall ritzte – üblich war das nicht, es fehlen auch vergleichbare Fundstücke. »Vielleicht wollte er, dass man ihn nach seinem Tod identifizieren kann«, deutet Gästeführerin Ute Bühning die kaum lesbaren Buchstaben

Die Inschrift auf dieser Panzerschließe weist die Rüstung als Eigentum des Legionärs Marcus Aius aus. Das Stück ist einer der seltenen Fälle unter den Kalkrieser Funden, bei denen römische Soldaten namentlich fassbar sind.

in der Vitrine. Das wäre Marcus Aius in diesem Fall gelungen, wenn auch später, als er erwartet haben wird.

Die Präsentation der Römer in Kalkriese ist so kleinteilig wie üppig. Zwergenhaft erscheint der einzige Fund, der nachweislich von einem Germanen stammt. Es ist ein Schuhsporn, wie er zum Reiten an Stiefeln befestigt wird. Die Form des daumengroßen Eisenteils ist in der Forschung bekannt und kann den Germanen zugeordnet werden. Mehr gibt es nicht. Die Sieger der Schlacht müssen besonders bei den Gefallenen aus den eigenen Reihen gründlich aufgeräumt haben.

Zum Schluss der Führung nochmals Wind und Wetter. Wer willig ist, steigt zu Fuß die mehr als 140 Stufen des Turms hinauf, um von oben einen Blick auf den Museumspark zu werfen. Weite Teile des Geländes mussten für die Untersuchung gerodet werden, sind aber mittlerweile wieder aufgeforstet. »Mit Flachwurzlern«, erklärt Ute Bühning, »deren Wurzeln nur 80 Zentimeter in die Erde ragen und eventuelle Funde nicht zerstören.« Wie tief die Wurzeln der Geschichte in den Boden am Kalkrieser Berg hinabreichen, müssen archäologische Spürnasen in den kommenden Jahren noch herausfinden.

Ein Gesicht aus Eisen

Einen Fußball aus Rost legten die Kalkrieser Archäologen im Januar 1990 auf den Tisch des Restaurators Stephan Patscher. Der Boden hatte den Fund preisgegeben, was sich aber unter der mehrere Zentimeter starken Korrosionsschicht verbarg, war noch nicht zu erahnen. »Wir dachten, dass sich darin das Schulterstück einer Rüstung verbirgt«, erinnert sich der Restaurator. Schon ein solches Stück wäre unter den Kalkrieser Kleinfunden eine Sensation gewesen. Aber als Patscher mit Schaber und Mikrodruckstrahler der Kugel zu Leibe rückte, schälte sich ein Antlitz aus dem Rost heraus. Unter der Patina der Jahrtausende verbarg sich das Fragment eines römischen Maskenhelms. Die Ausgrabungen in Kalkriese hatten ein Gesicht erhalten.

Schmale Augen, glatte Stirn, die Nase groß, die Mundwinkel leicht nach unten gezogen – hatte so ein römischer Legionär ausgesehen? Vermutlich nicht. Die Maskenhelme der Antike zeigen unpersönliche Gesichter, deren Proportionen nicht auf das Konterfei ihres Trägers zugeschmiedet waren. Die Eisennase musste groß ausfallen, damit sie auf die Gesichter verschiedener Soldaten passte. Die Phsyiognomie folgte eher pragmatischen als ästhetischen Anforderungen.

Die Maske war nicht vollständig. Ihr fehlte ein Überzug aus Silber, dessen Spuren im Labor zwar noch erkennbar waren, den jedoch 2 000 Jahre zuvor ein Germane als wertvoll erkannt und abgerissen hatte. Die Maske selbst blieb liegen. Das erscheint merkwürdig, da die meisten Eisenteile des Schlachtfelds geplündert wurden, vermutlich um sie einzuschmelzen. Übersehen wurde die Maske nicht, sonst wäre der Silberbezug noch vorhanden. Deshalb ist es vorstellbar, dass das Gesicht aus Schwermetall die Plünderer abschreckte – germanischer Aberglaube als Glücksfall für die Archäologie.

Der Maskenträger hatte einen Eisenkopf. Auf der einen Seite bedeckte die Maske das Gesicht vollständig, auf der anderen war sie durch Scharniere und Riemen am Legionärshelm befestigt. Frei blieben nur die Sehschlitze und der schmale Mund. Zu wenig, um in einem solchen Helm kämpfen zu können, schreibt Georgia Franzius in der Publikation des Fundstücks. Das erscheint offensichtlich. Unter der Maske war schnelles Atmen unmöglich, bei einem längeren Kampf wäre der Maskenträger vermutlich kollabiert. Das Sichtfeld war ebenfalls eingeschränkt. Unter der Maskerade beobachtete der Legionär zwar, was direkt vor ihm geschah. Feinde aber, die sich von links oder rechts näherten, konnten sich im toten Winkel heranschleichen. Überdies fehlten Kampfspuren auf dem Eisen, etwa Kratzer oder Beulen, wie sie auf vielen Legionärshelmen auszumachen sind. Die Maske von Kalkriese musste einem anderen Zweck gedient haben.

In der Innenseite klebten vermutlich Stoff und Leder und sorgten für Tragekomfort. Blankes Eisen auf der Haut hätte je nach Witterungsverhältnissen für Verbrennungen oder Erfrierungen gesorgt. Bequem aber war eine solche Maske auch mit Futter nicht. Der Legionär trug sie vermutlich die meiste Zeit am Gürtel oder im Gepäck verstaut, um sie bei feierlichen Anlässen zur Hand zu haben. Darauf lässt auch die Fundsituation in Kalkriese schließen. In der Nähe der Maske lagen Pferdegeschirr und Teile einer Prunkrüstung. Die Römer mögen ihre Reiter herausgeputzt haben, wenn sie Paraden feierten oder eine Gesandtschaft zu einem germanischen Häuptling schickten. Zu einer ähnlichen Ansicht kommt Marcus Junkelmann. Für den Experimental-Archäologen gehörten Gesichtsmasken zur Ausrüstung des Signifers, des römischen Standartenträgers: »Grabsteine der frühen Kaiserzeit zeigen, dass die signiferi zumindest bei Paraden die merkwürdigen Maskenhelme getragen haben, die gemeinhin nur der Kavallerie als Teil einer Art Turnieraustrüstung zugeschrieben werden. Der Sinn ist hier ziemlich offenkundig. Die Maske soll dem signifer die Persönlichkeit nehmen und ihn so fähig machen, das religiös verehrte Feldzeichen als Symbol der ganzen Einheit zu tragen. Dazu kommt natürlich, was auch für die Tierfelle gilt, der einfache Wille zu imponieren, die Absicht, eben diesen Symbolträger möglichst großartig und unheimlich auszustaffieren.«

Wer erfand den Maskenhelm? Die Römer waren es nicht. Sie bedienten sich, wie bei vielen anderen Erfindungen und Kulturtraditionen, bei anderen Völkern. So mag der Maskenhelm auf die Etrusker in Italien zurückgehen – eine Meinung, die hauptsächlich italienische Archäologen vertreten. Ebenso gut ist seine Herkunft auf die Thraker im antiken Bulgarien zurückzuführen oder sogar auf die Parther im Gebiet des heutigen Iran. Die Römer schnallten sich die Eisengesichter seit dem 1. Jahrhundert n. Chr. um den Kopf. Das Fundstück aus Kalkriese gilt heute als ältester und seltener Beleg einer römischen Gesichtsmaske.

Rätselhaftes Detail am Rande: der Silberbezug. Das glänzende Blech war an der Kante der Kalkrieser Maske festgeklemmt – eine wackelige Angelegenheit für ein Prunkstück, dessen Träger sich bei einer Parade, einer Truppenübung oder vielleicht sogar im Gefecht bewegen musste. Dass Silber und Maske überdies mit einer Klebschicht verbunden gewesen sein könnten, ist nur Spekulation, auf dem Eisen sind keine Spuren einer leimartigen Substanz erhalten. Ein Römerkleber war überdies auch nicht bekannt – bis Restauratoren im Rheinischen Landesmuseum Bonn einen Römerhelm genauer unter die Lupe nahmen.

Der römische Reiterhelm war ein Sonderfall. Auf seinem eisernen Kern war ein feines Blech aus Silber befestigt, auf das Toreutiker der Antike eine verschlungene Frisur samt Lorbeerkranz ziseliert hatten. Im Herbst 2007 wollte Restaurator Frank Willer eine Materialprobe entnehmen und warf die Feinsäge an. Unter der Hitzeeinwirkung des Werkzeugs löste sich plötzlich das Silber, mit dem der Helm beschichtet war. Zwischen Silber und Eisen zog eine unbekannte Substanz lange Fäden. Im Museum staunten die Archäologen: Der Silberüberzug war mit einem Alleskleber auf dem Helm befestigt gewesen. Die Analyse des Leims ergab ein uraltes Rezept. Die Römer mischten Bitumen, Rinderfett und Baumrindenpech zum Superkleister zusammen. Das war keine Erfindung der Antike. Schon die Neandertaler konnten durch ein komplexes chemisches Verfahren Leim aus Birkenpech herstellen, das sie aus der Rinde gewannen. In den 40 000 Jahren, die seit dem Aussterben des Neandertalers vergangen waren, scheint der Mensch die Mixtur verbessert zu haben. Bei den Römern reicherten Ziegelmehl und Ruß den Klebstoff an und dienten möglicherweise als Bindemittel. Besser als Pech und Schwefel: Der Kleber hielt das Silber 2 000 Jahre lang auf dem Eisenhelm fest. Allerdings ist diese phänomenale Leimleistung auch auf den Fundort des Helms zurückzuführen. Der Kopfputz überdauerte die Jahrtausende auf dem Grund des Rheins und war unter Wasser vor den Einwirkungen von Sauerstoff geschützt. Die Parallelen zur Gesichtsmaske von Kalkriese sind deutlich: Helm und Gesichtsputz stammen aus der Kaiserzeit, beide bestehen aus Eisen, auf beiden war ein Silberblech befestigt war, beide dienten vermutlich repräsentativen Zwecken. Mit der unverhofften Entdeckung im Bonner Museum ist ein Geheimnis aus Kalkriese der Forschung auf den Leim gegangen.

Grabenkämpfe um eine Wallanlage

Das Epizentrum der Schlacht war ein Wall, ein Kraftakt der Germanen. Seine Spuren sind heute auf einer Länge von 400 Metern am Kalkrieser Berg ausgegraben. Er ist das Dokument einer aufwändigen Strategie, die zu belegen scheint, dass die Germanen im Kampf gegen die Römer technisch nicht so sehr unterlegen waren, wie meist angenommen wird: Die Angreifer stürzten nicht tobsüchtig aus dem Gestrüpp, sondern verschanzten sich hinter einer Erdmauer.

Bis heute graben Archäologen den Spuren des Walls hinterher. Viel ist nicht erhalten. Einst hatten ihn die Germanen aus Erde und Rasensoden auf eine Höhe von zwei und eine Breite von fünf Metern aufgeschüttet. Gewiss ist auch: Der Wall war mindestens 400 Meter lang. Für diese monumentale Leistung hatten die Germanen nur einfache Geräte zur Verfügung. Hacken, Holzspaten und Hände mussten genügen, um das Bollwerk aufzuschichten. Chefausgräberin Susanne Wilbers-Rost: »Wir schätzen, dass der Bau der Wallanlage höchstens ein bis zwei Wochen gedauert hat, vielleicht nur wenige Tage. Das hängt von der Anzahl der Beteiligten ab, deren Zahl wir nicht kennen. Wenn man sich aber vor Augen hält, dass Römer an einem Abend ein Nachtlager errichten konnten, dann ist eine kurze Bauzeit auch seitens der Germanen denkbar.« Vermutlich standen die Angreifer sogar unter Zeitdruck, denn das Baumaterial war gegenüber Wind und Wetter empfindlich und Varus nahte. Unter solchen Umständen ließ sich keine Erdmauer von Dauer errichten. Das wäre auch nicht im Sinn des Arminius gewesen. Der Wall musste halten, bis die Römer ihn passierten. Was danach kam, war Geschichte.

Vom Kalkrieser Berg ergießen sich mehrere Quellen in die Ebene. Für die im Regen stehenden Legionäre kam das Wasser also nicht nur von oben, sondern auch von unten – ein Schlammbad. Den Germanen war es recht. Sie waren nur mit Stoff und Lederrüstungen gepanzert und beweglich. Die Römer aber stakten durch den Matsch, langsam wie Elefanten, die von Mücken umschwirrt werden – und die germanischen Plagegeister waren tödlich.

Der Wall bedeutete für die Römer das Ende. Hier regneten Pfeile, Steine und Speere auf die Legionäre herab; hier trafen sie auf einen verschanzten Feind, während sie selbst als ungeordneter Haufen im offenen Gelände standen wie auf dem Präsentierteller; hier läuteten die Germanen das Ende von drei Legionen ein. Aber die Kämpfe begannen schon viel früher. Je weiter die Archäologen bei Kalkriese Testgrabungen vom Wall entfernt anlegten, desto fündiger wurden sie. Bis nach Schwagstorf reichen die Entdeckungen römischer Waffenteile. Die Nachbargemeinde von Kalkriese liegt heute etwa sechs Kilometer entfernt. Für Museumschef Rottmann liegt der Fall klar: Der Zug wurde schon eine weite Strecke vor Kalkriese angegriffen. Die Römer aber konnten nicht zurück. Eine kilometerlange Kolonne auf engem Raum wenden zu lassen, hätte Chaos ausbrechen lassen. Während Legionäre und Tross versucht hätten, zu entkommen, wären sie noch leichtere Ziele für die Germanen gewesen, als sie es ohnehin waren. So blieb nur der Weg nach vorn, und dort, das müssen die Römer geahnt haben, wartete der Tod.

Der Boden war mit Blut getränkt. Das wissen die Archäologen heute durch chemische Untersuchung des Erdreichs. Wie sich herausstellte, enthalten Sand und Lehm aus den Schichten des Schlachtfelds hohe Mengen von Phosphat – und das bleibt zurück, wenn Blut fließt. Die größten Phosphatkonzentrationen sind zudem im Bereich vor dem Wall zu finden. Hier, so sind sich die Forscher sicher, müssen die Kämpfe am heftigsten getobt haben. Römer und Germanen wateten durch Schlamm und Blut.

Ein Wall macht noch keine Schlacht, und die Überreste des Bollwerks zeigen sich heute nur noch dem Kennerblick als helle Verfärbung im Grabungsprofil. Die lockere Bauweise, der ständige Wasserfluss vom Kalkrieser Berg, die Stunden dauernden Kämpfe auf der wackeligen Kuppe – der Wall war aus den Nähten geplatzt, noch während die Römer ihn berannten und die Germanen ihn verteidigten. Zum Glück, denn die abrutschenden Schlammmassen begruben Rüstungen, Waffen, Wagen und Körper unter sich, sodass sie sogar vor den Plünderern verborgen blieben und im Laufe der Zeit zu Schätzen der Archäologie reifen konnten. Nur durch diese Funde war es möglich, die Funktion des Walls überhaupt zu erahnen.

Wer kämpfte auf welcher Seite? In den ersten Tagen der Ausgrabung glaubten Archäologen noch, dass die Römer nicht vor, sondern hinter dem Wall gestanden hatten und ihn wie einen Mini-Limes gegen die Feinde nutzten. Vielleicht, so die Vermutung, zeigten sich unter den Schaufeln der Ausgräber die Überreste jenes Lagers, das Varus nach dem ersten Schlachttag angelegt haben soll – so jedenfalls überliefert Tacitus das Geschehen. Diese Theorie erwies sich aber als so wenig haltbar, wie es die Position der Römer hinter dem Wall gewesen wäre. Zum einen war die Anlage nach hinten offen, und die Germanen hätten die Römer in einer Belagerungssituation umgehen können. Zum anderen lagen fast alle römischen Funde auf der offenen Wallseite. Die Rekonstruktion der Ereignisse war damit klar: Die Germanen standen auf dem Wall, vermutlich zusätzlich durch einen Holzzaun geschützt, und griffen die Legionäre an, die verzweifelt versuchten, den Wall zu erstürmen – und scheiterten.

Zweifler an diesem Szenario stutzten, als bei den Ausgrabungen erstaunliche Mengen an Gebrauchskeramik zutage traten. Hatten die Germanen den Römern Töpfe gegen die Helme geworfen? Für die Archäologen waren die Scherben zunächst rätselhaft. Sie ließen auf eine germanische Siedlung der Eisenzeit schließen. Deren Bewohner entsorgten ihren Müll in der Regel in Gruben, die sie anschließend mit Erde verfüllten. Das Gebröckel lieferte den Forschern in Kalkriese den entscheidenden Hinweis: Die Erbauer des Walls hatten den Abfall der eigenen Vergangenheit ausgegraben und auf das Bollwerk geworfen. Später rutschten die Scherben mit den Grassoden vom Wall und verteilten sich in der Nähe der Aufschüttung – eine falsche Fährte der Weltgeschichte.

Ein Graben trennt auch heute noch die Lager jener, die an den Wall als germanisches Bollwerk glauben, und jener, die von Varus in Kalkriese nichts wissen wollen. Als 2006 die Untersuchungen der Fläche vor dem Wall fortgesetzt wurden, zeichnete sich eine weitere Verfärbung im Boden ab, die allerdings nicht parallel zu dem Bollwerk lief, sondern von diesem wegführte. Was wie die Überreste eines weiteren Walls wirkte, entpuppte sich alsbald als Graben. Deutlich zeichnete sich die Verfüllung der Rinne im Profil des Bodens ab, ebenso deutlich auch ihre Form: Sie lief spitz zu. V-förmige Gräben aber legten die Römer an. Die Anlage eines so genannten Spitzgrabens war ein strategischer Schachzug, um Feinde abzuhalten. Die Ränder dieser Vertiefungen waren steil. Wer hineinfiel, kam ohne Hilfe nicht wieder heraus und konnte von den oben stehenden Verteidigern niedergemacht werden. Ein imposantes Beispiel eines solchen Grabens entdeckten Archäologen bei den Ausgrabungen des Legionslagers Haltern. Heute wandeln Besucher des Römermuseums Haltern über eine Brücke und können sich von der Effektivität des Spitzgrabens unter ihren Füßen ein Bild machen. Hatten die Römer auch in Kalkriese diese Technik angewandt?

Der Graben auf dem Oberesch, jenem Areal, das vermutlich den Kern der Kampfhandlungen bildete, ist zwei Meter tief und einen Meter breit. Außergewöhnlich lang scheint er nicht gewesen zu sein. Dennoch müssen die Erbauer schweißtreibende Arbeit geleistet haben. Als sie die Holzspaten schwangen, stießen sie unter dem einfach zu beseitigenden Sandboden auf Lehm. Wer schon einmal mit der Schaufel in diesem zähen Boden gestochert hat, der weiß, was den Buddlern blühte, als sie den Graben aushoben. Mit den zu jener Zeit üblichen Holzspaten gelang es immerhin, 30 Zentimeter der Lehmschicht abzutragen. Dann war es genug. Warum die Mühe? Archäologin Susanne Wilbers-Rost geht »von einer besonderen strategischen Bedeutung dieses Grabens aus, wenn bei seiner Anlage ein derartiger Aufwand betrieben wurde«.

Graben und Wall gehörten zusammen. Daran besteht kaum Zweifel. Wer aber war der Urausheber der Erdmassen? Für Kalkriese-Kritiker lag der Fall klar: Der Graben lief spitz zu, also musste er römischen Ursprungs sein. Damit drohte in der Rinne auch die Theorie von der Varusschlacht abzufließen. Ein römischer Spitzgraben als Hinderniss mochte bedeuten, dass auch der Wall römisch und damit Rest eines Lagers war. Varus-Schlachtfeld? Pustekuchen!

Gegenargument aus Kalkriese: Spitzgräben müssen nicht unbedingt römisch sein. Arminius sei immerhin ausgebildeter römischer Offizier gewesen und mit der Anlage solcher Gräben vertraut, und das gelte auch für die Germanen, die als Hilfstruppen in der Legion dienten, heißt es aus dem Büro der Museumsleitung. Überdies: »Wer im Sandboden einen Graben anlegt, kann nur spitzwinkelig graben, da sonst der Sand nachrutscht. Das lässt sich in jedem Sandkasten beobachten«, sagt Gisela Söger, Öffentlichkeitsreferentin des Museums Kalkriese.

Verborgen hinter einer solchen Wallanlage aus Grassoden und Flechtwerk lauerten die Germanen den Römern auf. Im Hintergrund des rekonstruierten Walls erhebt sich der Turm des Kalkrieser Museums in den Himmel.

Sollten die Germanen aber ein Hindernis ausgerechnet dort angelegt haben, wo eigentlich die Römer in die Falle tappen sollten, waren sie schlecht beraten. Die Barriere muss eine andere Funktion gehabt haben. Neue Einblicke in das Verteidigungswerk lieferten die Ausgrabungen im Sommer 2007. Der Boden gab Reste einer weiteren Rinne am anderen Ende des Walls preis. Damit war klar: Der Graben sollte den Feind davon abhalten, hinter den Wall zu gelangen. Überdies zeigte die Vertiefung im weiteren Verlauf nicht nur die dubiose V-Form, sondern in anderen Abschnitten auch Muldengestalt. Damit nahm die Forschung dem Graben und der Diskussion die Spitze. Susanne Wilbers-Rost: «Römischer Ursprung kommt nicht in Frage.»

Nach der Schlacht war Schluss. Der Graben musste verschwinden, und die Überlebenden räumten auf. Sie kippten Kalksteine und Erde in die Vertiefung. »Vielleicht wollten Germanen diese etwa zwei Meter breite und einen Meter tiefe Eingrabung füllen, um zu verhindern, dass in der Umgebung weidendes Vieh hineinstürzte«, vermutet Susanne Wilbers-Rost. Bei den Aufräumarbeiten übersahen die Sieger einen Aureus mit dem Konterfei des Kaisers Augustus. Das Geldstück ist die einzige Goldmünze, die auf dem Oberesch, dem mutmaßlichen Hauptplatz der Kampfhandlungen, gefunden wurde – reicher Lohn für Archäologen.

Ein Maultier spuckt große Töne

Wie ein tödlicher Sturz zu einem Glücksfall werden kann, zeigen die Überreste eines Maultiers, das Archäologen in Kalkriese bei der Untersuchung des Walls entdeckten. Die Knochen lagen hinter dem Wall, auf jener Seite, von der aus die Germanen die Römer drangsalierten. Vermutlich war das Maultier durch den Kampflärm oder eine Wunde in Panik geraten, den Wall hinaufgestürmt und durch die Reihen der Germanen gebrochen. Auf der anderen Seite muss es im Matsch ausgerutscht sein. Es stürzte unglücklich, brach sich das Genick und wurde von einer Schlammlawine zugedeckt. Dort blieb der Kadaver liegen. Die Germanen plünderten die römischen Leichen, Tiere zogen über das Schlachtfeld und entfleischten die Überreste von Mensch und Tier und verschleppten Teile der Kadaver, sechs Jahre später kam Germanicus und bestattete, was von den Gefallenen übrig geblieben war. Niemand bemerkte das Maultier im Boden. Als 2000 Jahre später Archäologen mit Bagger, Schaufel und Pinsel das Erdreich am ehemaligen Wall entfernten, tauchte das Gerippe wieder auf. Glück gehabt: An den uralten Knochen war ein kleines Metallstück des Zaumzeugs hängengeblieben. Darauf hatte der Sensor des Metalldetektors reagiert. Ohne das metallene Accessoire könnte das Maultier noch immer im Boden liegen – ein Verlust für die Forschung, denn der Tübinger Zoologe Hans-Peter Uerpmann entdeckte in den Überresten des Packesels eine packende Geschichte.

Das Maultier war vor einen Karren gespannt, in dessen Überresten die Archäologen einen Schatz fanden – eine Erbse. In der Deichselkappe hatten sich Blütenstände von Hafer, Erbsen, Ackerwinde und Farnen erhalten. Bislang galten die Breiten des freien Germaniens jedoch nicht als Kulturland, sondern als ein Gebiet wild wuchernden Unterholzes und finsterer Wälder – so jedenfalls beschrieben es die römischen Autoren.

Für die Erbse in der Deichsel gab es zwei mögliche Erklärungen: Ein römischer Legionär hatte die Deichsel des Wagens mit Hafer- und Erbsenstängeln umwickelt, vermutlich um sie notdürftig zu reparieren. Das mag in einer römischen Provinz geschehen sein, in diesem Fall wären Erbsen den Germanen noch nicht bekannt. Ebenso gut kann der Mechaniker in Legionärsuniform Erbsen und Hafer auch am Wegrand in Germanien geschnitten haben. Das würde für eine wesentlich ausgeprägtere Kulturlandschaft der Germanen sprechen, als bislang bekannt war. Während Biologen und Historiker noch die Möglichkeiten der Gemüsewanderung zu ergründen versuchten, hatte das Maultier auf der Erbse noch eine andere Geschichte zu erzählen.

Die Maultierzähne hatten den Zahn der Zeit überstanden. Im Zahnschmelz können Wissenschaftler auch nach 2000 Jahren noch Sauerstoff-Isotope auszählen. Sie dienen als Marker, um den Todeszeitpunkt des Gebissträgers festzustellen. Das funktioniert zwar nicht auf den Tag genau. Durchaus aber kann mit etwas Glück die Jahreszeit bestimmt werden. Besonders dankbare Studienobjekte der Isotopenzähler sind Pflanzenfresser, die überdies noch nicht ausgewachsen sind. Das Maultier aus Kalkriese war ein solches Jungtier mit Grünkost auf dem Speiseplan – und damit ein besonders erfolgversprechendes Skelett.

Viele Proben später hatte Uerpmann den Knochen eine Biografie entrissen. Das Maultier war zum Zeitpunkt seines Todes vier Jahre alt. Dank der Isotopen in den Zähnen ließen sich die letzten drei Lebensjahre des Tiers soweit wie möglich rekonstruieren. Anhand unterschiedlicher Schichten in den Zähnen erkannte der Tübinger Archäologe, dass das Maultier in jungen Jahren andere Kost zu sich genommen hatte als kurz vor dem Tod. »Dieser starke Unterschied lässt sich kaum mit Trinkwasser aus unterschiedlichen Reservoiren des gleichen Gebiets erklären«, schreibt Uerpmann in seinem Bericht, »vielmehr muss davon ausgegangen werden, dass die Aufzucht von Maultieren damals sicherlich noch nicht im Gebiet nördlich der Alpen stattfand.« Der Grund dafür ist schnell geklärt: Hier gab es keinen Vater.

Bekanntlich gehen Maultiere aus einer Kreuzung zwischen Esel und Pferd hervor. Im antiken Mitteleuropa aber graste kein einziger Esel, jedenfalls sind weder schriftliche Hinweise noch Knochenfunde bekannt. Ohne Langohren aber ließen sich keine Maultiere züchten. Maultiere waren römische Lastenträger. Germanen spannten Rinder als Zugtiere vor die Karren. Deshalb kam der verunglückte niedersächsische Lastenträger aus dem Mittelmeerraum – vermutlich war er Italiener.

Das Mittelmeer blieb für lange Zeit seine Heimat, jedenfalls »muss das Tier in seinen frühen Lebensjahren in einer deutlich wärmeren Umgebung gelebt haben«, meint Uerpmann nach Auswertung der Isotopenuntersuchung. Dann trabte es an den Rhein.

Wie lange der Gepäckträger in der römischen Provinz arbeitete, ist nicht genau bestimmbar. Vermutlich schnupperte das Tier sogar noch einmal die warme Luft des Südens. Kurz vor seinem Tod, so zeigt das drittletzte Messergebnis, veränderten sich die Isotopenverhältnisse in den Zähnen und damit die Umwelt des Maultiers erneut – es trank Wasser anderer Qualität. Dessen Quelle sprudelte wahrscheinlich nördlich der Alpen. Uerpmann hält es für möglich, dass die Römer das Maultier auf einer Versorgungsfahrt in den Süden schickten. »Dies ist im Moment eine Spekulation«, so Uerpmann, doch der Zoologe hofft, dass die Untersuchungsmethoden der Zukunft auch auf andere chemische Elemente erweiterbar sein werden. Gewiss ist hingegen die Rückkehr des Packtiers. Es mag den Sommer des Jahres 9 n. Chr. auf den Lippewiesen verbracht haben, dann spannten es die Römer vor einen Karren, der in Richtung Weser fuhr – Einbahnstraße für einen vierbeinigen Globetrotter.

Das Maultier starb am Wiehengebirge. Seine Zähne erzählen von seinem Weg durch Europa. Aber das Gebiss-GPS in die Vergangenheit ist nur ein Nebenprodukt einer viel wichtigeren Erkenntnis: In welcher Jahreszeit verendete das Tier bei Kalkriese? Sollte in der Moorlandschaft Niedersachsens tatsächlich die Varusschlacht geschlagen worden sein, so bot sich dank der Maultierzähne die Möglichkeit, den Zeitpunkt der Schlacht näher zu bestimmen. Die Jahreszeit erlaubte wiederum Rückschlüsse auf das Wetter und eröffnete damit neue Einblicke in den Schlachtverlauf. Hans-Peter Uerpmann machte sich an die Arbeit.

Gleichung mit einer Unbekannten: Die letzten messbaren Ablagerungen in den Zähnen stammten aus dem Sommer. Von der Nahrungsaufnahme zur Ablagerung im Zahnschmelz aber vergeht eine gewisse Zeit. Doch diese Periode ließ sich anhand der vorliegenden Zähne nicht genau bestimmen. Uerpmann entdeckte zwar eine leichte Veränderung in den Isotopen, die Werte waren allerdings noch nicht so weit verringert, wie

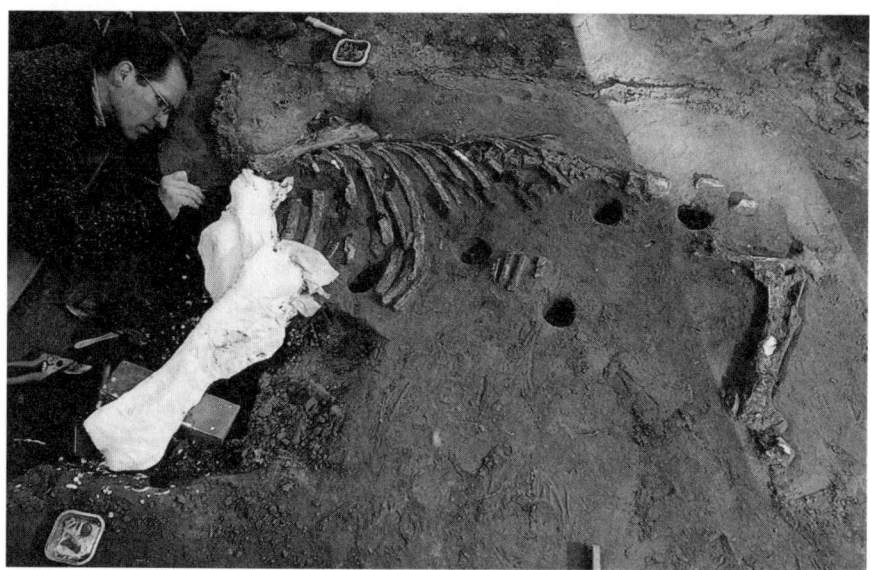

Feinarbeit an einem 2000 Jahre alten Kadaver – Grabungstechniker Axel Thiele befreit bei Kalkriese die Knochen eines Maultiers aus dem Boden. Die Untersuchungen der Maultierzähne lassen vermuten, dass das Tier aus Italien kam.

sie bei der Winterkost hätten sein müssen. Der Zoologe vermutet deshalb, »dass die Tiere zwischen August und Oktober gestorben sind«. Das deckte sich mit der Datierung der Pflanzenreste, die zwischen Juli und September geschnitten worden waren. Wenn das Maultier im Tross des Varus getrabt war, würde die Jahreszeit auf die allgemeine Annahme passen, die Schlacht habe sich im September ereignet. Einen Beweis für diese Datierung gibt es nicht. Angeblich aber zog Varus vom Sommerlager an der Weser ins Winterlager an den Rhein, als die Germanen zuschlugen. Er muss also im Herbst unterwegs gewesen sein, jener Jahreszeit, in der auch die Lebensuhr des Maultiers stehen blieb.

Knochenarbeit im Kalksteingrab

Als Germanicus nach sechs Jahren das Schlachtfeld fand, machte er einen grausigen Fund. Tacitus schreibt in den *Annalen* von »Knochenhaufen«, »Martergruben«, »Galgen« und »an Baumstämme genagelten Köpfen«.

Die Römer räumten auf. Sie kehrten zusammen, was nach sechs Jahren noch von den Toten übrig geblieben war, und bestatteten sie so pietätvoll, wie es die Umstände zuließen »in trauriger Stimmung und zugleich in wachsendem Zorn auf den Feind«, wie Tacitus es wissen will. Für feierliche Begräbnisse im Marmormausoleum war keine Zeit. Die Zeremonie ging schnell über die Bühne. Verständlich: Germanicus und seine Männer standen mitten im feindlichen Gebiet, der Ort war schaurig, der Feind mochte im nahen Wald lauern und versuchen, den Erfolg gegen Varus gegen Germanicus zu wiederholen. In einer solchen Situation musste niemand die Legionäre zur Eile aufrufen. Eine Abteilung sammelte die Toten zusammen, eine andere hob Gruben aus. »Ohne dass jemand erkannte, ob er die Überreste von Fremden oder von seinen eigenen Angehörigen in der Erde barg«, so Tacitus, begruben die Römer die Toten – ein Trauerspiel mit Nachwirkung.

Knapp 2000 Jahre später stießen die Kalkrieser Archäologen auf die Gräber. Die Toten überraschten die Lebenden. Da weite Flächen des Geländes aus Sandboden bestehen, hatte niemand mit Knochenfunden gerechnet. In einer derartigen sauren Bodenchemie lösen sich Knochen verhältnismäßig rasch auf. In Kalkriese aber rettete der dem Ort den Namen gebende Kalkstein die Gerippe vor der Auflösung. Die Gruben waren mit dem Stein ausgekleidet, einige Bruchstücke lagen auch zwischen den Gebeinen, vermutlich hatten die Bestatter sie als Füllmaterial verwendet. Bislang sind sieben solcher Gräber aufgetaucht.

Der Inhalt der Gräber machte klar, dass es die Totengräber eilig gehabt hatten. Als die Wissenschaftler die Gruben untersuchten, fanden sie Knochen, die zu Paketen zusammengeschmolzen waren. Die Gebeine lagen drunter und drüber. Mitunter lagen Reste von Maultieren mit menschlichen Überresten in einer Grube. Alle Knochen waren bereits aus ihrem anatomischen Zusammenhang gerissen, als sie in den Boden gelangten. In einem Fall hatten die Bestatter zwei Schädelkalotten ineinander gelegt und mit weiteren Knochen gefüllt. An dieser Praxis ist zweierlei erkennbar: Zum einen sollte Platz und damit Zeit gespart werden. Die Gruben waren zum Teil mehrere Meter groß und etwa einen Meter tief – sie noch zu erweitern, daran scheint niemandem gelegen gewesen zu sein. Zum anderen waren die Toten zum Zeitpunkt der Bestattung schon einem langen Zersetzungsprozess ausgesetzt gewesen. Beides passt auf die Situation, wie sie Tacitus beschreibt. Makabres Detail am Schädelrand: eine Verletzung, die auf einen Schwerthieb zurückzuführen sein könnte. Tragen die Gruben die Handschrift des Germanicus?

Im Licht der Laborlampen leuchteten Merkmale auf, die sich nahtlos ins Passepartout eines römischen Legionärs einfügten. Fast alle Gebeine stammten von Männern. Das passt ins Bild. Ein römischer Legionär durfte nicht heiraten. Ohne Frauen aber hielten es die Soldaten nicht aus. Da lag es nahe, ein Auge auf die Germanenfrauen zu werfen, die in der Nähe lebten und – so vermuten Historiker – das triste Leben im Militärlager erträglich machten, Fraternisierung der Antike. Obwohl Forscher heute vermuten, dass viele Frauen deshalb mit hoher Wahrscheinlichkeit den Tross begleitet haben, ist bislang nur ein einziger Beckenknochen aufgetaucht, der von einer Frau stammt. Seine Herkunft bleibt jedoch spekulativ. Er mag von der Begleiterin eines Legionärs stammen, von einer Marketenderin oder von einer Kriegerin. Weitere Knochenfunde könnten das Bild vervollständigen. Derzeit sind aber nur etwa drei Prozent der Gesamtfläche untersucht.

Es gab keine Alten. Die jüngsten Knochen stammten von einem 19-Jährigen, die ältesten von einem 45-Jährigen. Bei Kalkriese waren kampffähige Männer bestattet. Tatsächlich hatten alle zu ihren Lebzeiten Mumm in den Knochen. Wie die Forensikerin Birgit Großkopf an den Gebeinen erkannte, fehlten Hungersymptome, die sich an den Schichten des Knochenwachstums hätten ablesen lassen. »Die Germanen«, ist sich Museumsleiter Rottmann sicher, »hätten welche gehabt.«

Den Speck auf den römischen Rippen verdankten die Legionäre einem Eintopf namens »Puls«. Der gehörte zum Speiseplan jeder Lagerküche, oft war Puls die einzige Mahlzeit, die in der Kantine den Blechnapf füllte. Geschmack und Zutaten mögen vom Engagement des jeweiligen Kochs abhängig gewesen sein. Graupen, Erbsen, Speck – was das Vorratslager hergab, landete im Kochtopf. Gewiss aber waren Weizenkeime die Grundlage des Kraftfutters, und Pfeffer. Puls, das konnten Archäologen aus den Speiseresten der Vergangenheit herausschmecken, war extrem scharf gewürzt. Auf 500 Gramm Weizenkeime streuten die Römer 1 Löffel Pfeffer. Damit hatte Puls drei Vorteile: Es sättigte, hielt dank großzügiger Würze warm und beugte durch die reinigende Wirkung des Pfeffers Magenerkrankungen vor. Wie andere römische Kulturgüter blieb auch Puls unsterblich. Als Pulmentum verbreitete es sich im Mittelmeergebiet und ist heute noch in der Getreidespeise Polenta wiederzuentdecken, welche die Nachkommen der Römer in Italien aus Maismehl zubereiten.

Von den massigen Männern aber liegen nicht viele in Kalkriese. Die Knochen, die Birgit Großkopf in ihrem Labor in Göttingen zusammenzusetzen versucht, stammen von höchsten 17 Menschen, vielleicht sind es zwei Dutzend Tote, deren Gebeinfragmente die Archäologen aus dem Boden des Oberesch herausgeschält haben. Wo sind die drei Legionen des Varus, immerhin die Reste von 20 000 toten Menschen? Möglichkeit eins: In den sechs Jahren, in denen die Leichen im Freien lagen, verschleppten Tiere die Überreste. Tatsächlich ist auch an den erhaltenen Knochen Tierverbiss festzustellen. Möglichkeit zwei: Als Germanicus kam, mag nicht genug Zeit gewesen sein, das gesamte, vielleicht überwucherte Gelände abzusuchen. Stattdessen begnügten sich die Römer mit einem symbolischen Akt und begruben, was sie schnell zusammensammeln konnten. Möglichkeit drei: Im noch nicht weit untersuchten Boden des Obereschs warten noch weitere Gebeine auf die Archäologen.

Einwurf eines Althistorikers: Wo liegt der Grabhügel, den Germanicus für die Verstorbenen aufgeschüttet haben soll? Die Frage richtete der Geschichtswissenschaftler Peter Kehne aus Hannover während einer Podiumsdiskussion 2004 an die Ausgräber. Kehne pocht auf Tacitus. Der schreibt in den *Annalen*: »Das erste Rasenstück zur Errichtung des Grabhügels legte der Caesar (Germanicus), so erwies er den Gefallenen den ersehnten Dienst und nahm teil an dem Schmerz der Anwesenden.« Von einem Grabhügel aber ist in Kalkriese nichts zu sehen, weder als Rest einer Erhebung noch als Verfärbung im Boden. Schwindelte Tacitus? Am Beispiel der Knochengruben wird Kalkriese zur Glaubensfrage. Für Historiker sind die Schriftquellen maßgeblich, für Archäologen die Bodenfunde. Nur in günstigen Fällen sind beide Zeugnisse deckungsgleich.

Bei einem Blick auf den Grabungsplan regt sich Verdacht. Zwar ist von einem Grabhügel nichts zu sehen. Die meisten Knochengruben aber liegen dicht beieinander. Das mag auf die Anlage eines Grabhügels hindeuten. In einem solchen Tumulus liegen die Toten stets im Boden, erst nach der Bestattung schütten die Hinterbliebenen einen Erdhügel auf, der je nach Kultur erhebliche Ausmaße annehmen kann. Die in der Region um die Lippe bekannten Grabhügel der Bronzezeit haben Durchmesser von etwa 20 Metern. Solche Monumente zu errichten braucht Zeit. Meist war ein ganzes Dorf mehrere Wochen mit den Erdarbeiten beschäftigt. In Kalkriese liegen die meisten Knochengruben so dicht beieinander, dass sich darüber ein solcher Hügel hätte aufschütten lassen. Den Legionären aber mag nicht genug Zeit geblieben sein. Wer Tacitus wörtlich nimmt und nach dem Hügel sucht, der stößt darauf, dass Germanicus den Bau mit dem oben erwähnten »Rasenstück« begann. Vielleicht ließ der Feldherr die Gräber nur flüchtig bedecken, um sich möglichst bald von der grausigen Aufgabe abwenden zu können. Er hatte Besseres zu tun: Die Germanen hatten eine Lektion verdient. Die Gräber blieben liegen.

Die Wahrheit für bare Münze

Kalkriese oder nicht? Nach wie vor steht ein Fragezeichen hinter dem Areal nördlich von Osnabrück. Die Stadt an der Hase schmückt sich mit dem Titel »Friedensstadt«, weil in ihr ein Teil des Westfälischen Friedens geschlossen wurde, jenes Vertrages, der 1648 den Dreißigjährigen Krieg beendete. Das schlimme Schlachtfeld nebenan wirkt wie ein Paradox der Geschichte.

Stellt man Joseph Rottmann die Varusfrage, winkt der Kalkrieser Geschäftsführer ab. »Solange wir Varus nicht persönlich finden, können wir auch keinen Beweis erbringen, dass die drei Legionen bei Kalkriese untergegangen sind. Aber sogar, wenn ein Stück Rüstung mit den eingeritzten Worten ›Ich gehöre dem Varus‹ auftauchte, wird es Skeptiker geben, die behaupten werden, das Teil könne auf tausenderlei Art hierher gelangt sein. Beweise? Nein. Aber wir haben viele Indizien, und es werden mit jeder Grabungskampagne mehr.«

Neben dem Maultier, dem Wall und mancher Entsprechung zu den antiken Quellen klimpert das römische Kleingeld verdächtig laut. Seit den ersten Münzfunden durch Tony Clunn sind etwa 700 Silbermünzen entdeckt worden. Alle sind römisch. 30 Exemplare verraten ihre Herkunft durch drei Buchstaben: VAR. Varus. Ein Münzer der Antike schlug die Buchstaben des Statthalters in die Silberlinge des Kaisers Augustus. Das war üblich. Aber die Lizenz zum Münzschlagen bekam nicht jeder, immerhin rammte der Münzer die Initialen mitten auf das Konterfei des Kaisers, das stets eine der Münzseiten schmückte. Varus war diese Ehre zuteil geworden, als er den Posten des Statthalters erhielt. Das geschah, da sind sich die historischen Quellen einig, 7 n. Chr. Demnach müssen die 30 Münzen mit dem Zeichen VAR nach diesem Datum geschlagen worden sein. Das Gerüst der Varusschlacht hat einen Pfeiler erhalten.

Münzforscher orientieren sich an Statistiken. Sie vergleichen, wie häufig Münzen derselben Zeit an verschiedenen Orten aufgetaucht sind. Im Fall der Varus-Münzen beobachtet die Numismatik, dass auf zehn solcher Münzen an einem Fundort eine kommt, die von einem späteren Prägezeitpunkt stammt. Da 700 Silbermünzen in Kalkriese entdeckt sind, müssten demnach siebzig davon nach 9 n. Chr. geprägt worden sein. Diese Münzen aber gibt es nicht in Kalkriese. Für die Befürworter der Kalkriese-Theorie ist diese Datierung nach dem Ausschlussprinzip ein Dreh- und Angelpunkt der Argumentation.

Die Funde machen der Statistik einen weiteren Strich durch die Rechnung. In der Regel finden Archäologen nur noch einen Anteil von einem Prozent der Münzen, die in der Antike ursprünglich an einem Ort vorhanden waren. Mit dieser Weisheit lassen sich historische Wirtschaftszusammenhänge hochrechnen. Fördert die Untersuchung der Grundmauern einer römischen Villa 10 Silbermünzen ans Tageslicht, gehen Münzhistoriker davon aus, dass ursprünglich 1000 Silbermünzen im Haushalt vorhanden waren – ein römischer Reichtum. Die verschwundenen 990 Münzen fraß die Geschichte. In Kalkriese aber lagen 700 Silbermünzen im Boden. Laut Statistik muss der Zug des Varus 70 000 Silbermünzen mit sich geführt haben. »So viel Geld haben normale Soldaten nicht bei sich getragen«, sagt Joseph Rottmann. Woher kam das Geld? Steuern können es nicht gewesen sein. Zwar hatte Varus die Germanen zu Abgaben verpflichtet, aber Münzgeld war den Barbaren fremd. Noch 400 Jahre später war das blinkende Edelmetall für die Nordmänner so exotisch und schön, dass sie es keinesfalls für schnöde Handelsgeschäfte hergaben. Stattdessen trugen Männer und Frauen Goldmünzen mit dem Konterfei des Kaisers als Anhänger um den Hals. Diese Brakteaten, wie Archäologen das Schmuckgeld heute nennen, waren so lange in Mode, dass sie in der Völkerwanderungszeit von den Schmieden Skandinaviens nachgeahmt wurden. Die Handwerker begannen, Medaillons zu gießen, die den römischen Münzen ähnlich sahen – aus Geld war Kunst geworden. Verprassen kam nicht infrage.

Wenn es einen Römerschatz im Zug des Varus gegeben haben sollte, war der Reichtum nicht aus den germanischen Dörfern zusammengeklaubt. Woher Varus aber derartige Geldmengen gehabt haben könnte und warum er sie durch eine politisch explosive Landschaft getragen haben soll, ist rätselhaft. Entweder muss die Geschichte oder die numismatische Statistik neu geschrieben werden.

Wie schnell reist Geld? Einige Münzen in Kalkriese sind erst kurz vor der Varusschlacht in Italien oder Lyon geschlagen worden. Nach den Gesetzen der Münzforschung konnten sie unmöglich so schnell nach Norden gelangen. Ebenfalls fraglich: die Datierung. Der Prägestempel des Varus ist für Skeptiker kein Beleg dafür, dass diese Münzen tatsächlich zwischen 7 und 9 n.Chr. beim heutigen Kalkriese verloren wurden. Reinhard Wolters von der Universität Tübingen weist daraufhin, dass die Forschung durch den Fund einer datierbaren Münze nicht nachweisen kann, wer diese Münze besessen und wann er sie verloren hat. Im Fall Kalkriese sei es demnach durchaus vorstellbar, dass nicht die Truppen des Varus, sondern jene des Germanicus das Geld fallen ließen. Ein Schlag für die Münzdatierer ist überdies die Tatsache, dass um die Zeitenwende am Rhein kaum noch Münzen geprägt wurden. Wenn von dort Geld in Soldkisten und Legionärsbeuteln durch Germanien reiste, stammte es immer aus derselben Prägungsperiode. Schlussfolgerung: Egal, ob in Kalkriese Varus, später Tiberius oder anschließend Germanicus sein Geld verlor, die Münzen sind stets in dieselbe Zeit zu datieren.

Heute ist das Museum Kalkriese das Markenzeichen der Varusforschung. Während im vorderen Bereich die Besucher staunen, graben hinten täglich die Archäologen. Was aber geschähe, fände das Grabungsteam eines Tages eine römische Münze, die erst nach 9 n.Chr. geschlagen wurde? Joseph Rottmann schüttelt den Kopf. Für den Geschäftsführer steht die Frage nach dem Ort der Varusschlacht nicht im Vordergrund. Er sei vielmehr an der Bedeutung des Ereignisses, seinen Ursachen und Folgen interessiert – und die sind nach Meinung Rottmanns immens: »Die Schlacht war ein Wendepunkt der europäischen Geschichte. Sie hat zum Rückzug der Römer und zum Bau des Limes geführt.«

Preisschild oder Varusbeweis

Ein vielsagendes Fundstück ist das Mundblech einer Schwertscheide. Das Metall entdeckten Archäologen 1992 in Kalkriese. Einst gehörte es an das obere Ende einer hölzernen Scheide, von der sich auch weitere Beschlägeteile erhalten haben. Das Mundblech aber trägt eine Inschrift. Mit krakeliger Schrift hat ein römischer Soldat seine Besitzansprüche auf das Blech, die Scheide und die darin steckende Waffe bekannt gegeben, indem er seinen Namen hineinritzte: »Eigentum eines T(itus) Vibius (aus der Zenturie des) Tadius«. Darunter aber gibt es eine weitere Zeile, die den Namen jener Legion nennt, in der Titus Vibius gedient hat. Die Streithähne um Kalkriese wurden hellhörig.

Eins ist sicher: Bei der Varusschlacht gingen die Legionen 17, 18 und 19 unter – in römischen Ziffern XVII, XVIII, XIX. Das Gekritzel auf der Schwertscheide könnte der Beweis oder der Gegenbeweis dafür sein, dass tatsächlich ein Soldat jener Unglückstruppen bei Kalkriese starb. Varus wäre dingfest gemacht. Wenn die Schrift nur leserlich wäre!

Sechs Buchstaben bilden den Code der Varusschlacht: LPA X?X. Die ersten Kürzel sind verhältnismäßig eindeutig zu entziffern. LPA, das bedeutet nach Meinung des Osnabrücker Althistorikers Rainer Wiegels »Legio Prima Augusta« – die erste Legion des Augustus. Diese Truppe war nicht an der Varusschlacht beteiligt. Vorhang zu in Kalkriese? Keineswegs. Die Geschichte der römischen Legionen ist eine Wissenschaft für sich, und die Standorte, Marotten und Marschrouten der Truppen könnten viel über den Verlauf historischer Ereignisse erzählen – wie in diesem Fall. Leider weiß heute niemand genau, welche Legion wann wohin marschierte und wie lange sie dort stationiert war. Althistoriker stehen vor einem Mosaik mit vielen Lücken. Gelegentlich taucht ein Steinchen bei Ausgrabungen auf, etwa in Form eines Bleibarrens im Römerlager Haltern, der mit einer Inschrift verrät, dass die 19. Legion dort anwesend war, bevor sie sich auf den Schicksalsmarsch nach Osten machte. Für die Legio Prima Augusta sind die Quellen dürftig. Dennoch lässt sich ein verschwommenes Bild nachzeichnen.

Legionen unter demselben Namen gab es viele. Schon in der Zeit der Republik kämpfte nicht nur eine erste Legion für die römische Sache, sondern mehrere. Als Augustus 27 v. Chr. Staatschef wurde, verzichtete er auf eine Heeresreform und behielt die alten Namen bei – vermutlich um den Soldaten zu zeigen, dass er ihren Korpsgeist schätzte. Was zu dieser Zeit noch reibungslos funktionierte, sorgt heute für Kopfzerbrechen: Im augusteischen Heer standen drei dritte, zwei vierte, zwei fünfte und zwei sechste Legionen. Die erste Legion gab es während der Kaiserzeit in sechs Fassungen: Legio I Germanica, Legio I Adiutrix pia fidelis, Legio I Italica, Legio I Macriana, Legio I Flavia Minervia und Legio I Parthica. Wo war die Legio I Augusta des Kalkrieser Mundblechs? Eine Herausforderung für Althistoriker mit einem Faible für komplexe Forschungsaufgaben.

Die verschollene Truppe verbirgt sich hinter dem Namen Legio I Germanica. Ursprünglich hieß sie Legio I Augusta und war in Spanien stationiert. Der stolze Beiname verwies auf den Kaiser, ein nobles Etikett, das nicht viele Legionen tragen durften. Legio I verscherzte es sich jedoch mit ihrem Gönner.

Irgend etwas war in Spanien vorgefallen. Vielleicht hatten die Soldaten gemeutert, vielleicht waren sie nicht erfolgreich genug gewesen, um den Namen des Kaisers tragen zu dürfen. Cassius Dio berichtet von einer Legio I, die im Krieg gegen die Cantabrier in Nordspanien so schwere Schlappen einstecken musste, dass sie ihren Ehrennamen verlor. Das war 19 v. Chr. Von Spanien marschierte die Legion, nun unter dem Namen Legio I Germanica, nach Gallien und von dort an den Rhein. Irgendwann tauchen die Soldaten in Mainz auf. Legionsexperte Marcus Junkelmann vermutet 9 n. Chr., nach Meinung von Rainer Wiegels verteidigten die Soldaten der ersten Legion schon 6 n. Chr. die Maingrenze gegen die Germanen. Beide Daten passen. Von Mainz war es nur ein kleiner Marsch von wenigen Tagesreisen bis zum Wiehengebirge und auf das Schlachtfeld von Kalkriese.

Die Schicksalsfrage: Wer verlor die Schwertscheide auf dem Oberesch? Erste Lösungsvariante: ein Soldat der Legio I Germanica, der mit seiner Truppe dort kämpfte und aus seligen Zeiten, in denen die Legion noch den Ehrennamen Augusta tragen durfte, die Schwertscheide besaß. Das aber würde bedeuten, dass dieser Soldat bereits seit wenigstens 30 Jahren im Dienst stand – ein enormer Zeitraum. In der Kaiserzeit blieben die Legionäre höchstens 26 Jahre bei der Truppe – vorausgesetzt, sie überlebten das Angestelltenverhältnis bis zur Rente. Zweite Lösungsvariante: Der Eigentümer der Schwertschneide war versetzt worden. Er mag eine Lücke in der 17., 18. oder 19. Legion gefüllt haben und zog mit einer dieser Truppen nach Kalkriese – und nicht mit der Legio Prima. Dritte Lösungsvariante: Die Schwertscheide war ein Fund- oder Erbstück, das ein Legionär jener drei unglückseligen Legionen aus reinem Zufall trug. Die Wahrheit liegt hinter drei Buchstaben verborgen.

Hoffnungsschimmer im Durcheinander sind die letzten Ritzungen auf dem Mundblech. Das gut lesbare »LPA« hatte ein kryptisches Anhängsel, das die entscheidende Information enthalten könnte.

»X?X« – das von den beiden römischen Zahlen flankierte Zeichen lesen die einen wie eine I, andere wie ein T oder ein L. Mit »XIX« würde sich für Kalkriese das Tor zur Gewissheit öffnen. Die römische Schreibweise für »19« wäre die Gewinnziffer im Glücksspiel Varusschlacht. Das Graffito könnte bedeuten: Die 19. Legion war hier. Rainer Wiegels aber wollte an diese Lösung nicht glauben.

Die Spur führte zurück nach Spanien. Dort zahlten die Menschen in den Tagen der Legio I Augusta mit Münzen, die ein Bild der Siegesgöttin Victoria zeigten. Eine Kopie dieses Münzbildes ist auf einer Gemme zu sehen, die Archäologen in Kalkriese zusammen mit der umstrittenen Schwertscheide fanden. Die Rekonstruktion war einfach: Die Gemme gehörte zu einem Metallband, das um die Scheide geschlungen war und die Waffe zierte. Also doch: Spanien, also doch: Legio Prima Augusta. Rainer Wiegels rief eine Kollegin von der Universität Madrid zu Rate.

Von dort kam eine Interpretation, die mit keiner Vermutung der deutschen Forscher übereinstimmte. María de la Paz García Bellido untersuchte die Inschrift und fand ein Preisschild. »XLX« sei weder die Angabe einer Legion, noch einer Kohorte oder Zenturie, meinte Paz. Stattdessen stehe das erste X für die Währungseinheit »Denar«, die Zahl dahinter sei der Preis. LX schrieben die Römer für 60. Demnach hatte die Schwertscheide im antiken Spanien 60 Denare gekostet. Mit dieser Interpretation schloss die spanische Forscherin aus, dass der unleserliche Buchstabe eine I gewesen sein könnte. IX, also neun Denare für eine Schwertscheide – das wäre ein Spottpreis gewesen.

Legionsname, Kohortennummer oder Preisschild – das vielversprechende Mundstück schweigt. Für Wiegels ist einzig die Datierung von Kalkriese in trockenen Tüchern. Die, so meint der Osnabrücker Forscher, sei durch die Inschrift auf der Schwertscheide eher bestätigt als infrage

gestellt. Denn unabhängig vom Träger der Waffe passt der Aufenthalts-
ort der Legio Prima um 6 oder 9 n. Chr. am Rhein in den zeitlichen Horizont der Varusschlacht. Möglich sei, so Wiegels, dass ein Detachement
der Legio I, unter Umständen in Kohortenstärke, zu den bei Kalkriese vernichteten Einheiten gehört haben könnte. Welches Schicksal der Eigentümer der Waffe erlitt, erzählt die rätselhafte Inschrift auf dem Blech nicht
mehr.

Silberstreif am Fundhorizont

Für die Kalkrieser ist die Datierung ihres Fundplatzes schwarz auf silber
auf Waffen und Rüstungsteilen zu lesen. Niello heißt das Zauberwort, mit
dem sich die Varusschlacht vielleicht heraufbeschwören lässt. Mit dieser
Technik verzierten Schmiede Silberoberflächen, um den darauf einge-
arbeiteten Reliefs eine höhere Kontrastwirkung zu geben. Dazu schmol-
zen die Handwerker dunkel heraustretende Metallsulfide auf tiefer liegende Flächen des Bildes ein und erzielten einen Licht-Schatten-Effekt.
Die Handwerksgeschichte weiß: Niello ist eine Erfindung des 1. Jahrhunderts n. Chr. Zunächst erscheint die Technik nur auf teurem Silbergeschirr,
später werden auch Militärgegenstände aus Buntmetall verschönert. Auf-
polieren lässt sich anhand von Niello auch die Datierung des Fundplatzes
Kalkriese. Dort sind bislang keine Metallgegenstände entdeckt worden,
die Spuren der Verzierung tragen. Die frühesten bekannten Nielloarbeiten
auf Pferdegeschirr oder Gürtelbeschlägen stammen von Funden aus der
Regierungszeit des Tiberius, frühestens 14 n. Chr. Ein einziges Stück aus
dem Legionslager Augsburg-Oberhausen gehört noch zur Regierungszeit
von Kaiser Augustus – zu wenig, um repräsentativ zu sein. Rainer Wiegels
meint: »Wäre der Fundplatz von Kalkriese in tiberische Zeit – also in die
Germanicuszeit – einzuordnen, müssten zumindest vereinzelt niellover-
zierte Ausrüstungsgegenstände im Fundmaterial vertreten sein.«

Die Indizien für die Varusschlacht in Kalkriese häufen sich mit jeder
Schiebkarre Abraum. Eins ist sicher: Sollten die Legionen des Varus tatsächlich hier untergegangen sein, muss sich das Imperium den Vorwurf
gefallen lassen, zwar die Alpen zu Fuß überquert zu haben, aber an den
Hügeln des Wiehengebirges gescheitert zu sein.

Illegale Archäologie

Sie kommen in Tarnanzügen, sind nur in der Dunkelheit aktiv und tragen Nachtsichtgeräte. Zur ihrer Standardausrüstung gehören Leitungssuch-geräte, Kleinsonden und Prospektionsapparate der Geophysik – und na-türlich Landkarten. Schatzjäger machen den Boden unsicher, wo sie ein Denkmal wittern, sind sie zur Stelle.

»Das ist ein Raubgräbersumpf, den gilt es auszuheben,« sagt Eckhard Laufer, Kriminalist und Archäologe in einer Person. Laufer arbeitet als ehrenamtlicher Kreisarchäologe im Hochtaunuskreis und ist als Polizei-oberkommissar Mitglied der Ermittlungsgruppe Raubgrabungen in Hes-sen. Er muss seit Jahren zusehen, wie das Heidetränk-Oppidum Opfer von Schatzjägern wird. Ein Fall, der Wissenschaftlern die Haare zu Berge stehen lässt.

Das Heidetränk-Oppidum war einst eine Metropole der Kelten. Wo es gelegen hat, weiß im Hochtaunuskreis heute jedes Kind. Damit hat das Bodendenkmal dem Ort der Varusschlacht etwas Entscheidendes voraus. Für Archäologen aber ist es trotzdem unerreichbar. Um die 130 Hektar große Fläche nach allen Regeln der Kunst ausgraben und dem Klappspaten der Schatzsucher zuvorkommen zu können, bräuchte das hessische Landesamt für Denkmalpflege 25 Jahre und etwa 100 Millio-nen Euro, die Kosten für die Restaurierung der Funde sowie Publikatio-nen nicht eingerechnet. Raubgraben geht schneller.

Geld spielt auch für die Schatzsucher eine Rolle. Viele hoffen auf den großen Fund, um sich selbst zu sanieren. Doch der Lottogewinn unter der Grasnabe bleibt für die meisten ein Traum. Zu den legendärsten fragwürdigen Erfolgen der Szene gehört der Verkauf eines goldenen Ke-gels aus der Bronzezeit an das Museum für Vor- und Frühgeschichte in Berlin 1996. Damaliger Preis: 1,5 Millionen Mark. Die meisten aber gehen mit einer Handvoll alter Münzen, einem Flaschenverschluss und alten Nägeln nach Hause – wenn sie Glück haben. Zurück bleibt ein Loch im Bodendenkmal, das nicht mehr zu flicken ist. Wo der Klappspaten zu-schlägt, sind alle Spuren der Vergangenheit zerstört – für die Wissen-schaft verbrannte Erde.

Diebstahl, Unterschlagung und Hehlerei heißen die Straftaten der

Privatgräber. Haben Sondengänger keine Angst vor Konsequenzen? Die Strafen sind milde. Einige hundert bis tausend Euro müssen verurteilte Raubgräber bezahlen, wenn sie erwischt werden. Eckhard Laufer winkt ab. Seiner Meinung nach »bezahlen die das aus der Portokasse. In der Szene gilt zudem jeder als Held, der schon einmal verurteilt wurde«. Um Strafen zu entgehen, verschieben die Entdecker wertvoller Artefakte ihre Funde von einem Bundesland ins nächste, wie vermutlich im Fall des Berliner Goldkegels. Denn: Was in Baden-Württemberg als Eigentumsdelikt gilt, ist in Nordrhein-Westfalen nur eine Ordnungswidrigkeit. Die Denkmalpflege und ihre Gesetzgebung liegen in der Kulturhoheit der Länder – »und da hat jede Regierung ihre eigenen Bedürfnisse«, sagt Detlef Jantzen, Landesarchäologe in Mecklenburg-Vorpommern und Vorsitzender der bundesweiten Kommission Raubgrabung. Das gilt nicht nur für die Bestrafung überführter Raubgräber. Auch die Sondengänger genießen in Mecklenburg-Vorpommern einen anderen Status als in Baden-Württemberg. Statt Zerstörer sind sie hier oft Retter in der Not.

Eine Mannschaft von 300 ehrenamtlichen Helfern zieht im Auftrag von Detlef Jantzen los, Schätze zu suchen, darunter viele Sondengänger. »Ohne diese Menschen wären viele archäologischen Funde verloren«, sagt der Dezernent aus Neustrelitz. Verkehrte Welt? Nicht in Mecklenburg-Vorpommern. Jantzen erkennt bei vielen Sondengängern großes Interesse an der Vergangenheit und bietet legale Wege an, Lust auf Historisches zu befriedigen. Wer ehrenamtlich für die Archäologie arbeiten will, den kann Jantzen zum Beauftragten des Landes ernennen. Dann geht es los auf Schatzsuche – ganz offiziell.

Raubgräber mit Sheriffstern? Der Mecklenburger Landesarchäologe schüttelt den Kopf. »Unsere Ehrenamtlichen gehen das Gelände ab und melden Auffälligkeiten«, sagt Jantzen. Das kann eine Erhebung im Gelände sein – vielleicht der Rest eines Grabhügels – oder eine Keramikscherbe auf frisch gepflügtem Feld, die auf Siedlungsreste im Untergrund schließen lässt. »Mit diesen Hinweisen ergänzen wir unsere Verbreitungskarten. Meldet jemand ein Bauvorhaben an und wir haben den Verdacht, dass die Baumaßnahme ein Bodendenkmal gefährden könnte, schalten wir uns ein und unternehmen eine Probegrabung. Ohne begründeten

Verdacht geht das jedoch nicht. Je mehr wir also über Streufunde in der Umgebung erfahren, desto mehr Bodendenkmäler können wir retten, bevor der Bagger kommt.« Die Erfolgsquote ist hoch. Jantzen schätzt, dass Ehrenamtliche jährlich 2000 Funde allein in Mecklenburg-Vorpommern melden. Einige berühmte Entdeckungen gehen auf das Konto der Auxiliartruppen im Namen der Archäologie. Es waren Ehrenamtliche, die das berühmte Grab des Keltenfürsten von Hochdorf entdeckten, und Amateurforscher, die im belgischen Veldwezelt das Jägerlager einer Neandertalersippe fanden.

Eckhard Laufer räumt ein: »Ohne die Arbeit von ehrenamtlichen Helfern wären die Denkmalämter aufgeschmissen.« Aber für ihn hat die Medaille eine Kehrseite. »In vielen Fällen lassen sich illegale Sondengänger einen Ausweis ausstellen und nehmen an Fortbildungen teil, welche ihnen die Ämter finanzieren, nur um dann trotzdem in die eigene Tasche zu wirtschaften – aber unter dem Deckmantel der Denkmalpflege.« Aus Nordrhein-Westfalen weiß Laufer zu berichten, dass von 100 angemeldeten ehrenamtlichen Helfern nur 15 tatsächlich aktiv tätig sind.

Während sich die Grabstätten der römischen Legionäre, der keltischen Krieger und der germanischen Fürsten weiter in Krater verwandeln, löst sich Geschichte ungehindert in Wohlgefallen auf. Es gibt keine deutsche Fachbehörde für Raubgrabungen, und eine Anpassung der Landesgesetze ist auch nicht in Sicht. Detlef Jantzen: »Wir werden noch lange damit leben müssen. Aber wir tauschen uns aus.« Zunächst werden die Löcher im Boden bleiben.

Kapitel 6

Das Schlachtfeld –
eine Spielwiese für Archäologen

Varusschlacht hin oder her: In Kalkriese liegt das erste antike Schlachtfeld Europas, das ausgegraben wird. Daran gibt es keinen Zweifel.

Mehr als 30 Quadratkilometer Gelände müssen untersucht werden, auf dieser Fläche zogen sich die Kämpfe beim heutigen Kalkriese hin, von den ersten Angriffen über die Schlacht am Wall bis zum Verfolgen und Niedermachen der Flüchtenden. Die Archäologen Susanne Wilbers-Rost und Achim Rost interessieren sich vor allem für die Rekonstruktion des Ereignisses und die Möglichkeiten, die ihnen die Wissenschaft dafür in die Hand gibt. Ob nun Varus tatsächlich an dieser Stelle seinem Schicksal begegnete, ist für die Rosts Nebensache: »Die Frage, ob Kalkriese als Ort der Varusschlacht identifiziert werden kann, hat bisweilen andere wichtige Aspekte dieses Forschungsprojektes in den Hintergrund gedrängt.« Tatsächlich: Während die Debatte um den Schlachtort noch nach Jahrhunderten hin- und herwogt, haben die Archäologen eine andere wegweisende Entdeckung in Kalkriese gefunden: die Schlachtfeldarchäologie.

»Normalerweise ist auf Schlachtfeldern nur wenig zu finden«, sagt Susanne Wilbers-Rost. Kein Wunder: Was kurze Zeit ein Schlachtfeld ist, wird schnell zum Schrottplatz. Die Sieger räumen auf. Sogar was niet- und nagelfest ist, wird als Beute mitgeschleift, verhökert, eingeschmolzen oder einfach weiterverwendet, wie Schwerter oder Rüstungen, die nach der Schlacht dem Gegner dienen. Der mickrige Rest verkommt im Laufe der Jahrhunderte. Was den Archäologen bleibt, sind nur noch Schnipsel von Ereignissen, bei denen einst Tausende Menschen starben. Die meisten Schlachten der Antike sind deshalb nur aus Textquellen zu bezeugen, die Spatenforscher stehen mit leeren Händen da. In Kalkriese aber liegt der Fall anders.

Die Archäologen Achim Rost und Susanne Wilbers-Rost – hier bei der Entnahme von Bodenproben – entwickeln in Kalkriese neue Methoden der Schlachtfeldarchäologie.

Es sind die Kleinteile, die Achim Rost zu denken geben, Teile von Schwert-riemenhaltern, Schließen von Militärgürteln, Schienen- oder Kettenpan-zern, allesamt zerrissen und zerschlagen. Kaum ein Stück ist vollstän-dig. Dafür hat der Archäologe eine Erklärung: »Diese Fragmente zeigen an, dass die römischen Gefallenen am Ort ihres Todes brutal gefleddert worden sind, wodurch diese leicht zu übersehenden Kleinteile gewisser-maßen produziert wurden.« Wie aber sind dann die vielen Silbermünzen oder die silbernen Beschläge einer Schwertscheide zu deuten? Waren die Germanen bis unter die Arme mit Beute bepackt und ließen die letzten wertvollen Fetzen am Schluss der Plünderorgie links liegen? Wohl kaum, meinen die Archäologen. Sie haben für dieses Phänomen eine Erklärung, die bisherige Theorien auf den Kopf stellt.

Bislang pochte die Fachwelt auf die Vermutung, dass die Germanen an den Fundorten der Silberstücke hohe römische Offiziere ihren Göttern opferten. Was danach von den Römern übrig blieb, könnte für die Plünderer tabu gewe-sen sein. Vielleicht blieb deshalb das Silber liegen, bis es in den 1990er Jahren wiedergefunden wurde. Achim Rost aber schüttelt den Kopf. Seiner Meinung nach sind auch diese Objekte typische Reste eines Schlachtfelds. Er stellt sich die Szene so vor: Die Fliehenden, in diesem Fall die Römer, rennen um ihr Leben, die Germanen setzen nach. Um besser vorwärts zu kommen, werfen die Verfolgten allen Ballast fort, der sie beim Rennen behindert. Einem Toten nützt auch das schönste Silber nichts. Rost:»In Randgebieten eines Schlachtfeldes mit insgesamt weniger Hinterlassenschaften waren solche Edelmetallgegenstände als eher einzeln liegende Objekte bei den Plünderungen durch die Sieger leichter zu übersehen als in Hauptkampfzonen.«

Immer mehr Geschichten lesen die Rosts aus dem Metallschrott des Kalkrieser Schlachtfeldes heraus. An der Verteilung von Nägeln und Blechfragmenten über das Gelände erkennen die Forscher, dass das Beutegut auf dem Kampfplatz sortiert und vermutlich unter den Siegern aufgeteilt wurde. Entsprechende Untersuchungen mögen ebenso Erkenntnisse bringen für andere bislang nur schwer begreifbare Fundstellen, so auch Opferplätze wie das keltische Kultheiligtum von Ribemont in Frankreich

Während andere noch rätseln, ob in Kalkriese das Varusschlachtfeld liegt oder nicht, blicken die Rosts über den Tellerrand hinaus. Den Archäologen bedeutet Schlachtfeldarchäologie in Kalkriese mehr als nur die Untersuchung des niedersächsischen Schlachtfelds oder die Suche nach den verlorenen Legionen: »Vielleicht können die Forschungen in Kalkriese auch dazu beitragen, die Aufmerksamkeit dafür zu schärfen, dass mit der archäologischen Untersuchung eines Schlachtfeldes mehr verbunden ist, als die Möglichkeit der Lokalisierung eines historischen Ereignisses.« Dazu rechnen die Archäologen vor allem die »menschlichen Aktivitäten während und nach der Schlacht«. Ein menschenvernichtendes Ereignis öffnet damit Einblicke in das Leben der Vergangenheit.

Die verlorenen Legionen vom Little Bighorn

Die alten Schlachtfelder sind Neuland für die Wissenschaft, jedenfalls in Deutschland. In den USA tummeln sich bereits Heerscharen von Forschern auf den Kampfplätzen des Sezessionskrieges und der Schlachten gegen die amerikanischen Ureinwohner.

Zu den berüchtigten Beispielen amerikanischer Kolonisationsgeschichte zählt die Schlacht am Little Bighorn River. Dort verlor 1876 US-General George C. Custer den Kampf gegen die Stämme der Sioux und Cheyenne – und dabei sein Leben. Zwischen Varusschlacht und »Custers letztem Gefecht«, wie es US-Amerikaner gern nennen, liegen zwar 1800 Jahre Geschichte, die Parallelen aber sind frappierend.

Schlecht gerüstete Ureinwohner gegen gut bewaffnete Besatzer – das galt gleichermaßen für die Varusschlacht und für den Kampf am Little Bighorn. Sogar die Sieger sind auf beiden Seiten dieselben: In Germanien wie in Nordamerika triumphierten die schlechter gerüsteten und unterschätzten Gegner über eine straff organisierte Armee, hier die Römer, dort die US-Truppen.

Noch eines haben beide Schlachten gemeinsam, sie sind sagenhaft verklärt. Wie weit es die Deutschen mit dem Mythos »Hermann« trieben, zeigt das über 57 Meter hohe Hermannsdenkmal bei Detmold. Auch die Amerikaner errichteten dem gefallenen Custer ein Monument, doch da dessen Person bis heute umstritten ist, musste der Mythos noch eine andere Projektionsfläche finden: das Pferd »Comanche«.

»Comanche« war einer der wenigen Überlebenden der Schlacht. Obwohl das Tier sieben schwere Verletzungen erlitt, blieb es am Leben. Das genügte den US-Amerikanern, um »Comanche« zur lebenden Legende zu erklären. Per Sonderbefehl durfte niemand mehr auf dem Pferd reiten, es wurde bei Paraden feierlich vorgeführt und durfte bei allen Militärstationen frei herumlaufen. »Comanche« starb am 9. November 1893 im Alter von 30 Jahren. Seine Innereien wurden feierlich bestattet, der Rest ausgestopft und konserviert. In dem luftdichten Kasten vor einem künstlichen Hintergrund aus Gras und Erde ist es bis heute im Museum für Naturgeschichte der University of Kansas in Lawrence zu bewundern. Ein totes Pferd als Mahnmal und gleichzeitig Zeitzeuge der US-Geschichte.

Dennoch blieb der Kampfplatz im US-Bundesstaat Montana bis 1984 nur für Touristen ein Anziehungspunkt. Archäologen mögen über eine Untersuchung nachgedacht haben. Ernsthafte Versuche, der Schlacht auf die Schliche zu kommen, unternahm aber niemand. Dann half die Natur nach.

Ein Feuer verwüstete 1983 den Bereich des Little Bighorn. Die Flammen zerstörten Bäume, äscherten Wiesen ein und rissen eine Wunde in das Gebiet, das von der US-Regierung zum Nationalpark erklärt worden war. Aber das Loch im Naturschutzgebiet hatte einen Vorteil. Es öffnete Archäologen einen Blick auf das, was unter der Grasnabe verborgen gelegen hatte: die Überreste von »Custers letztem Gefecht«.

Davon war erstaunlich viel erhalten. In sechs Grabungskampagnen fanden die Forscher über 5 000 Objekte, darunter Patronenhülsen, mit denen die Ereignisse der Schlacht rekonstruiert werden konnten. Chef-Archäologe Douglas Scott konnte die Hülsen verschiedenen Gewehrtypen zuordnen und daraus schließen, welche Abteilung der US-Truppen wo stand. Anhand von ballistischen Untersuchungen ließen sich in einigen Fällen bestimmte Gewehre sogar einzelnen Soldaten zuordnen, und so die Bewegung der Einheiten über das Schlachtfeld nachvollziehen. Ergebnis: Die US-Truppen verloren die Schlacht gegen die Ureinwohner, weil Custer eine taktische Fehlentscheidung traf. Douglas Scott: »Die interdisziplinäre Arbeit zeigt deutlich, dass Custer die Siebte Kavallerie während der frühen Phase der Schlacht in drei Segmente aufteilte und dann sein eigenes Kommando in Flügel gliederte. Diese Teilung der Truppe im Angesicht einer Übermacht von Indianern mag nicht seine beste Entscheidung gewesen sein, aber es war eine allgemein übliche und erprobte Taktik, jedenfalls bis zum Tage dieser Schlacht.«

Es geht um mehr als Strategie. Die archäologischen Forschungsergebnisse über die Schlacht am Little Bighorn lassen sich mit historischen Berichten vergleichen und erlauben Rückschlüsse auf ihre Verfasser und deren Kultur. »Die archäologischen Studien«, sagt Douglas Scott, »haben Historikern und anderen Wissenschaftlern einen neuen Blickwinkel eröffnet auf die Dokumente über die Schlacht, auf die mündliche Überlieferung der Ureinwohner und auf die Bedeutung ethnohistorischer Quellen.« Aus Krieg wird Kulturwissenschaft.

Im Schlachtfeld liegen die Falltüren der Fehlinterpretation. Zu viele Zusammenhänge lassen sich nicht mehr wiederherstellen und führen zu Entdeckungen, die unerklärlich sind. Im Fall Little Bighorn sind das Säbel. Obwohl der Säbel zur Standardausrüstung des US-amerikanischen Offiziers gehörte, fanden die Archäologen kein einziges Exemplar auf dem Kampfplatz in Montana. Die siegreichen Ureinwohner schienen die Waffen aufgelesen zu haben, als Trophäen oder um sie selbst zu benutzen. Diese Begründung lag auf der Hand, war jedoch falsch. Wie Scott in Quellen jener Zeit las, war es bei taktischen Manövern üblich, die Offiziers-Säbel an einem Ort zu deponieren, damit die Waffen nicht klirrten und dem Feind die Stellung verrieten. »Mit solchen Einfällen muss die Schlachtfeldarchäologie rechnen«, sagt Achim Rost. Die Mechanismen des Krieges lassen sich bisweilen nicht rekonstruieren.

Little Bighorn war das weltweit erste Schlachtfeld, das von Archäologen erforscht werden konnte. »Bis dahin«, so Rost, »war die Untersuchung solcher Orte ein Treffpunkt für Historiker und Militärgeschichtler. Jetzt müssen sich die Vertreter dieser Disziplinen die Schlachtfelder mit Archäologen teilen.«

Kulturwissenschaftliches Minenfeld

In Kalkriese regnet es. In ihrem Büro schaut Susanne Wilbers-Rost auf Pläne, die so groß sind, dass der gesamte Raum damit tapeziert werden könnte. Punkte und Kreise schmücken die Karte, grafische Übersetzungen von 2000 Jahre alten Artefakten und ihren Fundstellen. Der Großteil der Fläche aber ist frei. Archäologie war schon immer die Kunst, aus Lücken Geschichten zu lesen. Erkennen zu können, was vorhanden war und heute nicht mehr existent ist – das macht besonders die Schlachtfeldarchäologie aus. Achim Rost: »Wir müssen uns darüber klar werden, welche Prozesse über ein Schlachtfeld gehen, nachdem die Schlacht geschlagen ist.« Solche Prozesse könnten Plünderungen sein oder Landwirtschaft, wie sie jahrhundertelang über der Fundstelle von Kalkriese betrieben wurde, so Rost. Insbesondere der Pflug ist in der Regel der natürliche Feind des Archäologen. Er reißt Artefakte aus dem Boden und damit aus ihrem Fundzusammenhang. Für die Wissenschaft ist ein Bronzeblech an Ort und Stelle ein Schatz, weil es verrät, wem es gehörte oder warum es liegen blieb – im günstigen Fall. An die Oberfläche gespült aber ist ein solches Stück fast wertlos. Dieses Gesetz der Archäologie ist auf dem Schlachtfeld von Kalkriese außer Kraft gesetzt.

Erst die Entdeckung von an die Oberfläche gepflügten Objekten macht es möglich, ein Schlachtfeld überhaupt zu finden. Im Fall Kalkrieses waren es die römischen Münzen, die die Diskussion über das Schlachtfeld angeregt hatten. Münzen – das sind typische Fundobjekte aus der mitteleuropäischen Landwirtschaft, weil ihnen die Finder, meist Bauern, größere Aufmerksamkeit schenken als beispielsweise einem verbogenen Blech. In anderen Teilen der Welt, wie etwa dem Vorderen Orient, liegt der Fall anders. Hier kann ein Stück Metall einem Landwirt ebenso großen Reichtum bedeuten wie eine Goldmünze einem Niedersachsen. Der Fund wandert vom Acker ins Haus, wird verkauft oder herumgezeigt und bekommt so die Chance, dass ein Wissenschaftler auf ihn aufmerksam wird. Am Anfang aller Schlachtfeldarchäologie steht das Glück.

Fortuna lächelt besonders auf die Schlachtfelder der Antike herab. Die römischen Legionäre trugen so viel Metall am Körper, dass sie es mit den Rittern des Hochmittelalters hätten aufnehmen können. Während aber die eisernen Harnische im Mittelalter dem Adel vorbehalten waren, stand zur Zeit des Römischen Reichs jeder einfache Fußsoldat wie ein Erzblock im Feld. Archäologen reiben sich die Hände. Bei so viel Bronze und Eisen müssen nach einer Schlacht Überreste liegen bleiben. Kalkriese ist für diese These der erste Beweis. Wer hingegen ein Schlachtfeld des 19. Jahrhunderts finden und untersuchen will, dem quittieren das Glück und der Metalldetektor den Dienst. Bis auf ein paar Uniformknöpfe waren die Soldaten der europäischen Neuzeit metallfrei. Waffen wie Säbel, Bajonette und Gewehre wurden nach dem Kampf von den Siegern eingesammelt. So mag es heute schwieriger sein, ein Schlachtfeld wie das der Völkerschlacht von Leipzig zu finden als jenes von Issos, wo Alexander der Große mehr als 2 000 Jahre zuvor die Perser besiegte.

Der Sieg der Germanen bei Kalkriese ist noch heute ein Glück für deutsche Archäologen. »Hätten die Römer gewonnen«, meint Achim Rost, »wäre wesentlich weniger liegen geblieben.« Das ist allerdings nicht damit zu begründen, dass römische Legionäre gründlicher plünderten oder das Schlachtfeld aufräumten. Rom befriedete seine Feinde. Lagen sich Römer mit Germanen oder Galliern in den Haaren, und hatte Rom den so genannten Barbaren gezeigt, wer in Europa die Tunika anhatte, reichten die Römer ihren Feinden die Hand, setzten sie als Vasallenkönige ein und ließen sie scheinbar frei schalten und walten – natürlich unter der Kontrolle Roms. Zu diesem Prozess gehörte es auch, dem besiegten Gegner alle Ehren zu erweisen. Germanen und Gallier durften ihre Toten vom Kampfplatz auflesen und feierlich bestatten. Waffen und Habseligkeiten nahmen die Besiegten wieder an sich. Deshalb gehen Archäologen an Orten großer Schlachten, bei denen die Römer siegten, leer aus. Berühmtes Beispiel: Alesia, jener Ort, an dem Gaius Julius Cäsar den Gallierfürsten Vercingetorix entscheidend schlug und Gallien damit endgültig ins Römische Reich zwang. Als unter der Regierung Napoleons III. der Kampfplatz von Alesia ausgegraben wurde, fanden die Wissenschaftler so wenige Zeugnisse der gewaltigen Belagerungsschlacht, dass bis ins späte 21. Jahrhundert nicht genau geklärt werden konnte, ob es sich tatsächlich um das legendäre Alesia handelte. Erst heute, nach 150 Jahren Forschung, gilt der kleine Ort Alise Sainte-Reine bei Dijon unzweifelhaft als Platz des gallischen Untergangs. Kalkriese hingegen muss nach wie vor um Anerkennung als Schlachtfeld des Arminius ringen.

Warum überhaupt Schlachtfeldarchäologie? Achim Rost: »Die Gefahr, dass Zusammenhänge aus dem Kontext von Schlachten idealisiert werden, ist recht groß. Da kommt die Archäologie mit Objektivität hinzu. Denn bislang sind die Dinge, die auf Kampfhandlungen folgen, militärgeschichtlich kaum beachtet worden.« Als einer der ersten Schlachtfeldarchäologen muss Rost noch mit Vorurteilen kämpfen. Der Untersuchungsgegenstand ist martialisch, die Forscher wehren sich gegen den Vorwurf, sie seien der Faszination des Kriegs erlegen. Tatsächlich aber lesen die Archäologen aus den Hinterlassenschaften der Gewalt viel Kultur- und Sozialgeschichtliches heraus.

Bei Lützen in Sachsen-Anhalt liegt eines der größten Schlachtfelder des Dreißigjährigen Kriegs. Hier siegten die Schweden am 16. November 1632 gegen die Kaiserlichen unter Wallenstein – ein teuer erkaufter Sieg, denn Schwedenkönig Gustav Adolf fiel in der Schlacht. Auf der 23 Hektar Fläche des ehemaligen Schlachtfeldes fanden Archäologen bei einer Grabung im Jahr 2007 Kugeln, Knöpfe und Gewichte. Sie waren noch einfach zuzuordnen und ließen unter anderem eine Untersuchung der Waffenentwicklung im Dreißigjährigen Krieg zu. Rätselhafter allerdings waren kleine Metallbeschläge, die zunächst in kein gängiges Schema passen wollten, nicht zum Waffenarsenal, nicht zur Uniform und nicht zum Pferdezaumzeug. Dann stellte sich heraus: Die Beschläge waren Buchschließen. Tatsächlich trugen Bücher zu dieser Zeit Metallbeschläge und Schließen zum Schutz gegen Insektenbefall. Was aber hatten große, teure und schwere Bücher auf einem Schlachtfeld verloren?

Eine Predigt gab Aufschluss. Paul Stockmann war 1632 Pfarrer in Lützen und Augenzeuge der Schlacht. Aus einer seiner Predigten geht hervor, dass die Soldaten Gebetsbücher besaßen und auch in der Schlacht bei sich trugen – allerdings nicht zur Erbauung, sondern um im Fall einer tödlichen Verwundung mit dem Gebetbuch in der Hand sterben zu können. Spiritualität und Krieg waren im Dreißigjährigen Krieg miteinander verheiratet.

Plünderungen gelten der Forschung nicht als Beleg für Gier und Habsucht, sondern als Zeichen für Not in der Bevölkerung. Je gründlicher der Kampfplatz abgesucht wird, desto größer das Leid der Menschen. Plündern kostet nichts – außer Überwindung. Achim Rost: »Man muss sich vorstellen, in welchem Milieu Plünderungen stattfinden – das Schlachtfeld nach einigen Tagen, die verwesenden Leichen. Da bleiben vielleicht auch einige Sachen unangetastet, die wertvoll sind.« Einem solchen Fall begegneten Archäologen in einem Schützengraben des Ersten Weltkriegs in Frankreich. Unter den Überresten eines toten Soldaten fanden die Forscher einen Beutel mit einer goldenen Uhr. Erstaunlich, dass niemand das luxuriöse Chronometer mitgehen ließ, zumal alle anderen Leichen gründlich von Wertgegenständen befreit waren. Noch etwas steckte in dem Beutel, das sich nicht identifizieren ließ. Die chemische Analyse ließ auf ein nicht näher bestimmbares organisches Material schließen. Wer nach dem Kampf die Toten abgesucht hatte, mag in dem Beutel auf einen Brocken Käse im Auflösungszustand gestoßen sein und auf nähere Untersuchung des Inhalts verzichtet haben.

Aus dem Dreißigjährigen Krieg ist bekannt, dass insbesondere Frauen mit Karren über die Schlachtfelder zogen und den Toten nahmen, was sie für das Überleben der eigenen Familie benötigten. Ähnlich mag es auch auf dem Schlachtfeld von Kalkriese zugegangen sein. Susanne Wilbers-Rost: »Menschliches Verhalten und die Not der am Krieg Leidenden hat sich in den letzten 2000 oder 3000 Jahren nicht verändert. Was im Kosovo-Krieg passiert ist, ist von den Ereignissen in antiken Kriegen nicht weit entfernt.«

Kapitel 7

Archäologen zwischen den Stühlen

Kritik, Zweifel und Unglaube ranken sich um das Museum Kalkriese. Bereits die ersten Münzfunde Tony Clunns und Wolfang Schlüters sorgten für Entrüstung im Lager jener, die ihre eigenen Theorien über den Ort der Varusschlacht hegten. Die Münzen seien nicht von den Archäologen gefunden worden, sondern angekauft, damit Geld in weitere Grabungen fließen könne, erinnert sich Wolfgang Schlüter heute an einen Vorwurf, der ebenso plötzlich auftauchte wie die Fundstücke selbst. »Aber das stimmte nicht«, meint der ehemalige Kreisarchäologe heute. »Als wir die Münzen entdeckten, haben wir selbst noch nicht an die Geschichte mit der Varusschlacht geglaubt.«

Während die Archäologen in Kalkriese mehr als 6 000 nachweislich römische Fundgegenstände präsentieren können, pochen Kritiker noch immer auf die Topographie. Der Vorwurf: Wer die *Römische Geschichte* des Cassius Dio als Reiseführer nach Kalkriese zur Hand nimmt, geht in die Irre. Der römische Gelehrte schrieb: »Die Berge, ohne Ebenen, waren nämlich von Schluchten durchzogen, außerdem standen Baumriesen dicht nebeneinander, so dass die Römer bereits vor dem feindlichen Überfall mit dem Fällen der Bäume, der Anlage von Wegen und der Überbrückung von Geländeabschnitten, wo solches nötig war, Mühe genug hatten.« Von Schluchten und Bergen keine Spur. Kalkriese liegt zwar am Wiehengebirgsrand, doch ragt der Höhenzug nur 320 Meter über den Meeresspiegel – an seinem höchsten Ort. Die zerklüftete Landschaft gibt es hier nicht. Wer irrt? Die Archäologen der Gegenwart oder der Geschichtsschreiber der Antike? Für Joseph Rottmann liegt die Antwort auf der Hand: »Da hat Cassius Dio den Schlachtort topografisch schwierig gemacht, um die Niederlage zu schönen.« Mit solchen Argumenten aber geben sich Skeptiker nicht zufrieden.

Strahlendes Juwel der Heimatforschung sind die Pontes Longi, die langen Brücken, die der römische Feldherr Caecina unter dem Kommando des Germanicus passiert haben soll – und die sollen bei Kalkriese gelegen haben. Auf dem niedersächsischen Schlachtfeld sei demnach nicht Varus mit seinen Legionen untergegangen. Vielmehr habe hier Caecina gegen die Germanen gekämpft. Aussagekräftigster Autor ist in diesem Fall erneut Tacitus. Er schreibt in den *Annalen*: »Einem Teil der Reiterei befahl er (Germanicus), entlang der Küste zum Rhein zu marschieren. Caecina, der eine eigene Heeresabteilung führte, erhielt die Weisung, sogleich die Wege, auf denen er den Rückmarsch antreten wollte, bekannt waren, so rasch wie möglich die ›Langen Brücken‹ hinter sich zu bringen. Dies ist ein schmaler Fußpfad durch ausgedehntes Sumpfgelände, der einst von L. Domitius als Damm aufgeführt worden war. Das übrige Gelände ist morastig, man bleibt dort im schweren Lehmboden hängen, oder Bachläufe machen es nur schwer begehbar. Ringsum stieg das Waldgelände langsam an [...]« Hier tappte Caecina in die Falle.

Das Klima Germaniens hatte ganze Arbeit geleistet. Die Brücken waren zu diesem Zeitpunkt bereits 15 Jahre alt und marode. Um seine Legionen durch das Moor führen zu können, musste der Feldherr Männer abstellen, welche die Brücken ausbesserten. Leichter gesagt als getan. Zu diesem Zeitpunkt hockten bereits die Germanen auf den umliegenden Höhen und warteten darauf, die Römer anzugreifen. Eine vertrackte Situation, in der Caecina nichts anderes übrig blieb, als zu versuchen, mit einem Teil der Truppe die Germanen in Schach zu halten und die anderen beim Brückenbau anzutreiben. Arminius, der die Germanen anführte, erkannte seine Chance.

Tacitus schöpft aus dem Vollen, wenn er den Angriff beschreibt: »Die Barbaren versuchten, die Postenkette zu durchbrechen und sich auf die Arbeitskommandos zu stürzen; sie forderten sie heraus, umzingelten sie und stürmten auf sie los. Durcheinander ertönte das Geschrei der Arbeitskommandos und der kämpfenden Truppe. Und überall stellten sich den Römern die gleichen Schwierigkeiten in den Weg: das grundlose Sumpfgelände, auf dem man nicht fest auftreten konnte und beim Vorwärtsgehen ausglitt, das Gewicht der Panzer, das auf dem Körper lastete, die Unmöglichkeit, im Wasser stehend die Wurfspeere zu schwingen.« Arminius kennt keine Gnade. Die bereits reparierten Brücken lässt er wieder zerstören und liefert sich mit den Römern ein Dauergefecht. Schließlich gelingt es Caecina, die sichere Rheingrenze zu erreichen. Wie viele Legionäre auf der Strecke bleiben, davon berichtet Tacitus nichts.

Historikern sind bisweilen Berg und Tal wichtiger als Tote. Die Beschreibung des Geländes bei Tacitus rastet bisweilen passgenau in die Topografie Kalkrieses ein. »Sie (die Germanen) leiteten alle Wasserläufe, die von den Anhöhen ringsum herunterkamen, in das tieferliegende Gelände ab.« Wasser lief auch vom Kalkrieser Berg hinunter und unterspülte den Wall. Gegenargument: Bei der Untersuchung des Walls entdeckten die Archäologen einen Drainage-Graben. Der musste beim Bau des Bollwerks bereits angelegt worden sein, um das Konstrukt eine Zeit lang wasserdicht zu machen – also doch Germanen? Der nächste Hinweis lässt sich nicht so leicht aus der antiken Welt schaffen: »Denn in der Mitte zwischen den Bergen und den Sümpfen zog sich eine Ebene hin, die eine Aufstellung in schmaler Front ermöglichte.« Ein Berg, ein Sumpf – der Oberesch. Die Beschreibung des Geländes passt auf die Hauptkampfzone bei Kalkriese – und auf ein Dutzend andere Orte im Brennpunkt der Varusjagd.

Landkarten, Ortsnamen und manche eigentümliche Wortableitungen sind die Meute, die den Fuchs fangen soll. Wiedenbrück, heute Stadtteil von Rheda-Wiedenbrück am Oberlauf der Ems, soll nach Meinung einiger Hobby-Historiker die Römer darauf gebracht haben, den Ort als Pontes Longi ins Lateinische zu übersetzen. Andere sehen das genauso, finden aber, es müsse das Dorf Wiedenbrügge am Steinhuder Meer sein. In Rausch hausgemachter Etymologie sind die Römer plötzlich allerorten. Der Beckumer Bildhauer Heinrich Gerhard Bücker trägt in seinem Buch *Varus, Varus – die Tragödie im Heiligen Hain* 1987 die Wortgewalt der Lokalforscher zu einem Nachschlagewerk zusammen. Darin wird eine Rämmelkenbrücke zur Römerbrücke, Limberg zum Limesberg, Warendorf zum Varusdorf und die Alte Holzstraße zum Bohlweg und damit zu den Pontes Longi. Wohin der erste Blick nicht führt, dafür gibt es Umleitungen. Der westfälische Ort Oelde wird zu Ulithe, dann zu Uligo und damit zum Uligines Paludum, jenem Begriff des Tacitus, der die Moräste bezeichnet. Den Flimmerberg, eine Kuppe bei Beckum, übersetzt Bücker »Aufleuchten der Feuerzeichen zum Angriff auf die Römer«. Die Interpretationen sind so liebevoll zusammengetragen wie beliebig.

Viele Wege führen über die Pontes Longi. Die Menschen der germanischen Frühgeschichte hatten häufig das Bedürfnis, morastige Wege oder gleich ganze Moore mit Holzbohlen überquerbar zu machen. Verständlich: Handelskarren mussten rollen, Kriegszüge durften nicht im Schlamm stecken bleiben. Die frühesten Brücken stammen aus der Jungsteinzeit, die letzten bauten die Moormänner im 11. Jahrhundert. Allein aus dem Bourtanger Moor westlich der Ems, dem ehemals größten zusammenhängenden Moorgebiet Westeuropas, sind Überreste von annähernd drei Dutzend solcher Bohlwege bekannt. Im Geestrandmoor, westlich der Unterweser, haben Archäologen bereits 76 potenzielle Kandidaten für die Pontes Longi entdeckt. Viele Verdächtige für eine Gegenüberstellung mit dem Schlachtort des Caecina.

Wenn schon nicht die Pontes Longi, dann der Angrivarierwall. Kalkriese-Gegner wie der Althistoriker Peter Kehne von der Universität Hannover halten es für möglich, dass am Wiehengebirge nicht das Varus-Schlachtfeld entdeckt worden ist, sondern eines des Germanicus. Eine begründbare Annahme: Feldherr Germanicus kämpfte tatsächlich in der Region gegen die Germanen und sammelte sechs Jahre nach Varus' Ende auf, was von den toten Legionären übrig geblieben war. Danach kam es zum Zusammenstoß mit den Germanen am Angrivarierwall, einem Grenzwall, der die Gebiete der Angrivarier von denen der Cherusker trennte. Ist es vorstellbar, dass das Museum von Kalkriese nicht am Ort der Varusschlacht errichtet wurde, sondern auf jenem Schlachtfeld des Germanicus? Der Kalkrieser Archäologe Achim Rost sagt Nein. »In den Quellen ist nachzulesen, dass Germanicus zwar Verluste gegen die Germanen erlitt, aber er ging nicht unter, so wie es Varus tat. Glaubt man den Quellen, soll es Germanicus gelungen sein, den Tross zu retten. Der aber ist am Schlachtfeld Kalkriese genauso verloren gegangen wie die Legionen selbst.« Tatsächlich fanden die Wissenschaftler mit den Maultierskeletten und Resten von Wagendeichseln Indizien dafür, dass hier nichts zu retten war. Wer auch immer in der Moorlandschaft in die Falle tappte, er ging unter mit Mann und Maultier.

Das letzte Wort über die Varusschlacht ist noch nicht gesprochen. Die Ausgrabungen in Kalkriese werden noch Jahre in Anspruch nehmen.

Jedes Fundstück, das mit wissenschaftlicher Präzision aus dem Boden operiert wird, scheucht die Kontrahenten auf »wie in einem Bienenstock«, so jedenfalls empfindet es *Die Welt*. Großer Hoffnungsträger ist Holz. Wo Schriftquellen und Münzdatierungen den wasserdichten Beweis schuldig bleiben, glänzt es mit einer inneren Uhr, die durch die wissenschaftliche Methode der Dendrochronologie messbar ist. Zwar gehört Holz zu den organischen Materialien und verwittert schnell. Ein Zuhause für Holz, Leder und sogar menschliche Körper aber bieten Moore. Die richtige chemische Zusammensetzung des Moorbodens vorausgesetzt, erhalten sich selbst weiche Überreste der Vergangenheit, die unter Lufteinwirkung rasch vergehen würden. Das ehemalige Große Moor in Kalkriese wird damit von großer Bedeutung.

Bis die Archäologen im ehemaligen Sumpf stehen, tobt die Schlammschlacht um Varus weiter. Schon 1920 kommentierte der Münsteraner Althistoriker Friedrich Koepp den Kampf um den Kampfplatz: »Noch immer geht der Schatten des Varus umher und nimmt fürchterliche Rache an den Enkeln des Arminius.« Wer tatsächlich davon profitieren würde, das Schlachtfeld des Varus zu finden, ist eine Frage, die unbeantwortet bleiben muss. Die Geschichtswissenschaft ist es jedenfalls nicht. Ihr ist wichtig, dass es die Schlacht gegeben hat – ob in Detmold oder Kalkriese, die Folgen blieben dieselben.

Teil 3

Der gemästete Mythos

Kapitel 8

»Die deutsche Nationalität, die siegte in diesem Drecke«

Heine, Klopstock, Kleist – Arminius' Heldentat inspirierte besonders zur Zeit des Kampfes gegen Napoleon und im Vormärz deutsche Geistesgrößen. Noch heute hält Arminius für Unterhaltungsromane im Stil des Herrn der Ringe her.

Die Pioniertat floss aus der Feder eines dichtenden Ritters. Ulrich von Hutten lebte, kämpfte und schrieb zu Beginn des 16. Jahrhunderts. Er wetterte gegen die Kirche und war begeisterter Lutheraner, er war Krieger für den Kaiser und Verfechter des Humanismus. Die katholische Kirche hasste ihn. Ein Vertreter des römischen Papstes schrieb 1521 über Ulrich von Hutten: »Dieser Hutten ist nur eine wenig vermögende Bestie, die höheren geistlichen Würdenträgern Deutschlands zittern vor der Satire dieses Starrkopfs, indessen ein Haufen verschuldeter Edelleute ihn vergöttert. In verschwörerischem Mutwillen gebärdet sich dieser ruchlose Schurke, dieser elende Bösewicht und Mörder, dieser lasterhafte Lump und arme Schlucker als Staatsverbesserer.« Tatsächlich verfasste Hutten seine Polemiken mit dem Fehdehandschuh, für seine feinsinnigen Verse aber legte er die Eisenfaust beiseite.

Ulrich von Hutten erweckte Arminius zum Leben. Die Zeit war reif. 1455 war die *Germania* des Tacitus wiederentdeckt worden, 1470 kam die römische Kriegsgeschichte des Florus heraus, 1505 tauchten die *Annalen* des Tacitus auf, 1520 feierten die Zeilen des Velleius Paterculus Neuauflage. Die Germanen waren überall. Nur in der Erinnerung und Überlieferung Mitteleuropas hatten sie bloß in Zerrbildern überlebt. Ein Unding der Geschichte: Die Franzosen verehrten Jeanne d'Arc, die Schweizer Wilhelm Tell, die Böhmen hatten Johannes Hus und den heiligen Wenzel. In den deutschen Fürstentümern aber waren Heldenfiguren selten und wenn überhaupt vorhanden, dann nur als Reflexe mittelalterlicher Herrscher wie Karl der Große oder Friedrich Barbarossa. Ein Nationalheld vom Schlage eines Vercingetorix aber ließ auf sich warten.

Ulrich von Hutten stopfte diese Lücke mit Arminius. Oft begab sich Hutten auf Kriegszug und Bildungsreise durch Europa, der Weg führte ihn 1515 nach Italien. Hier lernte er Tacitus ebenso kennen wie die Italiener. So sehr Hutten von dem antiken Meister begeistert war, so sehr verachtete er die Italiener der Gegenwart. Aus beidem schöpfte der Schriftsteller Kraft für seine politischen Texte. Hutten wollte den Nachkommen Roms zeigen, dass auch die Germanen einen Helden aufzuweisen hatten. Arminius kam ihm da gerade recht.

In seinem ersten Arminiustext zieht Hutten mit dem Cherusker gegen den Papst. Die *Klagschrift* genannte Schmähung richtet der Dichterritter an Friedrich den Weisen, um den Kurfürsten zum Kampf gegen Rom zu bewegen. Die darin enthaltenen Zeilen sind die literarische Wiedergeburt des Arminius:

»In solicher Rechnung gib ich euch die Westpholen auch zu und die man vorzeiten Cheruscos und Caucos hat genennt. Dieselbigen haben sich überaus redlich und ehrlich beweisen in dem römischen Krieg, den etwan der Kaiser Octavianus mit unsern Vorfahren geführt. Von ihnen ist auch herkommen der allerunüberwindlichst und starkmütigst Held Arminius (welchem Gezeugnus unverglichlicher Tugend und Ehren sein eigene Feind geben), der nit allein sein Ort, Gebiet und Vaterland, sonder die gantzen teutschen Nation von den Händen der Römer uff die Zeit, so sie am allermächtigsten und in der Blüt ihrer Herrschung waren, erlöset und wieder in Freiheit gesetzt, den Römern großen und unverglichlichen Schaden zugefügt, sie zuletzt gestrencklich verjagt und ausgetrieben.« Die flammenden Worte fruchteten zwar nicht bei Friedrich dem Weisen, aber beim Autor selbst. Ulrich von Hutten hatte an seinem eigenen Stoff Feuer gefangen.

Der große Wurf gelingt Hutten später. In *Arminius* bringt er die deutsche Frage vor das Gericht der Götter. Nicht, dass Ulrich von Hutten die Szene aus dem Nichts geschöpft hätte. Er bediente sich bei Lukian, den er ebenso wie Tacitus und die Italiener in Italien entdeckte. Während der

Arminius aus den Texten des Tacitus entstieg, steuerte Lukian Szene und Form bei. Bei dem römischen Dichter streiten Alexander der Große, Scipio und Hannibal im Elysium darüber, wer der größte Feldherr von allen sei. Richter ist Minos, der sagenhafte König Kretas. Genau die richtige Gelegenheit, um Arminius in die Weltgeschichte zu pflanzen. Hutten erweiterte die Szenerie und ließ den Cherusker zwischen die antiken Heroen treten. Dessen Forderung: »Es steht mir in der Tat an, Klage zu führen, dass du (Minos) den besten Feldherren, die es in aller Welt gegeben hat, Ehre erweist und sie gleichsam auszeichnest, mich aber, als wenn ich nicht gelebt hätte, übergehst.« Der Dialog entspinnt sich, die Redner wägen ab, loben, tadeln, grübeln und kommen schließlich zu dem Schluss, ihr Urteil revidieren zu müssen. Minos: »Deshalb gebührt es, dass du, Deutscher, hochgeehrt wirst; es wäre Unrecht, wenn wir deiner Tugenden jemals nicht gedenken würden.« Späte Anerkennung für Arminius und zugleich erste für die Deutschen – wenn auch hausgemacht.

Zwischen den Zeilen verbirgt sich Hintergründiges. Alle Werte der späteren Arminiusverklärung sind in Huttens Text bereits wie Pflastersteine in den Weg geschlagen. Davon findet der Berliner Literaturwissenschaftler Hans-Gert Roloff eine Menge: »Er (Arminius) hat für die Freiheit der Deutschen gegen die Römer gekämpft, ist ein Sieger über das römische Reich, er ist der ›liberator Germaniae‹, er hat die Deutschen befreit, die die Römer in Knechtschaft gesetzt hatten [...] er zeigt Führungsanspruch und Führungsbewusstsein aus innerster Überzeugung: selbstloser Einsatz zur Befreiung eines Volkes, Leiden unter Treulosigkeit, Intrigen und Verrat der eigenen Familie; Entwicklung genialer Strategien, die die Siege herbeiführen, Wiederherstellung des am Boden liegenden Deutschland, den Römern Angst und Schrecken bereitend, Beseitigung nationaler Schande, Vertreibung der Römer aus Deutschland, Begeisterung des Volkes, für die Freiheit zu kämpfen; Erduldung von Anschlägen und Attentaten, persönliches Leid, aber Härte gegen sich selbst und voller Einsatz für das Vaterland!« Ulrich von Hutten mag weniger im Sinn gehabt haben, als sein Werk auslöste. Aber mit der *Germania* des Tacitus unter dem Arm schuf der Ritter den Prototypen des deutschen Helden. Viele Größen der deutschen Literaturgeschichte wie Kleist und Goethe sollten diesen Gedanken aufnehmen und fortspinnen.

Der Autor erlebte weder Werk noch Wirkung. Ulrich von Hutten starb am 29. August 1523 an der Syphillis. Der von der Nachwelt als »Pfaffen-feind« apostrophierte Dichter und Kämpfer wurde 35 Jahre alt. Die Ver-öffentlichung des Arminiustextes erlebte der Autor nicht mehr. Erst sechs Jahre nach seinem Tod erschien der Text in Hagenau und auf La-tein. Damit blieb der Leserkreis eingeschränkt. Erst Philipp Melanchthon machte sich 1538 für den *Arminius* stark und gab eine Fassung zusammen mit der *Germania* des Tacitus heraus. Von der Verbreitung der germa-nischen Heldengeschichte versprach sich der Reformator »die segens-reichste Auswirkung auf die Jugend«. Letztlich steckte sich Melanchthon selbst mit dem Varusfieber an und suchte 1559 den Schlachtort am Os-ning. Der Arminiusdialog des Ulrich von Hutten streute Keime über die deutschen Fürstentümer aus.

Von Nationalgefühl war zu dieser Zeit noch nichts zu spüren. Das Reich war ein Flickenteppich, Fürsten regierten ihre Parzellen wie Kleinkönig-reiche, erst dem Habsburger Maximilian I. gelang es, von Österreich aus, das Heilige Römische Reich zu erneuern, ein zusammenhängendes Ge-biet zu schaffen und die Abhängigkeit des Kaisers vom Papst für beendet zu erklären. In dieser Zeit veränderte die *Germania* des Tacitus das Selbst-verständnis der Menschen. Schon 1497 hatte Maximilian I. den Gelehr-ten Conrad Celtis an die Universität Wiens gerufen, wo Celtis Vorlesungen über die *Germania* gab. Der Dozent war auch Dichter. In Versen beschwor er die Einfachheit und Unverdorbenheit der Germanen herauf und hielt den Zeitgenossen einen Katalog an Tugenden vor: Tapferkeit, Vaterlands-liebe, Freundschaft, Gerechtigkeit, Treue, Frömmigkeit, Ehrbarkeit, Wahr-haftigkeit und Aufrichtigkeit hätten die Germanen zu einem herausra-genden Volk der Geschichte gemacht. Das Bildungsbürgertum, das sich allmählich aus den alten Adelstrukturen herausschälte, wachte auf.

Mittelalter, Feudalherrschaften, der Hochmut des Adels – es war genug. Die Flaggschiffe der Zeit waren Humanismus und Reformation, gesegelt von einer bürgerlichen Schicht, deren Gestalt noch nicht herausgeformt war. Ihr brachte Ulrich von Hutten ein Vorbild auf dem Präsentierteller. Arminius war die personifizierte Antike, aber nicht jene der Römer, son-dern die der Germanen. Während die Geschichte des Cheruskers Jahr-hunderte im Dornröschenschlaf gedämmert hatte, küsste Ulrich von Hutten sie wach. Für die einen weckte er einen Helden. »Im Arminius rief er den alten Nationalhelden zur Rettung deutscher Freiheit auf«, jubelte

»Wenig vermögende Bestie« und »ruchloser Schurke« – wenn es darum ging, den dichtenden Ritter Ulrich von Hutten zu verunglimpfen, nahmen kirchliche Würdenträger kein Blatt vor den Mund.

der Literaturwissenschaftler Fritz Martini 1959. Für andere erhob sich mit Arminius ein Monstrum. Über einen »gespenstischen Kult um diesen germanischen Befreier« stöhnte 1980 der Schweizer Literaturhistoriker Max Wehrli. Die Nationalsozialisten frohlockten: »Inmitten eines großen Entscheidungskampfes um Deutsch oder Undeutsch taucht plötzlich die Gestalt des Arminius als weithin sichtbares Symbol der Deutschheit auf.« Erst durch den Arminius-Dialog des syphilitischen Ritters erhielt die Varusschlacht ihre bis heute spürbare Wirkung in der Geschichte der Deutschen.

Trotz immenser Wirkung: Ulrich von Hutten starb arm neben der Kirchenmaus der Pfarrkirche Ufenau. Er verbrachte seine letzten Tage auf einer Insel im Zürichsee, von seinen reformatorischen Freunden verlassen und von einem katholischen Priester gepflegt. Sein letztes Gedicht, in dem er sich zum Gescheiterten erklärt, beginnt mit den Worten »Ich habs gewagt mit Sinnen und trag des noch kein Reu«. Wie nachhaltig wirkungsvoll das Schaffen Huttens aber tatsächlich war, erkannten nicht erst die Arminius-Anhänger der folgenden Jahrhunderte. Noch Jahre nach dem Tod des Dichters – so berichtet eine lokale Chronik – reisten konservative Katholiken nach Ufenau, um sich über dem Grab des »gefährlichen Revolutionärs« zu erleichtern.

Lohenstein und Klopstock – Pathos in den Lesestuben

Daniel Casper von Lohenstein mochte es monumental. Nach Ende des Dreißigjährigen Krieges 1648 suchte der Dichter nach einer historischen Erklärung für die Katastrophe, die über Mitteleuropa hereingebrochen war. Er fand die Schlacht im Teutoburger Wald. Lohenstein schrieb bis 1689 ein Mammutwerk von 3280 Druckseiten, dessen Titel dem Umfang gerecht wurde: *Daniel Caspers von Lohenstein Großmüthiger Feldherr Arminius oder Herrmann als ein tapfferer Beschirmer der deutschen Freyheit, nebst seiner durchlauchtigen Thußnelda in einer sinnreichen Staats-, Liebes- und Helden-Geschichte, dem Vaterlande zu Liebe, dem deutschen Adel aber zu Ehren und rühmlichen Nachfolge. In zwey Theylen vorgestellet, und mit annehmlichen Kupffern gezieret.* Das Werk war so gewaltig, dass der Dichter seine Fertigstellung nicht erlebte. Lohenstein starb vor der Vollendung, die letzten Worte schrieb sein Bruder in das Manuskript. Noch nach 1700 Jahren war Arminius nicht zu bändigen.

Die Nation feierte das Meisterwerk. Obwohl die Redaktion des »Brockhaus« in der Ausgabe von 1837 kritisch mit Lohenstein ins Gericht ging und ihm »geschmacklosen Wortschwall« und »unnatürliche Bilder« vorwarf, gratulierten die Enzyklopädisten dennoch zum Arminiusroman: »Denn obgleich auch dieser die gerügten Fehler an sich trägt, so ist er doch wichtig als das Beste, was die deutsche Poesie in der letzten Hälfte des 17. Jahrhunderts zu leisten vermochte; meisterhafte Schilderungen, erhabene Gedanken und in Einzelnem kräftiger Ausdruck sind ihm nicht abzusprechen, wie denn überhaupt L. eine reiche, feurige Einbildungskraft und poetische Erfindungsgabe an den Tag legt.« Dichterische Weihen trotz sprachlicher Muskelschwäche – der Widerspruch funktionierte, weil Lohenstein seinen Arminius als Huldigung an das Haus Habsburg angelegt hatte. Der letzte Habsburger Kaiser war 1806 ohne Nachfolger zurückgetreten und hatte damit das Heilige Römische Reich erlöschen lassen. Dahinter steckte ein politischer Schachzug, denn die Habsburger fürchteten, Napoleon könne sich der Kaiserkrone bemächtigen. Das Ende des Reiches schmerzte die Fürsten noch lange. Trost fanden sie bei Lohenstein, der der Uneinigkeit der Germanen die Schuld daran gab, dass die Römer sie beherrschen konnten. Die Parallele zum Flickenteppich deutscher Fürstentümer und dem Machtgiganten Frankreich war unübersehbar. Auch wenn Lohenstein seinerzeit davon noch nichts wusste – der Arminiusroman wurde im 19. Jahrhundert zum Schwanengesang der Habsburger.

Die Geschichte schlug bald andere Seiten auf. Zu Beginn des 20. Jahrhunderts waren die Habsburger nicht mehr en vogue. Mit Wilhelm II. trug ein Preuße die Kaiserkrone, und die hatten mit den Habsburgern manches Huhn gerupft. Arminius im Habsburgerkostüm? Das war undenkbar. Entsprechend schreibt der Brockhaus 1911 kein Wort mehr von »feuriger Einbildungskraft« und »poetischer Erfindungsgabe« Lohensteins, sondern meint, der Dichter »geriet bei dem Bestreben, effekt- und phantasievoll zu wirken, in überreizten Schwulst«.

Heute zählt Lohenstein zu den Größen der Barockliteratur, er war Mitglied der »Fruchtbringenden Gesellschaft«, einem Zirkel maßgeblicher Literaten der Zeit, zu denen neben anderen auch Andreas Gryphius und Martin Opitz zählten und deren Ziel die Verbreitung der deutschen Sprache und Literatur war. Trotz solcher literarischer Weihen und der durchaus begeisterten Rezeption des Arminius in der Zeit seiner Veröffentlichung blieb das Werk am Vorwurf des nationalen Chauvinismus kleben. Lohenstein geizte nicht mit Zeilen, in denen er den Deutschen einen Platz in der vorderen Reihe der Weltgeschichte andichtete. In den »Anmerckungen« zum Arminiusroman betont der Dichter, dass »die Römer, insbesonderheit aber Caesar, Pompejus, Antonius, Augustus, nicht weniger die Griechen, vornehmlich Alexander der Grosse, ingleichen der sieghaffte Hannibal mit seinen Mohren, die Amazonen, Samniter, Lusitanier und fast die gantze Welt nichts wichtiges ohne der Teutschen Rath und Hülfe aufgeführet hätten, und also die Dienste der tapfferen Teutschen gleichsam allenthalben das Postement gewesen waeren, auf welchen die berühmtesten Europäer, Asiaten und Africaner ihre Siege gegründet hätten und darauf aus mittelmäßigen Zwärgen zu ungeheuren Riesen erwachsen wären.« Die Varusschlacht ist Lohenstein nur Instrument dafür, eine Universalgeschichte zu erzählen, er greift zurück bis in die Urgeschichte der Menschheit, bringt einen Abriss der Antike, erzählt den Werdegang der Chinesen und Tataren, die Entwicklung Europas und bringt die Neuigkeiten, die aus der zu dieser Zeit noch buchstäblich Neuen Welt bis nach Europa dringen. Mitten drin: Arminius. Auch der Cherusker ist Sinnbild für Herrschaft, Hierarchie und Überlegenheit. Der Literaturwissenschaftler Gerhard Spellerberg erkennt in einem Aufsatz von 1990 die Habsburger in Lohensteins Germanenwald wieder: »So verbirgt sich unter der Geschichte der zwölf Vorfahren des Arminius die Geschichte der Kaiser aus dem Hause Habsburg, wobei Arminius' Vater Segimer als zwölftes Glied in dieser Vorfahrenkette Kaiser Ferdinand III. repräsentiert, Arminius mithin Kaiser Leopold I.«

Roman, Universalgeschichte, historische Allegorie – der Mythos Arminius platzte bei Lohenstein aus allen Nähten, und die Worte des Barockdichters hallten nach. Gleichermaßen inspiriert von Lohenstein und Arminius versuchte sich Johann Elias Schlegel 1743 an dem Stoff der germanischen Ursuppe mit *Hermann, ein Trauerspiel*. Auch der Osnabrücker Justus Möser liebte den tragischen Aspekt der Geschichte und legte 1749 *Arminius. Ein Trauerspiel* nach. Der nationale Geist Lohensteins loderte auch in diesen Werken. Möser: »Ich kann auch wahrscheinlich hoffen, dass der deutsche Zuschauer ihm vor einem Griechen oder Römer gewogen sein werde, da es der vernünftigen Ehrbegierde eines jeden Volks schmeichelt, solche Helden erzeuget zu haben, die ihm und einer ganzen Weltzeit Ehre bringen.«

Kurz darauf kam Klopstock. Der Dichter griff gleich viermal zum Arminiusstoff, schrieb 1752 die Ode *Hermann und Thusnelda* und die drei Bardieten *Hermanns Schlacht* (1769), *Hermann und die Fürsten* (1784) und *Hermanns Tod* (1787). Dabei gelang Klopstock der Kunstgriff, eine Literaturform der Vergangenheit zu erfinden. Die Bardiete sollten nach Meinung des Dichters auf die Schlachtgesänge der germanischen Barden zurückgehen, die Tacitus »barditus« nennt. Für Klopstock gehörten Form und Inhalt zusammen. Er selbst trug »Hermanns Schlacht«, die »sehr warm aus meinem Herzen gekommen ist«, stilecht im Eichenhain vor. 1771 erinnert sich der Göttinger Dichter Christian Graf zu Stolberg an eine solche Lesung, bei der er »so lebhaft und so ganz gefühlt« habe, dass er ein Deutscher sei.

Mit Klopstock zog das nationale Pathos endgültig in die Lesestuben. Arminius ritt für die Deutschen und hatte die Gerechtigkeit und sogar Flora und Fauna auf seiner Seite. Für Klopstock waren die Germanen reine Naturburschen, ein Volk von Hirten und Jägern, »welches in Wäldern sich nährt, von der Heerde Milch und dem Rehe der Jagd«. Die Menschen verstehen die Sprache der Flüsse, und Bäume werden zur Metapher für Wehrhaftigkeit und Stärke, etwa wenn Wotan »mit den Wurzeln und den Wipfeln den tausendjährigen Eichenschild« hebt. Hingegen erhalten die römischen Antagonisten nur Platz in Nebensätzen. Sie leben im »Felsengebäu«, hinter Dämmen und Mauern und sind dekadente Zivilisationsopfer, »Weichlinge mit dem Kissen auf dem Rosse«. Während die Römer als Eroberer im Unrecht sind, stehen die Germanen auf der guten Seite. Sie kämpfen »für den Säugling im Schoß, für den Greis am Stabe! Die weise Mutter, die blühende, liebende Brau, für Hain und Altar!« Die Römer sind »Blutrichter« und »Säuglingsmörder«. Die Aufgabe der Germanen ist es, die Untaten der imperialen Ungeheuer zu vergelten, »zu rächen die Frühlingstänze, zerstäubt durch Waffenklang, die Thräne der Braut, den hülferufenden Knaben, des Greises sterbenden Blick«.

Mit gewaltigen Worten wollte Klopstock der Nation auf die Sprünge helfen und auf einen symbolischen Arminius einschwören. Seine Bardieten, die er selbst als »Nationalgedichte« bezeichnet, sollten das Individuum und den Staat zu einer Einheit verschmelzen. Doch die Zeit war noch nicht reif. Während die Germanen als Naturburschen gut in das Klischee vom edlen Wilden passten, waren sie als kriegerische Polit-Rächer nicht auf der Höhe der Zeit. Klopstocks Bardieten erschienen im Umfeld des Siebenjährigen Krieges, eines Waffengangs, den zwar Österreich gegen Preußen führte, der aber kein Nationalanliegen war, sondern ein Spiel wechselnder Koalitionen. Statt um erhabenen Germanengeist ging es um schnöden Gebietsgewinn. Klopstocks Barden sangen umsonst.

Kleist – die Sprachgewalt der rohen Horde

Das änderte sich mit Napoleon, der für die Arminiusdichter zur Personifikation des wiedergeborenen Varus aufstieg. In dem französischen

Kaiser fand Heinrich von Kleist, was Klopstock noch fehlte: den größten Feind der Deutschen. Nachdem Napoleon 1806 in der Schlacht bei Jena und Auerstedt die Preußen geschlagen hatte, litt Kleist körperlich am nationalen Zusammenbruch des Reichs. An seine Schwester Ulrike schrieb er: »Wie schrecklich sind diese Zeiten! [...] Ich leide an Verstopfungen, Beängstigungen, schwitze und phantasiere, und muss unter drei Tagen immer zwei das Bett hüten. Mein Nervensystem ist zerstört. [...] Es wäre schrecklich, wenn dieser Wüterich sein Reich gründete. Nur ein sehr kleiner Teil der Menschen begreift, was für ein Verderben es ist, unter seine Herrschaft zu kommen. Wir sind die unterjochten Völker der Römer.« Das war genug Stoff, um ein Drama zu schaffen. Unter Kleists Feder stieg Arminius erstmals zu einem echten Nationalisten auf. *Die Hermanns-schlacht* – so der Titel des Stücks – trieb die Protagonisten aus ihrem historischen Terrain hinaus in die Weltgeschichte.

Dort regierten nicht länger Kraft, Mut und Selbstlosigkeit, sondern Täuschung, Betrug, List und Vertragsbruch. Zwar handelt der kleistsche Arminius vorbildhaft und verfolgt das nationale Ziel, die Römer zu vertreiben, doch sind ihm alle Methoden dabei willkommen. Das gilt erst recht für Varus, der als »falscher Schelm« die Germanen nicht so sehr mit Gewalt, sondern mit Ränken gegeneinander ausspielen will. Kleist dichtet den Römern eine Intrige an. So soll Varus den Markomannenfürsten Marbod dazu angehalten haben, das Land der Cherusker zu bedrohen. Marbod aber ist mächtig, und Arminius weiß, dass er im Kampf gegen die Markomannen unterliegen würde. In dieser Situation bietet Varus dem Arminius Hilfe an. Doch der Cherusker ahnt, dass die Römer nur einen Grund suchen, um ungehindert in sein Land einzumarschieren, um es dann an sich zu reißen. So schmiedet wiederum Arminius Ränke mit Marbod – beide Häuptlinge verabreden einen Überfall auf die drei Legionen des Varus. Die Politik des 19. Jahrhunderts färbte die Varusschlacht bunt.

Während seine literarischen Vorgänger dem Arminius das Schwert in die Hand drückten, wappnete Kleist den Cherusker mit Sprachgewalt. Die Hürden, die der Held in dieser Version nehmen muss, sind nicht römische Schilde, sondern die Starrköpfigkeit seiner Mitgermanen. Einig sind sie darüber, dass die Römer verschwinden müssen, uneins hingegen, wenn es um die Methoden geht, und die sind beim kleistschen Arminius drastisch.

Im dritten Aufzug des ersten Aktes versucht Arminius, die Fürsten der anderen Stämme gegen die Römer einzuschwören:

HERMANN (SICH LOSMACHEND)
Kurz wollt ihr, wie ich schon einmal euch sagte,
Zusammenraffen Weib und Kind,
Und auf der Weser rechtes Ufer bringen,
Geschirre, goldn' und silberne, die ihr
Besitzet, schmelzen, Perlen und Juwelen
Verkaufen oder sie verpfänden,
Verheeren eure Fluren, eure Herden
Erschlagen, eure Plätze niederbrennen,
So bin ich euer Mann –:

WOLF
Wie? Was?

HERMANN
Wo nicht?

THUISKOMAR
Die eignen Fluren sollen wir verheeren –?

DAGOBERT
Die Herden töten –?

SELGAR
Unsre Plätze niederbrennen –?

HERMANN
Nicht? Nicht? Ihr wollt es nicht?

THUISKOMAR
Das eben, Rasender, das ist es ja,
Was wir in diesem Krieg verteidigen wollen!

HERMANN (ABBRECHEND)
Nun denn, ich glaubte, eure Freiheit wärs.

Arminius wird zum politischen Sprachrohr Kleists, der die Varusschlacht wirkungsvoll aus ihrem historischen Kontext entfernt und aus Römern Franzosen, aus Cheruskern Preußen macht.

Was bei Klopstock noch galt, verkehrte Kleist ins Gegenteil. Singen, jagen und beten die Germanen Klopstocks in und mit der Natur, sind die

bei Kleist Freiwild der Römer. Auffallend oft benutzt Kleist Tierverglei-
che, um die Geringschätzung der Besatzer gegenüber den Einheimischen
darzustellen. Thusnelda wird als Schäfchen bezeichnet, das ihr römischer
Galan Ventidius für die bald kommende Schurzeit umgarnt. Später erkennt Thusnelda das falsche Spiel des Römers: »Hinweg! – er hat zur Bärin
mich gemacht!«. In einem Dialog zwischen Hermann und Thusnelda
schlägt Kleist das Tiermotiv laut an:

HERMANN
[...] Was ist der Deutsche in der Römer Augen?

THUSNELDA
Nun, doch kein Tier, hoff ich –?

HERMANN
Was? – Eine Bestie,
Die auf vier Füßen in den Wäldern läuft!
Ein Tier, das, wo der Jäger es erschaut,
Just einen Pfeilschuss wert, mehr nicht,
Und ausgeweidet und gepelzt dann wird!

Andersherum aber sind auch die Germanen nicht zimperlich, wenn es
darum geht, den Feind Rom mit einem Tier gleichzusetzen: »Es bricht der
Wolf, o Deutschland, in deine Hürde ein, und deine Hirten streiten um
eine Handvoll Wolle sich.« Der Mensch-Tier-Vergleich erreicht den Höhepunkt und zugleich die Auflösung, als Ventidius sich zu einem Schäfer-
stündchen mit Thusnelda treffen will, diese ihn aber in die Falle lockt und
von einer echten Bärin zerreißen lässt.

Den persönlichen Querelen der Figuren stellt Kleist die Politik entgegen. So virtuos er Protagonisten und Antagonisten in Szene setzt und
bisweilen jene die Züge der anderen zeigen lässt, so geschickt platziert
er das Geschehen auf eine aktuelle Zeitbühne, und die war für Deutschland niederschmetternd. Die Franzosen gewannen Schlacht um Schlacht
nicht nur wegen der Strategien ihrer Generäle, sondern durch ihre Motivation, für Frankreich zu kämpfen. Der Krieg Napoleons war kein Kampf
eines mächtigen Mannes, der sich Söldnertruppen kaufen musste, sondern
ein Volkskrieg. Die Literaturwissenschaftlerin Gesa von Essen erkennt in
Kleists Hermannsdrama die Tendenz, den Deutschen die Möglichkeit eines
solchen Volkskrieges nahezulegen: »Die Römer sind nach Art der antina-

poleonischen Koalition gewohnt, einen Krieg der Soldtruppen zu führen, und scheitern damit kläglich; die Germanen dagegen entscheiden sich für einen Krieg der Völker, bei dem die Wirkung der geschickten Propaganda Hermanns, ähnlich wie bei den französischen Revolutionsheeren, eine wesentliche Rolle spielt.« Unter Kleists Regie waren Varus und Arminius endgültig auferstanden auf den Schlachtfeldern der Neuzeit.

Deutschland feierte seinen Helden. Nach mehr als 1800 Jahren erlebte der Cherusker, getragen von kleistscher Sprachgewalt, eine Renaissance. Von der Bühne herab trafen Arminius' Worte auf offene Ohren jener, die in Kleists Drama mehr sahen als der Dichter selbst. Zunächst blieb *Die Hermannsschlacht* den von den Deutschen sogenannten Freiheitskriegen gegen Napoleon verhaftet. Als nationales Festspiel gehörte es in jedes Theaterprogramm, insbesondere an den Gedenktagen kriegerischer Erfolge war der Hermann Pflicht. Er beherrschte die Bühne zum 50. Jahrestag der Völkerschlacht von Leipzig 1863, zum 10. Jahrestag der Schlacht von Sedan 1880, zur Einweihung des Völkerschlachtdenkmals in Leipzig 1913. Ob Kleist mit der Nationalisierung seines Stückes einverstanden gewesen wäre, ist fraglich. Der Dichter hatte sich 1811 erschossen. Die Uraufführung der *Hermannsschlacht* erlebte er nicht mehr.

Fortan war Arminius ein Wüterich der Deutschnationalen. Der Germanist Hinrich Seeba stellte in einem Vortrag von 1990 fest, dass sich Arminius vom fast vergessenen Germanenrecken zum Helden einer kriegführenden Nation gewandelt hatte: »Weil der Typus des Helden, in dem sich die deutschen Einheitswünsche und Machtträume kristallisieren konnten, so bekannt war, dass seine inhaltliche Ausfüllung kaum noch ins Gewicht fiel, bedurfte es gar nicht mehr des literarischen Textes, sondern nur noch des Hinweises auf seinen festgeschriebenen Gebrauch, um das erwünschte Sentiment wachzurufen und in den Dienst vorgängiger, in jedem Fall außerliterarischer Interessen zu stellen.«

Verhaftet im Klischee, ritt Arminius weiter gegen die Franzosen-Römer. Im Ersten Weltkrieg erhob die deutsche Kulturadministration Kleists Drama zum nationalen Festspiel. Der Schauspieler Georg Paeschke, mit der Rolle des Hermann betraut, erinnert sich in einem Zeitungsartikel von 1921 daran, dass zwischen den Akten Siegesmeldungen von der Front verlesen wurden: »Als im Herbst 1914 die Spielzeit im Schiller-Theater mit einer Neueinstudierung von Heinrich von Kleists ›Hermannsschlacht‹ eröffnet wurde, gingen die Wogen der Begeisterung hoch. Wie oft wurde damals nach der Vorstellung von der Bühne herab irgendein großer Waffenerfolg verkündet! Dann kam es wohl vor, dass alle im Theater stehend das Deutschlandlied sangen!« Der Hermann Heinrich von Kleists wandelte sich vom Rhetoriker zum Säbelrassler. Max Jungnickel schrieb im *Lachenden Soldatenbuch* von 1915 den Dichter vom Literaturolymp in die Kaserne herab: »Überhaupt, wir würden immer siegen, wenn wir die ›Hermannsschlacht‹ dieses vulkanischen Engels singen könnten. Was ist ein Regimentsmarsch dagegen?«

Noch lautere Töne bliesen die Nationalsozialisten auf der Trompete Kleist. Der hatte in seinem Text den Dualismus Römer-Germanen auf die Spitze getrieben mit den Worten:

Die ganze Brut, die in den Leib Germaniens
Sich eingefilzt, wie ein Insektenschwarm,
Muss durch das Schwert der Rache jetzo sterben.

Hitlers Chefideologen Alfred Rosenberg kam dieses Zitat gelegen. Er ernannte Heinrich von Kleist zum Prototypen des Fremdenfeindes: »Wir wissen, dass heute Juden, Polen und Franzosen die ›ganze Brut ist, die in den Leib Germaniens sich eingefilzt wie ein Insektenschwarm‹. Wir wissen, dass ein Ende sein muss mit der Liebespredigt für unsere Feinde, dass heute noch viel mehr als vor 1 000 Jahren Hass unser Amt ist und unsere Tugend Rache. [...] So ist Kleist unser.« Heinrich Himmler, Chef der Geheimen Staatspolizei, erließ am 15. Juni 1936 den Befehl: »Der Führer hat kürzlich bei einem Vortrage, den ich über die Verwendung deutscher Namen durch Juden hielt, mir den Auftrag gegeben, den ich weitergeben soll, dass diese Frage gesetzlich geregelt werden soll, dass Juden den Namen Siegfried oder Thusnelda nicht führen dürfen und, soweit sie ihn führen, ablegen müssen.« Für Hinrich Seeba verwandelte sich damit Kleist von einem »verzweifelten Opfer preußischer Verhältnisse« in einen »germanophilen Antisemiten«. Wie wenig der Text des Stückes dabei Beachtung fand, lässt sich daran ablesen, dass kein Kleist zitierender Militär oder Rassenwahnsinniger bemerkte, wie der Hermann des Heinrich von Kleist die Varusschlacht gar nicht gewinnt. Es ist Marbod, der Fürst der Markomannen, der den Sieg gegen die Römer erringt. Das jedoch hätte kaum in die Festspielstimmung der Deutschen unter Kaisern und Diktatoren gepasst. Die Ausblendung dieses markanten Details am Ende des Stücks aber ist Teil seiner traurigen Geschichte.

Grabbe und Heine – von der Legende zum Wintermärchen

Seit Kleists politischer Parabel musste der Arminiusstoff herhalten als Kulisse für die Darstellung deutscher Zustände. Als nächster im Bunde deutscher Literaten versuchte sich Christian Dietrich Grabbe am Cherusker. Grabbe war Detmolder und schrieb mit der *Hermannsschlacht* sein eigenes Requiem am Fuß des Teutbergs. »Ich feile nur noch, sinke auch wohl an ihr nieder, wenn sie vollendet ist, auf ewig«, schrieb Grabbe 1835 an eine Freundin. Im Jahr darauf starb der Dichter. Sein Erbe, die *Hermannsschlacht*, sollte eine Mahnung an die Deutschen sein. Doch Grabbe blieb nicht an der Tradition der Hermannsdichter kleben, die vom Germanenpathos besessen waren – der Detmolder kehrte den Franzosenhass ins Gegenteil und machte Arminius nicht zum Bezwinger Napoleons, sondern zu dessen Kulturattaché.

Deutschland hatte Grabbe enttäuscht. Wo Kleist noch versucht hatte, seine Landsleute auf einen »Befreiungskrieg« gegen die Franzosen einzuschwören, empfand Grabbe die Politik seiner Zeit als gescheitert. Napoleon war tot. Die politischen Systeme erstarrten in der Biedermeierzeit. Für die Restauration, die zwischen 1815 und 1830 versucht hatte, die Zustände vor der Französischen Revolution in Europa wiederherzustellen, hatte Grabbe nur Verachtung übrig: »Mit Napoleons Ende ward es mit der Welt, als wäre sie ein ausgelesenes Buch, und wir ständen, aus ihr hinausgeworfen, als die Leser davor, und repetirten und überlegten das Geschehene.« Als Antwort kam Arminius. Doch diesmal führte der Cherusker nicht das Schwert gegen die Römer, er trat als Kulturschaffender auf, der versuchte, die Errungenschaften römischer Zivilisation zu den Stämmen zu bringen:

Prätor
Das heutige Gericht ist aus.

Volk
Fürst, wann richtest du?

PRÄTOR

Der Pöbel fragt und tut äußerst frech.

HERMANN

Wie du siehst: gegen mich. Er will noch immer nicht recht sich romanisieren lassen und betrachtet mich als einen Überläufer.

Barbarei und Zivilisation begegnen sich in einer Szene, in der Varus und Thusnelda aufeinander treffen:

VARUS (EINTRETEND)

Gruß, Fürstin.

THUSNELDA

Dank, Prokonsul. Nimm Platz.

VARUS

Unter dem Gesinde?

THUSNELDA

Sitz' ich nicht auch darunter? Mein Gesinde ehrt mich, ich ehr es wieder. So gleichen Herren und Diener sich aus.

VARUS

Ländlich, sittlich, doch italisch ists nicht.

Die Geister scheiden sich schließlich nicht an der Politik, sondern beim Essen:

VARUS

Die Hülsenfrüchte scheinen trefflich. Mein Gaumen ist nur noch zu wenig daran gewöhnt. Aber der Braten wird um so ansprechender, kräftiger und delikater sein – *Er isst, und niest gleich darauf.* Kastor und Pollux, das beißt in die Zunge und stinkt in die Nase!

THUSNELDA

Der Eber ist ranzig. Wir lassen ihn mit Vorsatz so werden. Er erhält dadurch einen eigentümlicheren, schärferen Geschmack.

Römer als Kolonialisten, Germanen als Kolonisierte und dazwischen Arminius, der sich als antiker Ethnograph und Vermittler zwischen den Kulturen versucht – der Hermann des Christian Dietrich Grabbe versuchte etwas Neuartiges. Vor dem Hintergrund der Reform im Literarischen hebt sich die Tradition der Darstellung besonders scharf ab. Als Heimatverbundener schreibt Grabbe sein wegweisendes Drama in jener Ortsverbundenheit, die schon die ersten Varusschreiber kennzeichnete: »[...] und der Gedanke an die Heimath [...] hat mich auf etwas aufmerksam gemacht, was mir so nahe lag: nämlich ein großes Drama aus der Hermannsschlacht zu machen; alle Thäler, all das Grün, alle Bäche, alle Eigenthümlichkeiten der Bewohner des lippischen Landes, das Beste der Erinnerungen aus meiner [...] Kindheit und Jugend, sollen darin grünen, rauschen und sich bewegen.«

Grabbe demonstrierte, wie sehr die Varusschlacht und die in ihrem Umfeld handelnden Figuren dem historischen Kontext entwachsen waren. Arminius, Thusnelda, Varus und Augustus führten ein Eigenleben als Kinder ihrer Zeit und waren endgültig in das Reich der Fiktion umgezogen, wo sie die politische Lage sondierten. Das funktionierte so gut, dass auch andere Arminiusdramen künftig nach Belieben in fremde Kontexte versetzt werden konnten. Noch 1957 schrieb ein Kommentator im Programmheft des Burgtheaters Wien anlässlich einer Aufführung von Kleists *Hermannsschlacht*: »Die Römer sind die Amerikaner und Aristan ist Adenauer«. Aus Geschichte wird Theater.

Große Bühne, jauchzendes Publikum, jetzt war Arminius reif fürs Sentiment. Nach Ausflügen ins Literarische kam die Varusschlacht zur Oper. Auch Grabbe hatte für die Aufführung seines Hermanns von üppiger Kulisse geträumt, »wo möglich mit einem Chor altdeutscher Burschen auf der Grotenburg als närriche Folie«. Ähnlich opulent ging es beim Singspiel zu. Komponisten und Dichter schrieben allein im 18. Jahrhundert etwa 40 Libretti für Arminius, Thusnelda, Varus und Tiberius, weitere folgten im 19. und 20. Jahrhundert. Die Romanistin Paola Barbon und der Germanist Bodo Plachta stellen fest, »dass der Stoff als originärer Bestandteil der Operngeschichte des 18. Jahrhunderts angesehen werden kann.« Dabei scheint die Forderung Grabbes nach Verständnis gegenüber der jeweils anderen Kultur wenigstens zum Teil eingelöst worden sein: Die Opern-Germanen sangen zumeist Italienisch.

Manch einer hatte schon zu Grabbes Zeiten genug vom allgegenwärtigen Arminius. Dazu zählte Heinrich Heine, der in seinem Versepos *Deutschland. Ein Wintermärchen* die Zustände im Land in 27 Kapiteln satirisch betrachtet. In »Caput XI« reimt Heine über den Teutoburger Wald:

Das ist der Teutoburger Wald,
den Tacitus beschrieben,
Das ist der klassische Morast,
Wo Varus steckengeblieben.

Hier schlug ihn der Cheruskerfürst,
Der Hermann, der edle Recke;
die deutsche Nationalität,
Die siegte in diesem Drecke.

Wenn Hermann nicht die Schlacht gewann,
Mit seinen blonden Horden,
So gäb' es deutsche Freiheit nicht mehr,
Wir wären römisch geworden!

In unserem Vaterland herrschten jetzt
Nur römische Sprache und Sitten,
Vestalen gäb es in München sogar,
Die Schwaben hießen Quiriten!

Der Hengstenberg wär ein Haruspex
Und grübelte in den Gedärmen
Von Ochsen. Neander wär ein Augur
Und schaute nach Vögelschwärmen.

Birch-Pfeiffer söffe Terpentin,
Wie einst die römischen Damen.
(Man sagt, daß sie dadurch den Urin
Besonders wohlriechend bekamen.)

Der Raumer wäre kein deutscher Lump,
Er wäre ein röm'scher Lumpacius.
Der Freiligrath dichtete ohne Reim,
Wie weiland Flaccus Horatius.

Der grobe Bettler, Vater Jahn,
Der hieße jetzt Grobianus.
Me hercule! Maßmann spräche Latein,
Der Marcus Tullius Maßmanus!

Die Wahrheitsfreunde würden jetzt
Mit Löwen, Hyänen, Schakalen
Sich raufen in der Arena, anstatt
Mit Hunden in kleinen Journalen.

Wir hätten einen Nero jetzt,
Statt Landesväter drei Dutzend.
Wir schnitten uns die Adern auf,
Den Schergen der Knechtschaft trutzend.
Der Schelling wär ganz ein Seneca,
Und käme in solchem Konflikt um.
Zu unsrem Cornelius sagten wir:
»Cacatum non est pictum.«
Gottlob! Der Hermann gewann die Schlacht,
Die Römer wurden vertrieben,
Varus mit seinen Legionen erlag,
Und wir sind Deutsche geblieben!
Wir blieben deutsch, wir sprechen deutsch,
Wie wir es gesprochen haben;
Der Esel heißt Esel, nicht asinus,
Die Schwaben blieben Schwaben.
Der Raumer blieb ein deutscher Lump
In unserm deutschen Norden.
In Reimen dichtet Freiligrath,
Ist kein Horaz geworden.
Gottlob, der Maßmann spricht kein Latein,
Birch-Pfeiffer schreibt nur Dramen,
Und säuft nicht schnöden Terpentin
Wie Roms galante Damen.
O Hermann, dir verdanken wir das!
Drum wird dir, wie sich gebühret,
Zu Detmold ein Monument gesetzt;
Hab selber subskribieret.

Arminius kam immer wieder. Er begegnete den Deutschen auf der Opernbühne, im literarischen Drama und im trivialen Roman. Neben Hochka-
rätern wie Klopstock, Kleist und Grabbe verfielen auch viele Trivialisten
dem Stoff und arbeiteten ihn in grellen Historienbildern auf. Eugen Hermann Dedenroth schrieb 1863 *Hermann, der erste Befreier Deutschland's.
Eine romantische Geschichte für das deutsche Volk*; Margot Boger versuchte
sich an einem historischen Frauenroman, als sie 1939 *Thusnelda, die Toch-*

ter des Segestes verfasste; Hugo von Waldeyer-Hartz veröffentlichte 1921
Der alte Fluch. Roman aus Deutschlands Urgeschichte. Zwischen 1780 und
1945 galoppiert Arminius etwa zwei Dutzend Mal durch die Romanabtei-
lungen des Buchhandels.

Der Sieg des Cheruskers fuhr auch Felix Dahn in die Glieder. Der Würz-
burger Juraprofessor bescherte der Nachwelt ein umfangreiches Œuvre
an volkstümlich-historischen Romanen, darunter das vierbändige *Ein
Kampf um Rom.* In seinen 1872 herausgegebenen Gedichten schrieb Dahn
auch dem Arminius einige Verse auf den Leib: »Heil dem Helden Armin!/
Auf den Schild hebet ihn/Zeigt in den unsterblichen Ahnen:/Solche Führer wie der/Gib uns, Wodan, mehr -/Und die Welt, sie gehört den Germanen!«

Der deutsche Dichter Joseph Victor von Scheffel besang in der Mitte
des 19. Jahrhunderts die Varusschlacht mit teutonischer Reimgewalt. Bis
heute klingt der Anfang seines Studentenliedes »Teutoburger Schlacht«
vertraut: »Als die Römer frech geworden [...]« Mit Klamauk kleisterte der
Jurist, Maler und Dichter seine Verse zusammen, um der Errichtung des
Hermannsdenkmals bei Detmold Tribut zu zollen. Die letzten Worte des
Varus: »Da sprach er voll Ärgernussen/Zum Centurio Titiussen:/›Kame-
rade, zeuch dein Schwert hervor/Und von hinten mich durchbohr‹,/Da
doch alles futsch ist.‹« In der elften Strophe dachte sich Scheffel die Szene,
in der Kaiser Augustus vom Untergang seiner Legionen hört, folgender-
maßen: »Erst blieb ihm vor jähem Schrecken/Ein Stück Pfau im Halse
stecken/Dann geriet er außer sich:/›Varus, Varus, schäme dich,/Redde
legiones!‹« Obwohl auf Latein, schaffte die letzte Zeile den Sprung zum
geflügelten Wort der deutschen Sprache. Scheffel blieb auch die Botschaft
nicht schuldig und moralisierte in der 13. und letzten Strophe: »Und zu
Ehren der Geschichten/Tat ein Denkmal man errichten,/Deutschlands
Kraft und Einigkeit/Verkündet es jetzt weit und breit:/›Mögen sie nur
kommen!‹«

Auch andere ritten die Muse zu Schanden. Ob Nationaldichter oder
Schmierfink – allen deutschen Poeten war es wichtig, die Verzweif-
lung des römischen Kaisers zur Schau zu stellen. So spielt die Szene, in
welcher der Imperator vom Verlust der Legionen erfährt, in fast allen
Werken eine Rolle, die so tragend wie tragisch ist. Mal irrt Augustus verzweifelt durch die marmornen Hallen seiner Residenz, mal rauft er sich

die Haare. In drastischen Versionen der Ereignisse soll er sich den Kopf an den Säulen seines Palastes eingeschlagen haben. Bei den römischen Dichtern ist davon nichts zu finden. Überdies lebte der erste römische Kaiser nicht in einem Luxusdomizil wie viele seiner Nachfolger, sondern behauste ein schlichtes Gebäude aus Tonziegeln. Das Kopfeinschlagen am italienischen Marmor war zur Zeit der Varusschlacht noch nicht erfunden.

Bis in die Gegenwart packt der Mythos Varusschlacht Autoren und Leser. Jörg Kastner, Verfasser deutschsprachiger Thriller, Fantasy- und Historienromane, widmete Arminius 2001 einen Teil seiner fünfbändigen *Germanensaga*. Zuletzt legte Jens Holthausen 2006 *Hermann, Römer und Cherusker* vor. Der Klappentext umwirbt den Käufer mit Mythologischem: »Ein historischer Roman um Liebe und Tod, Mannesmut und Intrigen, tiefe Freundschaft und grenzenlosen Hass, dazu ein Schuss Götterhimmel und Prophetie.« Die Zerrbilder des Arminius und des Varus sind unsterblich.

Hermannsdenkmal – ein Germane wird Goliath

Der Bildhauer Ernst von Bandel hatte sieben Kinder und eine Idee: ein Denkmal für Arminius. Was Bandel zu Beginn des 19. Jahrhunderts nicht ahnte – aus dem Einfall sollte eine Lebensaufgabe werden.

Eigentlich wollte er Förster werden, doch dann begegnete Bandel in München Carl von Fischer, damals Professor an der Akademie der bildenden Künste. Fischer zeigte Bandel die Baukunst, und Bandel fing Feuer. Die Waldwirtschaft war vergessen. Bereits nach einem Jahr Studium an der Akademie erhielt der Nachwuchskünstler eine Stelle als Königlicher Hofbauzeichner und leitete den – von Fischer geplanten – Bau des großen Hoftheaters in München. Die bayerische Metropole feierte den Klassizismus, die Rückbesinnung auf die Ästhetik der Antike manifestierte sich in Bauten wie der Pinakothek, der Glyptothek, der Propyläen und der Walhalla. Bandel hatte für diese Formensprache nicht viel übrig. Er liebte die Gotik so sehr wie seine Arminius-Idee. Beides führte ihn nach Norden.

Das Kernland der Cherusker lockte Bandel an. Er zog 1833 nach Hannover. Das Glück blieb in München zurück. Bandel, mittlerweile dreifacher

Vater, fand keine Arbeit und scheiterte – wie Bandel-Biograf und Urenkel Heinrich Kickler meint – an seiner Starrköpfigkeit. Winkte ein Auftrag, bestand der Bildhauer stets darauf, künstlerisch unabhängig arbeiten zu können. Darauf aber wollte sich niemand einlassen. Überdies gab es gewichtige Konkurrenz: Karl Friedrich Schinkel, einer der prominentesten Maler und Baumeister der Romantik und des Klassizismus, hatte nicht nur bessere Referenzen vorzuweisen als Bandel, er baute überdies im klassizistischen Stil, und der war zu Beginn des 19. Jahrhunderts gefragter als des Münchners Rückbesinnung auf die Gotik. Bandels Traum vom Arminius rückte in weite Ferne. Da meldete sich im selbst gewählten Exil in Niedersachsen plötzlich ein alter Bekannter.

In Detmold lebte Wilhelm Tegeler, ein Studienkollege aus Münchner Tagen. 1836 wanderte Ernst von Bandel von Hannover über Vlotho nach Detmold, traf den Freund und fand den Teutberg, der bereits seit langem in Verdacht stand, Heimat des Arminius gewesen zu sein. Auf der Kuppe sah Bandel seinen Baugrund: »In dieser Zeit zeichnete ich die ersten Skizzen zu einem Arminiusdenkmal, das ich im Teutoburger Waldgebirge, das ich mir als ein wildes Schluchtengebirge vorstellte, errichten wollte, um unser damaliges noch uneiniges schlaffes Volk aufzurütteln zu festem Zusammenstehn.« Es erscheint wie ein Sarkasmus der Geschichte, dass ausgerechnet Uneinigkeit der Beteiligten den Bau des Denkmals jahrzehntelang verhinderte.

Doch zunächst sah auf dem Teutberg alles recht rosig aus. Die Idee Bandels fand Freunde in Detmold, noch im selben Jahr gründete sich dort ein Verein zur Förderung des Denkmals. Der Bildhauer kehrte Hannover den Rücken und zog um ins Westfälische. Dort füllten sich die Kassen des Vereins in der Zwischenzeit mit Spenden. Die Idee des Denkmals begeisterte die Deutschen. Kaum aber war der Grundstein gelegt, gingen Künstler und Verein getrennte Wege.

Arminius war zu teuer. Die Kostenvoranschläge Bandels waren bereits überschritten, bevor der Bau überhaupt Formen zeigte. Wo sich Ernst von Bandel verrechnet hatte, ist nicht genau bekannt. Faktoren für Unsummen gab es genug. Als Chef des erzenen Riesen trug der Künstler die Verantwortung für alles, was auf der Baustelle passierte, er musste selbst Arbeiter anstellen, sie zum Teil sogar anlernen, für ihre Sicherheit garantieren und das Baumaterial beschaffen, er war Baumeister, Bildhauer,

Stahlbauer und Kupferschmied in einer Person. Bei soviel Aufwand lief die Kalkulation aus dem Ruder, der Preis des Denkmals überstieg dessen Größe und die Vorstellungskraft des Detmolder Vereins. Es gab Krach.

Arminius aber durfte nicht sterben. Ersatz sollte her, und den fand der Vereinsvorstand ausgerechnet in Karl Friedrich Schinkel. Der mag ein schönes Prestigeobjekt gewittert haben – er griff zum Zeichenbrett und lieferte auf Bestellung einen Gegenentwurf ab. Aber der fiel durch.

Tatsächlich hatte Schinkel bereits 20 Jahre zuvor ein Arminiusdenkmal entworfen. Auf der Skizze zu diesem Monument reitet Arminius einen römischen Offizier samt Standarte nieder. Die Pose entnahm Schinkel dem geläufigen Bild des Heiligen Georg, der den Drachen tötet. Den Geschmack der Denkmalstifter traf er damit nicht. Hermann-Arminius sollte die Waffe nicht zum Todesstoß senken, sondern sie siegreich in den Himmel recken – Wächter statt Killer. Also doch Bandel. Zugunsten des erhobenen Schwertes begruben die Streithähne das Kriegsbeil.

Nun ging die Arbeit zügig voran. Von der Grundsteinlegung bis zur Fertigstellung baute Bandel acht Jahre am Sockel des Denkmals, dessen Gestalt zwar die Massivität klassizistischer Bauten zeigt, aber mit jenen Spitzbögen geschmückt ist, die Bandel an der Gotik so sehr schätzte. Täglich marschierte er von Detmold zu Fuß zur Baustelle hinauf, ein Marsch von einer Stunde, und abends wieder hinab in die Stadt. Aber als der Bau bereit war, Arminius eine Standfläche zu geben, war Ernst von Bandel bankrott. Mit 4400 Talern Schulden musste er den Bau erneut einstellen. Der Denkmalverein strich die Gelder und Bandel die Segel. Arbeitslos zog der Bildhauer wieder um nach Hannover. Der Teutberg hatte einen Sockel ohne Denkmal, einen Verein ohne Geld und einen Bildhauer ohne Arbeit.

Für die Bandels brachen schwere Zeiten an. Die politischen Wirren der Revolutionszeit um 1848 ließen an die Fortsetzung des Denkmalbaus nicht denken. Die Welt kam nicht zur Ruhe: Krimkrieg, italienische Einigung, Preußisch-Dänischer Krieg – für monumentale Kunst gab es weder Geist noch Geld. Von den Fürsten, bislang stetig sprudelnde Finanzquellen, kamen keine Spenden mehr. Einzig König Ludwig I. von Bayern erinnerte sich an den talentierten Künstler, hatte zwar kein Geld für ein Denkmal bei den Westfalen übrig, sicherte aber der Familie die Existenz mit einem kleinen Jahresgeld. Die meisten Anstrengungen Bandels, Arbeit zu finden, blieben erfolglos. In der größten Not schaute der Künstler nach Amerika. Dorthin, so sein Plan, könne die Familie zu einem bereits in den USA lebenden Sohn auswandern. Statt Denkmäler zu setzen, wollte Bandel Kartoffeln pflanzen.

Aber Amerika blieb hinter dem Horizont. 1862 gab ein neu gegründeter Denkmalverein in Hannover dem Bandelschen Standbild Auftrieb. Sofort war der Bildhauer wieder Feuer und Flamme. Im August 1861 schrieb er in einem Brief: »Wollte man mit der ganzen Arbeit so lange warten, bis die ganze zum Werk nöthige Summe zusammengebracht wäre, so verlöre man nur Zeit und die Gelegenheit, das Interesse für das Denkmal fortwährend aufrecht zu erhalten und somit das Hauptmittel, das nöthige Geld dazu zu sammeln.« Die Mittel tröpfelten wieder, jetzt sollte Arminius Gestalt bekommen. Es war bereits ausgemacht, dass der Cherusker aus Kupfer getrieben werden sollte. Ein Eisenmann, Bandels ursprüngliche Idee, wäre zu schwer gewesen. Nun aber drohte die Geburt des Erz-Germanen erneut zu scheitern – es gab keinen Kupferschmied.

Bandel suchte in Hannover, fahndete in Detmold und dem Umland – erfolglos. Kein Schmied traute sich zu, den Koloss aus Kupferplatten herauszutreiben und anschließend zu verschweißen. Dem Künstler blieb nichts anderes übrig, als den Hammer selbst in die Hand zu nehmen. Im Alter von 63 Jahren lernte Ernst von Bandel das Handwerk des Kupferschmieds, um eines der größten Gesellenstücke der Zunftgeschichte selbst aus der Taufe zu heben.

Zunächst zeigten Kopf, Helm, Arm und Schwert Gestalt. Bandel mag bei der Gestaltung des Gesichtes sein eigenes Konterfei zur Vorlage genommen haben. Ein Selbstportrait aus Münchner Tagen ähnelt den Zügen des Hermannsdenkmals bis aufs Barthaar. Damit wäre der Künstler Wiederholungstäter. Bereits 1823 hatte er bei der Restaurierung des Schönen Brunnens auf dem Nürnberger Marktplatz sein Gesicht als Vorlage einer Brunnenfigur genommen. Mit Arminius setzte sich Bandel in mehr als einer Beziehung selbst ein Denkmal.

Kriege und Revolutionen hatten Deutschland erschüttert, dennoch hatte das Arminiusprojekt dank des langen Atems seines Erbauers überdauert. Nun wendete sich das Blatt auf dem Schlachtfeld und damit auch in der Werkstatt. 1871 besiegten die Preußen Frankreich, in Versailles rief Otto von Bismarck das Deutsche Reich aus, Wilhelm I. war Kaiser – die Zeit war reif für ein Denkmal, der Reichsführung schwebte etwas Wirksames vor, und groß musste es sein. Mit einem Mal waren die Geldsorgen um Arminius vergessen. Der Reichstag bewilligte 10 000 Taler, die Vereine in Detmold und Hannover arbeiteten Hand in Hand, Schüler aus 300 Gymnasien sammelten Spenden. Getragen von einem Schwung öffentlicher Begeisterung zog Ernst von Bandel von Hannover auf den Teutberg um, wo er nur 100 Meter vom Denkmalsockel entfernt fortan lebte und die Arbeiten leitete. Arminius wuchs.

Fehlende Handwerker, mangelnde Mittel, Streit und Not – alle vorstellbaren Zwangslagen waren überstanden. Eine letzte Hürde war die Physik. Der Koloss musste auf den Sockel. Bandels Konstruktion sah ein Eisengerüst vor, das im Innern des Steinfundaments verankert werden sollte. Auf das Skelett sollten anschließend die vorher geformten Kupferplatten der Figur montiert werden. Während aber Arminius in Einzelteilen kam, musste sein Rückgrat am Stück hinaufgehievt werden. Der Hauptträger brachte 67,5 Zentner auf die Waage und an die Flaschenzüge, hinaufgewuchtet mit Hilfe eines Holzgerüstes. Alles ging gut. Zwar wog auch das sieben Meter lange Schwert noch elf Zentner, doch gegen das Eisen im Innern erschien die Waffe wie ein Federgewicht. Im Juni 1875 war Arminius fertig. Nach 37 Jahren Arbeit konnte sich Bandel auf der kleinen Veranda seiner Blockhütte zurücklehnen und auf sein Lebenswerk schauen.

Das wandte ihm den Rücken zu. Der Künstler hatte Arminius so konzipiert, dass die Figur nicht auf die zu ihm aufsteigenden Besucher blickte, sondern auf das vor ihm liegende Land. Die Botschaft war deutlich: Hier steht ein Wächter, hinter dessen breiten Rücken die Deutschen sicher sein sollten. Entsprechend lauten auch die Inschriften, die Bandel in den Sandstein des Sockels und das Metall der Figur gehämmert hatte, und in denen er die Einigkeit der Deutschen heraufbeschwört: im Krieg gegen Napoleon 1813–1815, im Krieg gegen Frankreich 1870–1871 und in einer großen und unhistorischen Rolle rückwärts in die Geschichte im Kampf der Germanen gegen die Römer. Arminius war die Kupfer gewordene Einigkeit der Deutschen – Bandel konnte nicht ahnen, dass der mit seinem Denkmal gefeierte deutsche Schulterschluss 80 Jahre später zur nationalen Frage werden sollte.

Die Politik übernahm Bandels Bildhauerarbeit und spannte sie vor den

Karren des neuen Kaiserreichs. Dazu schreibt 1992 der Osnabrücker Historiker Henning Buck: »Das Programm des ›Mythos Hermann‹ könnte mit der Reichsgründung als eingelöst gelten, wenngleich es nicht an Bemühungen fehlt, den Cherusker zum Verkünder neuer deutscher Größe zu machen, die aber ihre Anziehungskraft nicht aus der altgermanischen Geschichte bezieht, sondern in der selbstgefälligen und siegesgewissen Anteilnahme des Publikums am imperialen Muskelspiel des deutschen Kaiserreichs. So ist es nicht Arminius/Hermann, der Luthers Wunsch entsprechend ›celebrirt‹ wird, sondern umgekehrt das waffenfeste Reich, zu dessen Ehre er ein bisschen beitragen darf.« Vor dem Hintergrund wilhelminischen Muskelspiels erscheint der Wunsch Hermann Kestings anlässlich der 100-Jahr-Feier des Denkmals 1975 unerfüllbar: »Möge diese historische Stätte als Mahnzeichen zum Frieden und zur Völkerverständigung sowie als herausragendes Ausflugsziel immer besuchenswert bleiben.«

Bandel war zufrieden. Sein Lebenswerk warf vom Teutberg einen weiten Schatten auf Deutschland und auf die Holzhütte, in der Bandel nach wie vor lebte. In einem Brief vom September 1875, kurz nach der Denkmalseinweihung, schreibt er: »Für mein Alter hat der Kaiser gesorgt mit 4 000 Mark jährlicher Ehrengabe. Wenn Mama mich überlebt, erhält sie die Hälfte; für meine noch-Jugend werde ich weiter arbeiten und sehne mich auf neue rüstige Arbeit.« Die Rente musste nur ein Jahr lang gezahlt werden. Ernst von Bandel kehrte krank von einer Italienreise zurück und starb im Jahr nach der Fertigstellung des Hermannsdenkmals.

Das Monument ist bis heute ein Publikumsrenner. Busladungen von Hermannstouristen pilgern zum Bandelwerk und staunen. Wer nicht mit dem Reisebus kommt, wandert den über 300 Meter hohen Teutberg hinauf, andere rennen ihn beim Marathon »Hermannslauf« herab. Trotz des Trubels um den Sockel bleibt Arminius stoisch. Es mag Zufall sein, dass der Blick der Denkmalfigur in Richtung Kalkriese wandert, das 80 Kilometer entfernt vom Teutberg hinter einer Bergkuppe liegt.

Ateliers voller Einfaltspinsel

In den Ateliers herrschte Götterdämmerung. Während sich die Literaten die Sehnsucht nach germanischem Nationalpathos von der Seele schrieben, bauchpinselten deutsche Maler den Arminius, was die Leinwand hielt. Die Auftragslage gab den Künstlern Recht. Arminiusgemälde gehörten im 19. Jahrhundert wandfüllend in jeden Salon und seitenfüllend in jedes Schulbuch. Einer, der sich während dieses Bilderbooms an der Varusschlacht versuchte, war Friedrich Gunkel. Der Historienmaler hinterließ wenig Spuren in der deutschen Kunstgeschichte, jedoch ein kapitales Stück: »Die Hermannsschlacht« von 1864. Der einst von Farben strotzende Ölschinken ging im Zweiten Weltkrieg verloren. Zu seiner Zeit aber war Gunkels Schlachtgemälde so populär, dass es als schwarzweiße Reproduktion in vielen Schulbüchern den Krieg überlebte. Heute steht »Die Hermannsschlacht« exemplarisch für eine Batterie von Bildern, deren Maler dem eingedeutschten Arminius Tribut zollten. »Auf diesen Bildern ist der Topos stets derselbe«, sagt Martina Wagner-Egelhaaf, Germanistin an der Universität Münster, »die Schlacht ist noch im Gange, die Niederlage der Römer aber schon deutlich; die Germanen kämpfen im Licht, die Römer stehen im Dunkel. Alle Bilder der Zeit zu diesem Thema sehen so aus.«

Arminius im Ausland

Die Deutschen feierten ihren Helden über mehrere Jahrhunderte. Arminius strahlte über Deutschland, lange fand die Patina des Zweifels an ihm keinen Halt. Ein schwierigeres Verhältnis zum Heros aus dem Germanenwald hatten hingegen Briten und Franzosen. Einerseits mochten die dortigen Nationalisten den Deutschen den Nationalhelden nicht gönnen. Andererseits jubelten Historiker aber auch an Themse und Seine über den vermeintlichen Rauswurf der Römer. Französische Wissenschaftler versuchten sich im 18. Jahrhundert daran, den Erfolg des Arminius mit den von Newton entdeckten Gesetzen der Schwerkraft zu erklären. Der Brite Edward Creasy hob die Varusschlacht in sein Mitte des 19. Jahrhunderts erschienenes Buch *Die fünfzehn entscheidendsten Schlachten der Welt* und forderte ein Arminiusdenkmal auf dem Trafalgar Square, gleich neben der Säule Admiral Nelsons. Creasys Urteil: »Wäre er untätig oder erfolglos gewesen, hätte diese Insel niemals den Namen England getragen.«. Ein Brite, der einen Germanen in den Himmel Londons heben will, erstaunt angesichts der Feindschaft, die in jenen Tagen zwischen beiden Ländern herrschte. Creasy begegnete den Kritiken seiner Landsleute mit dem Argument, dass in den Tagen des Arminius die Angeln und Sachsen noch nicht nach Britannien ausgewandert waren und damit möglicherweise entfernte Verwandte der Engländer ebenfalls bei der Varusschlacht gekämpft haben könnten. Überzeugt hat der Historiker seine Landsleute nicht. Admiral Nelson ragt bis heute allein in den Himmel über dem Trafalgar Square.

Erfolgreicher waren Arminiusbegeisterte in den USA. In New Ulm, einer Stadt im US-Bundesstaat Minnesota, stellte die »Loge der Hermannsöhne« ein Abbild des Hermannsdenkmals in die Prärie. Idee des Kulturtransfers war es, ein Symbol der Einigkeit zu schaffen. Zwischen Einwanderern und US-Amerikanern kam es besonders seit Mitte des 19. Jahrhunderts zu Feindseligkeiten, in den großen Städten droschen die Parteien bei Straßenschlachten aufeinander ein. Arminius, so meinten die in Minnesota zahlreich vertretenen deutschen Einwanderer, solle nicht als Wächter einer Nation, sondern als Einiger vieler Gruppen über den Mittleren Westen wachen. 1897, 22 Jahre nach der Einweihung des Bandelschen Monuments in Deutschland, wurde der abgekupferte Arminius eingeweiht. Mit Sockel brachte es das Denkmal auf 31 Meter Höhe, kaum weniger als das Original, im Unterschied zum Ur-Hermann stand die US-Version jedoch nicht auf einem gotischen Unterbau, sondern auf dem Dach eines klassizistischen Tempelchens. Ernst von Bandel hätte die Nase gerümpft.

Heute sind die Unruhen zwischen Einwanderern und Amerikanern Geschichte. Das Denkmal blieb. »Zweck und Ziele des ›Vereins der Hermannsöhne‹ sind Förderung der deutschen Sprache, Geselligkeit, Sitten und Gebräuche«, heißt es in der Satzung der Gruppe von 1954. In Übersee hat es Arminius schließlich doch vom Schwertschwinger zum Kulturbringer geschafft.

Kulturmotor Mythos

Mythen sind Lügenmärchen. Zu diesem Schluss kam der griechische Philosoph Platon, als er sein Hauptwerk *Politeia* (Der Staat) schrieb. So radikal und gut begründet Platons Ansicht zum Mythos war, sie galt nicht immer und überall. Spätestens die Romantiker des frühen 19. Jahrhunderts räumten mit der Meinung auf, Mythen seien zu nichts zu gebrauchen. Im Gegenteil fanden viele Dichter, jeder Mythos enthalte fundamentales Wissen der Menschheit. Plötzlich waren Legenden und Sagen in Mode. Fieberhaft suchten die Hauptvertreter der romantischen Literatur, der Malerei und Bildhauerei nach mythologischen Motiven. Sie fanden sie in den Volksmärchen. Was bis zu Beginn des 19. Jahrhunderts nur in mündlicher Form von sogenannten Märchenfrauen weitergegeben wurde und als Volksbelustigung galt, erhielt plötzlich einen Platz in der Kultur des Bildungsbürgertums zugewiesen. Märchensammler durchstöberten die Städte auf der Suche nach Geschichtenerzählern. Mit Tintenfass und Federkiel gewappnet ließen sich die Mythenjäger erzählen, was in den Stuben der einfachen Leute kursierte. Die berühmtesten und erfolgreichsten Märchensammler waren Clemens Brentano und die Brüder Jacob und Wilhelm Grimm. Deren Sammlung *Kinder- und Hausmärchen* ist bis heute das Standardwerk seines Metiers. Wenig bekannt ist, unter welchen teils kuriosen Umständen die Grimms ihre Informanten zum Reden brachten. In einem Brief an seinen Bruder Jacob vom 14. September 1810 berichtet Wilhelm Grimm von seinen Bemühungen in Marburg, eine »Märchenfrau« zum Erzählen zu bewegen:

»Mit den Kindermärchen geht es mir recht unglücklich. Ich habe schon gemeldet, daß ich mehrmals bei der Frau Creuzerin gewesen, und die besten Versprechungen erhalten, aber nichts erzählt; denn die Priesterin wollte sich nicht einstellen, ob ich gleich jeden Tag darauf wartete. Ich ging nun zum Müller, jetzt docierender Doctor der Mathematik. [...] Ich sagte ihm, wie daß ich die Frau nicht erhalten könne, er erbot sich sogleich zur Creuzerin zu gehen und brachte gestern das Resultat: Die alte Frau, ein Verwandtin ders. habe sich geweigert, es mache ihr einen bösen und lächerlichen Namen, wenn sie herumginge und Märchen erzähle, und sie wolle nicht. Es wär alles aus gewesen, wenn der Müller nicht glücklicherweise der Schwager des Hospitalvorstehers wär. Er will nun diesen bitten, er möge die Frau seinen Kindern die Märchen erzählen laßen, und aufschreiben. Gelingt das, so ist es recht gut, denn sie erzählt auf jeden Fall da beßer und mehr: Der Müller thut alles, das sehe ich ihm an, ich habe ihm gesagt, es dürfe ganz einfach, und nach den Worten aufgeschrieben werden und ich wolle der Frau gern etwas geben.«

Mythen schießen wie Pilze aus dem Boden. Ihre Nährstoffe sind die Sehnsüchte der Menschen. Der französische Philosoph Roland Barthes erkannte im 20. Jahrhundert die Aufgabe des Mythos darin, Geschichte in Natur zu verwandeln. Was historisch war, wird im Mythos in einen zeitlosen Raum erhoben. In seinen Aufsätzen über *Mythen des Alltags* beobachtete Barthes auch den Umgang der Moderne mit den Strukturen der Antike. Im Film »Julius Cäsar«, den Joseph L. Mankiewicz 1953 mit Marlon Brando in der Hauptrolle inszenierte, fiel Barthes auf, dass alle Römer ständig schwitzten. Auf die Frage, warum alle römischen Figuren mit einem Schweißfilm (aus Vaseline) überzogen wurden, findet Barthes die Antwort im Wirken des Mythos. Er entdeckt, dass der äußere Schweiß ein Zeichen für die hohe Moral der Personen darstellt: »Alle schwitzen, weil alle innerlich mit etwas ringen. Wir sollen uns hier an dem Ort der Tugend befinden, die sich entsetzlich quält [...] Schwitzen heißt denken.« Die römische Antike schrumpft auf der Bühne des bürgerlichen Schauspiels – hier in Form des Films – zu einer Chiffre zusammen.

Nachhut

Die Varusschlacht ist ein Mythos. Der Kampf der Germanen und Römer ist in einem jahrhundertelangen Prozess aus seinem historischen Kontext gehoben und in ein Zeichen verwandelt worden. Dieses Varus-Zeichen hat im Laufe der Rezeptionsgeschichte verschiedene Formen angenommen, es zeigte sich lokalpatriotisch als Vehikel der Heimatforscher, es flatterte nationalistisch an den Fahnenstangen der Deutschtümelnden. Doch gerade hier entlarvt sich der Varus der Neuzeit als Ungeheuer, das sich von den Ketten der Historizität losgerissen hat und ein Eigenleben führt – im Dienst der jeweils aktuellen Ideologie.

Heute hat die Varusschlacht als Heldentat im Namen der Nation ausgedient, nach wie vor aber belebt der Mythos das Fantasiespiel von Varus und Arminius neu. An die Stelle des nationalpathetischen Sentiments ist der kriminalistische Nervenkitzel des historischen Rätsels getreten. Wo und wie schlugen die Germanen die Römer? Es gibt keine Augenzeugenberichte, und die Krümel der Geschichte, welche die Archäologen dem Boden bei Kalkriese entlocken, sind nur in der Sprache der Wissenschaft verständlich. Trotzdem findet die Diskussion für und wider Kalkriese nur zum Teil auf dem Boden der Tatsachen statt. Meist stehen die Kombattanten wie einst Römer und Germanen knietief im Morast unhaltbarer Anschuldigungen. Im Sommer 2007 erstattete ein Unbekannter Anzeige gegen die Kalkrieser Museumsleitung, weil dort angeblich Informationen zurückgehalten worden waren, die den Anspruch Kalkrieses als Schlachtort hinfällig gemacht hätten. Die Anzeige, die nicht weiter verfolgt wurde, ist ein Beispiel für die Vehemenz, mit der noch heute um die Varusschlacht gerungen wird. Das überrascht – unter mehreren Hundert verdächtigen Orten ist Kalkriese der einzige, auf dem Beweise für ein antikes Schlachtfeld erbracht werden können. Das Bedürfnis, trotz der Indizienlage mit großen Gesten gegen Wissenschaft zu wettern, entsteht aus Unwissenschaftlichkeit. Motor dieser Schlacht um die Schlacht bleibt die Lust am Mythos. Denn in dem Augenblick, in dem Kalkriese die Legende um die Varusschlacht unzweifelhaft in die Realität überführt, entzieht sie dem Mythos den Nährboden. Der Streit um den Ort der Varusschlacht ist auf seriöser Seite eine Argumentation unter Historikern, abseits davon der Kampf um den Fortbestand einer Legende.

Was geschähe, wenn Varus und Arminius ihre Stammplätze in den Köpfen der Deutschen verlassen würden, zeigt die Arbeit der Archäologen vor Ort. In zwanzigjähriger Forschungsarbeit haben die Grabungsteams in Kalkriese den wahren Schatz des Varus schon lange gehoben, unbemerkt hinter dem laut geführten Etikettenstreit um Mythos, Wahrheit und Forschungsgelder. Die Schlachtfeldarchäologie ist im Begriff, eine neue Facette der Altertumsforschung zu werden, die aus ihr zu gewinnenden Erkenntnisse öffnen Einblicke in Leben, Sterben und Kultur der Menschen in der Vergangenheit. So eng die Grenze der Varusdiskussion ist, so weit öffnet sich der Horizont der Kulturwissenschaftler auf der Grabungsfläche. Hier zeigt die Varusschlacht ihre moderne Bedeutung, nicht als blutige Ursuppe der Deutschen, sondern als Quelle, aus der Geschichte sprudelt.

Zeittafel

58 BIS 51 V. CHR.: Gaius Julius Cäsar erobert Gallien.

55 V.CHR: Cäsar überquert den Rhein. Die Römer betreten Großgermanien.

47 V. CHR.: Varus wird geboren.

45 V. CHR.: Cäsar erhält den Titel Diktator auf Lebenszeit.

44 V. CHR.: Verschwörer erstechen Cäsar in Rom.

31 V. CHR.: In der Seeschlacht bei Actium gelingt Octavian, Großneffe Cäsars, der Sieg über die Flotte der ägyptischen Königin Kleopatra und ihres römischen Gatten Marcus Antonius.

30 V. CHR.: Ägypten wird römische Provinz. Das Reich beherrscht die Kornkammer des Mittelmeers.

30 V. CHR.: Der Geograf Strabo legt seine Weltkarte vor und begründet die historische Länderkunde. Sein Werk findet erst im 5 Jh. n. Chr. Beachtung.

27 V. CHR.: Octavian wird unter dem Namen Augustus erster römischer Kaiser. Die Römische Republik ist am Ende.

UM 23 V. CHR.: Varus wird Quästor unter Augustus.

18 ODER 17 V. CHR.: Arminius wird geboren.

16 V. CHR.: Germanen überqueren den Rhein und besiegen die Römer am rechten Ufer. Dies ist die erste große Niederlage der rö-

mischen Armee gegen die wilden Stämme. Rom stationiert Truppen, um die Grenze zu sichern.

16 V. CHR.: Während eines Aufenthalts in Gallien gründet Kaiser Augustus die Stadt Augusta Treverorum am rechten Ufer der Mosel, das spätere Trier.

15 V. CHR.: Varus wird Statthalter in der Provinz Asia.

15 V. CHR.: Tiberius und Drusus, die Stiefsöhne des Augustus, unternehmen einen erfolgreichen Alpenfeldzug.

13 V. CHR.: Römische Soldaten errichten am Main ein befestigtes Lager für zwei Legionen – die Keimzelle von Mainz.

13 V. CHR.: Varus erhält den Posten des römischen Konsuls.

12 V. CHR.: Beginn der vierjährigen Germanienfeldzüge des Tiberius und Drusus.

9 V. CHR.: Drusus stirbt auf dem Rückmarsch von der Elbe.

8 V. CHR.: Varus wird Prokonsul in der Provinz Africa.

8 V. CHR.: Der zehnjährige Arminius wird nach der Niederlage seines Stammes gegen die Römer als Fürstengeisel nach Rom geschickt und dort erzogen.

8 V. CHR.: Tiberius unterwirft die Germanen zwischen Rhein und Elbe und siedelt etwa 40 000 Sugambrer und Sueven an den Rhein um. Das rechtsrheinisch verbliebene Restvolk der Sugambrer löst sich in kleine Stämme auf.

6 V. CHR.: Varus bekommt den Posten eines Statthalters in der Provinz Syrien.

4 V. CHR.: Jesus von Nazareth wird geboren.

1 V. CHR.: Die Römer überqueren erstmals die Elbe.

1 N. CHR.: In Germanien brechen Unruhen aus, die fast fünf Jahre lang die Grenze unsicher machen.

2 N. CHR.: Der designierte Augustus-Nachfolger Lucius Caesar stirbt in Massilia (Marseille). Zwei Jahre später stirbt auch Gaius

Caesar, der Adoptivsohn des Kaisers, an einer Kriegsverletzung.

4 N.CHR.: Ein einjähriger Germanienfeldzug des Tiberius beginnt. Die Aufstände der Stämme können niedergeschlagen werden.

4 N.CHR.: Arminius kämpft als Präfekt der germanischen Hilfstruppen für die Römer.

4 N.CHR.: Am Ufer der Lippe legen die römischen Besatzungstruppen die ersten Straßen rechts des Rheins an.

5 N.CHR.: Tiberius besiegt die Langobarden an der Elbmündung und drängt sie auf das Ostufer des Flusses zurück.

5 N.CHR.: Oppidum Ubiorum, die »Stadt der Ubier«, erhält den Namen Ara Ubiorum und wird zur Keimzelle Kölns.

6 N.CHR.: Tiberius führt einen Feldzug gegen Marbod, den König der Markomannen. Rom muss den Feldzug abbrechen.

6 ODER 7 N.CHR.: Varus wird Statthalter in Germanien.

7 N.CHR.: Arminius kehrt nach Germanien zurück und wird Varus' Kommando unterstellt.

8 N.CHR.: Aus Gebieten Illyricums und dem östlichen Teil Noricums wird die römische Provinz Pannonien gebildet. Damit ist das gesamte Gebiet des heutigen Österreich südlich der Donau Bestandteil des Imperiums.

9 N.CHR.: Arminius besiegt Varus und drei römische Legionen im »Teutoburgiensis Saltus«.

9 N.CHR.: Der Aufstand der Illyrer im Nordwesten der Balkanhalbinsel wird durch Tiberius niedergeworfen.

10 N.CHR.: Tiberius organisiert die Rheinfront neu. Gemeinsam mit Germanicus schlägt der designierte Thronfolger die Brukterer und Marsen an der Rheingrenze zurück.

13 N.CHR.: Germanicus wird Statthalter in Gallien und Oberbefehlshaber der Rheinlegionen.

14 N. CHR.:	Kaiser Augustus stirbt. Sein Nachfolger wird Tiberius.
15/16 N. CHR.:	Germanicus unternimmt Strafexpeditionen ins rechtsrheinische Gebiet und findet den Ort der Varusschlacht. Auf dem Rückweg vom Angrivarierwall zerstören Herbststürme einen Großteil der römischen Transportflotte.
15. N. CHR:	Segestes liefert Thusnelda an die Römer aus.
16 N. CHR.:	Tiberius erklärt den Rhein wieder zur Grenze des Reichs. Die Germanenkriege auf der östlichen Rheinseite sind vorerst beendet.
17 N. CHR.:	Thusnelda und ihr in Gefangenschaft geborener Sohn Thumelicus werden im Triumphzug durch Rom geführt.
17 N. CHR.:	Zwischen den Markomannen und den Cheruskern bricht Krieg aus. Zwar geht keiner der Stämme als Sieger aus den Kämpfen hervor, der Abstieg des Markomannenreiches aber zeichnet sich bereits ab.
19 N. CHR.:	Der römische Feldherr Germanicus stirbt in Antiochia vermutlich an einem Fieber. Gerüchten zufolge soll Germanicus vergiftet worden sein.
19 N. CHR.:	Arminius wird ermordet.

Quellen

CASSIUS DIO: *Historiarum Romanarum quae supersunt.* Ausgabe von U. P. Boissevain. 1895–1931

FELIX DAHN: *Sämtliche Werke poetischen Inhalts.* Leipzig 1904–1909

LUCIUS IULIUS FLORUS: *Epitoma de Tito Livio bellorum omnium annorum DCC.* Ausgabe O. Rossbach. 1896

HEINRICH HEINE: *Deutschland, ein Wintermärchen.* Ditzingen 2001

ULRICH VON HUTTEN: »Arminius«. In: Clemen, Otto von (Hrsg.): *Hutten der Deutsche, Gedichte; aus der Türkenrede; Arminius.* Leipzig 1926

HEINRICH VON KLEIST: *Die Hermannsschlacht.* Stuttgart 2004

FRIEDRICH GOTTLIEB KLOPSTOCK: *Werke und Briefe.* Berlin 1989

MARTIN LUTHER: *Luther im Kreise der Seinen. Briefe, Gedichte, Fabeln, Sprichwörter und Tischreden.* Frankfurt am Main 1983

JUSTUS MÖSER: *Sämtliche Werke.* Osnabrück 1964

VELLEIUS PATERCULUS: *Römische Geschichte.* Ditzingen 1989

STRABO: *Geographica.* Wiesbaden 2005

P. CORNELIUS TACITUS: *Annalen I–VI.* Stuttgart 2003

Literatur

BARBON, PAOLA und BODO PLACHTA: »›Chi la dura la vince‹ – ›Wer ausharrt, siegt‹. Arminius auf der Opernbühne des 18. Jahrhunderts.« In: Wiegels, Rainer und Winfried Woesler (Hrsg.): *Arminius und die Varusschlacht. Geschichte – Mythos – Literatur.* Paderborn 2003

BARTHES, ROLAND: *Mythen des Alltags.* Frankfurt am Main 1964

BENDIKOWSKI, TILLMANN und HEIDRUN DERKS: *Texte, Tinte, Tacitus.* Bramsche 2007

BERGER, FRANK: *Kalkriese 1 – die Römischen Fundmünzen.* Mainz 1996

BREPOHL, WILM: *Neue Überlegungen zur Varusschlacht.* Münster 2004

CLUNN, TONY: *Auf der Suche nach den verlorenen Legionen.* Bramsche 1998

COWLEY, ROBERT (Hrsg.): *Was wäre gewesen, wenn? Wendepunkte der Weltgeschichte.* München 2002

DERKS, HEIDRUN: *Kalkriese – 15 Jahre Archäologie.* Bramsche 2005

DURSCHMIED, ERIK: *Als die Römer im Regen standen. Der Einfluss des Wetters auf den Lauf der Geschichte.* Bergisch Gladbach 2002

ECKARDT, KARLHEINZ: *Die Varusschlacht und die Rachefeldzüge des Germanicus.* Benningen 2000

ESSEN, GESA VON: *Hermannsschlachten. Germanen- und Römerbilder in der Literatur des 18. und 19. Jahrhunderts.* Göttingen 1998

HANEL, NORBERT et al: »Die Helmmaske von Kalkriese«. In: *Bonner Jahrbücher 204.* Mainz 2004

HARNECKER, JOACHIM und EVA TOLKSDORF-LIENEMANN: *Kalkriese 2 – Sondierungen in der Kalkriese-Niewedder Senke.* Mainz 2004

JUNKELMANN, MARCUS: *Die Legionen des Augustus.* Mainz 1986

KESTING, HERMANN: *Der Befreier Arminius.* Detmold 1965
KICKLER, HEINRICH: *Ernst von Bandel. Der Schöpfer des Hermannsdenkmals.* Heidelberg 1975
KISSEL, THEODOR: *Kaiser zwischen Genie und Wahn.* Düsseldorf 2006
KLUGE, FRIEDRICH: *Etymologisches Wörterbuch der deutschen Sprache.* Berlin 1995
KRAUSE, ARNULF: *Die Germanen.* Frankfurt am Main 2002
KÜNZL, ERNST: *Die Germanen.* Stuttgart 2006

LAPHAM, LEWIS H.: »Furor Teutocinus, 9 n.Chr«. In: Cowley, Robert (Hrsg): *Was wäre gewesen wenn?* München 2002
LEISE, WILHELM: *Wo Arminius die Römer schlug.* Münster 1986

MOMMSEN, THEODOR: *Die Örtlichkeit der Varusschlacht.* Berlin 1885

PETSCHULL, JÜRGEN und SUSANNE UTZT: »Kampf um Germanien«. In: *National Geographic.* November 2007

ROLOFF, HANS-GERT: »Der Arminius des Ulrich von Hutten«. In: Wiegels, Rainer und Winfried Woesler (Hrsg.): *Arminius und die Varusschlacht. Geschichte – Mythos – Literatur.* Paderborn 2003
ROST, ACHIM und SUSANNE WILBERS-ROST: »Das Schlachtfeld von Kalkriese. Vom Umgang mit den Toten und der Beute.« In: Rheinisches Landesmuseum Bonn: *Krieg und Frieden. Kelten – Römer – Germanen.* Bonn 2008
Dies.: »Überlieferungsprobleme von Schlachtfeldern – das Beispiel ›Kalkriese‹«. In: *Local Land & Soil News* 20/21. Osnabrück 2007

SCHLÜTER, WOLFGANG (Hrsg.): *Kalkriese – Römer im Osnabrücker Land. Archäologische Forschungen zur Varusschlacht.* Bramsche 1993
DERS. und RAINER WIEGELS: *Rom, Germanien und die Ausgrabungen in Kalkriese.* Bramsche 1999

SCHOPPE, SIEGFRIED G. et al: *Varusschlacht: arminius-varusschlacht.de.* Norderstedt 2007

SCHÜRGER, ANDRÉ: »Bleikugeln vom Schlachtfeld Lützen 1632 – Überlegungen zu Bewaffnung und Schlachtverlauf.« In: Reichel, Maik und Inger Schuberth: *Gustav Adolf. König von Schweden. Die Kraft der Erinnerung.* Dößel 2007

SEEBA, HINRICH C.: »Hermanns Kampf für Deutschlands Not. Zur Topografie der nationalen Identität.« In: Wiegels, Rainer und Winfried Woesler (Hrsg.): *Arminius und die Varusschlacht. Geschichte – Mythos – Literatur.* Paderborn 2003

SPELLERBERG, GERHARD: »Daniel Caspers von Lohensteins Arminius-Roman: Frühes Zeugnis des deutschen Chauvinismus oder Beispiel eines barockhumanistischen Patriotismus?« In: Wiegels, Rainer und Winfried Woesler (Hrsg.): *Arminius und die Varusschlacht. Geschichte – Mythos – Literatur.* Paderborn 2003

STÖLTING, WALTER et al: *100 Jahre Hermannsdenkmal.* Detmold 1975

WELLS, PETER S.: *Die Schlacht im Teutoburger Wald.* Düsseldorf/Zürich 2005

WIEGELS, RAINER (Hrsg.): *Die Fundmünzen von Kalkriese und die frühkaiserzeitliche Münzprägung.* Osnabrück 2000

DERS.: »Antikenlust und Antikenbegeisterung: Die ›Odyssee‹ des Caelius-Grabsteins.« In: *Varus-Kurier* 7. Jg., I/November 2001

DERS. (Hrsg.): *Die Varusschlacht. Wendepunkt der Geschichte?* Stuttgart 2007

WILBERS-ROST, SUSANNE et al.: *Kalkriese 3. Interdisziplinäre Untersuchungen auf dem Oberesch in Kalkriese.* Mainz 2007

DIES.: »Die Ergebnisse der archäologischen Untersuchungen auf dem ›Oberesch‹ in Kalkriese.« In: Lehmann, Gustav Adolf und Rainer Wiegels (Hrsg.): *Römische Präsenz und Herrschaft im Germanien der augusteischen Zeit.* Göttingen 2007

WÜRFEL, WALTER: *Die Schlachtfelder der Varus-Armee. Studie zur römisch-germanischen Geschichte.* Frankfurt am Main 2005

Bildnachweise

Danksagung

Prof. Dr. Martina Wagner-Egelhaaf, Universität Münster
Volker Gallé, Nibelungenlied-Gesellschaft Worms
Prof. Holly Haynes, University of New York
Herwig Kenzler M. A., Münster
Thomas Kiely, British Museum London
Dr. Joseph Rottmann, Museum und Park Kalkriese
Dr. Achim Rost, Museum und Park Kalkriese
Prof. Dr. Rainer Wiegels, Universität Osnabrück
Dr. Susanne Wilbers-Rost, Museum und Park Kalkriese

Register

Nordsee

Tiberius (5 n. Chr.)

Drusus (12 v. Chr.)

Frisii

Winsum

Bentumersiel

Chauci

Ampsiuarii

Angriuarii

Tiberius (

G E

Flevo lacus

Kalkriese
Varusschlacht
(9 n. Chr.)? ✕

Weser

Cherusci

Velsen

Canninefates

Bunnik-Vechten

Usipetes

Bataui

Arnhem-Meinerswijk

Nijmegen

Holsterhausen

Altkalkar

Haltern

Wachtposten
auf Sparrenberger Egge

Xanten (Vetera I)

Oberraden

Bructeri

Moers-Asberg

Beckinghausen

Anreppen

Elewijt

EXERCITUS
GERMANICUS
INFERIOR

Sugambri

Marsi

Hedemi

Zottegem-
Velzeke

Asse

Neuss

Vbii

Köln

Tongeren

Köln-Alteburg

Chatti

Tencteri

Liberchies

Tungri

Bonn

Waldgirmes

Dorlar

Andernach

Lich-Kloster Arnsburg

BELGICA

Urmitz

Oberbrechen

Bad-Nauheim-Rödgen

Koblenz

Mattiaci

Hof-
heim

Bad-Nauheim

Mainz-Kastel

Friedberg

Wiesbaden

Frankfurt-Höchst

Bingen/Bingerbrück

Trebur-Geinsheim

Treveri

Mainz

Mainz-Weisenau

Trier

Vangiones

Titelberg

Worms

Marktbre

Mediomatrici

Speyer

Nemetes

Rhein

Triboci

Augsbu

Straßburg

RAETIA

EXERCITUS
GERMANICUS
SUPERIOR

Sasbach

Oedenburg

Dangstetten

Windisch

Eschenz-Werd

Kaiseraugst

Konstanz

Basel

Zurzach

Kempten

Tiberius (15 v. Chr.)

Olten

Oberwinterthur

Zürich

Bregenz

Sequani

Solothurn

Wachtposten
am Walensee

Drusus (

Helvetii